Andreas Nemeth

Der begeisterte Verkäufer

Reihe TextilWirtschaft Management

Andreas Nemeth

Der begeisterte Verkäufer

Ein Lebensgefühl als Strategieansatz für erfolgreiches Verkaufen

Deutscher Fachverlag

Die Deutsche Bibliothek – CIP-Einheitsaufnahme

Nemeth, Andreas:
Der begeisterte Verkäufer : ein Lebensgefühl als
Strategieansatz für erfolgreiches Verkaufen / Andreas Nemeth. –
Frankfurt am Main : Dt. Fachverl., 2000
(TW-Management)
ISBN 3-87150-637-0

Reihe TextilWirtschaft Management
ISSN 1433-3899
ISBN 3-87150-637-0

Umschlag: Bayerl & Ost, Frankfurt am Main
Satz: TypoForum GmbH, Nassau
Druck und Bindung: Lengericher Handelsdruckerei, Lengerich

Inhalt

1 Der Startschuss!

Dieses Buch kann Ihr Leben verändern, so wie es vielleicht kein Buch, kein Vortrag, kein Seminar je verändert hat. Es kann aber auch eine unterhaltsame Lektüre für laue Sommernächte oder kalte Winterabende sein. Wie Sie dieses Buch nutzen, bleibt ganz alleine Ihnen überlassen. Wovon handelt dieses Buch, das Ihnen so viel verspricht? Ganz einfach von dem, was Sie täglich tun: dem Verkauf. *Der Hauptakteur dieses Buches sind Sie*. Nebenrollen in diesem Buch haben Ihre Kollegen, Ihre Mitarbeiter und ausnahmsweise Ihre Kunden. Denn dieses Buch soll ganz allein *Ihr* Entwicklungsbuch sein. *Sie* sind der Koautor dieses Buches. Und schon sind wir beim wichtigsten Utensil, welches Sie zum Lesen dieses Buches benötigen: Ihrem Bleistift! Malen Sie, scribbeln Sie, schreiben Sie und notieren Sie. Wenn Sie dieses Buch gelesen haben, soll es ein unvergleichliches Original sein, nämlich *Ihr Original*. Hierfür finden Sie immer wieder Platz. Zum einen können Sie sich am jeweils frei gelassenen Seitenrand Notizen machen, und Sie finden jeweils am Ende eines jeden Kapitels eine freie Seite für Ihre Bemerkungen. Ab und zu werden Sie auch aufgefordert, die eine oder andere Checkliste auszufüllen, und Sie können natürlich überall, wo Sie Lust haben, scribbeln und schreiben.

Ziel dieses Buches ist es, Ihnen zu helfen, noch begeisterter zu werden, als Sie es ohnehin schon sind. Begeisterter im Verkauf, begeisterter im Umgang mit Ihren Kunden und begeisterter im Umgang mit sich selbst. Lassen Sie sich einfach überraschen, legen Sie Ihren Bleistift zurecht und starten Sie jetzt mit mir die spannende Reise zum „begeisterten Verkäufer"!

Tja, der begeisterte Verkäufer, wie sieht er aus, wie spricht er, wie verhält er sich und wie verkauft er? Das sind sicherlich die Fragen, die Sie sich jetzt stellen werden. Meine Antwort lautet: Es gibt ihn nicht! Es gibt keinen Prototypen des optimalen Verkäufers. Allerdings gibt es viele begeisterte Verkäufer auf dieser Welt. Und jeder trägt verschiedene Persönlichkeitsmerkmale, zeigt ein unterschiedliches Auftreten und Aussehen. Und das ist auch gut so. Es bedeutet nämlich, dass *jeder* das Zeug hat, ein Topverkäufer zu werden. Unabhängig davon, welchen Bildungsstand, welche Herkunft und welches Aussehen er hat. Und es spielt keine Rolle, von welcher Ausgangsposition Sie dieses Buch lesen. Es ist unerheblich, ob Sie Mitarbeiter, Unternehmer oder Führungskraft sind. Unerheblich, ob Sie am Anfang Ihrer Karriere stehen oder schon ein Vollprofi sind. Die einzige Voraussetzung, die Sie benötigen, ist der Wille, sich weiterzuentwickeln. Und den haben Sie ja schon bewiesen, als Sie dieses Buch gekauft haben. Und wenn Sie es geschenkt bekommen haben, dann haben Sie es ja mindestens bis hierher gelesen. Gratulation! Damit haben Sie die optimale Voraussetzung für Ihre weiteren Verkaufserfolge geschaffen. Denn jeder kann sich verbessern. Und wer meint, keine Entwicklungsmöglichkeiten zu haben oder sich nicht mehr entwickeln will, für den tritt Stillstand ein. Und Stillstand bedeutet Rückschritt, Langeweile, Tristesse, Misserfolg und Frustration pur. Legen wir also los mit *Ihrer persönlichen Weiterentwicklung*! Sind Sie bereit?

Packen wir's an!

2 Meine Grundlagen des Verkaufserfolgs

Begeisterung ist die Grundlage des Verkaufserfolges.

Was ist nun die Grundlage des Verkaufserfolges? Die Antwort ist ganz einfach: Begeisterung! Und zwar nicht nur Begeisterung im beruflichen Umfeld, sondern vor allen Dingen auch im privaten Bereich Ihres Lebens. Denn es ist ein weit verbreiteter Irrtum, dass man nur beruflich begeistert sein müsse, um Erfolg zu haben. Wer nämlich privat frustriert ist und keinen sonderlich großen Spaß an seinem Privatleben hat, wird sich sicherlich sehr schwer damit tun, seine Kunden mit Begeisterung und Freude zu beraten. Unser Leben besteht eben aus beiden Bereichen. Umgekehrt ist es natürlich ganz genauso. Wer beruflich von morgens bis abends Frust schiebt, der wird logischerweise auch zu Hause nicht sonderlich begeistert und motiviert sein Leben genießen.

Immer wieder diskutieren wir in Deutschland, ob wir leben, um zu arbeiten oder arbeiten, um zu leben. Ich sage Ihnen, das ist völliger Quatsch. Denn wie oben bereits erwähnt, gehört beides zum Leben dazu. Kaum ein Mensch kann ohne sinnvolle Betätigung zufrieden leben. Und auf der anderen Seite kann kein Mensch ohne Pause und Erholungsphasen begeistert arbeiten. Also auch hier ist der goldene Mittelweg angesagt, um wirklich glücklich zu leben. Wer glaubt, dass auch ohne sinnvolle Tätigkeit ein glückliches Leben möglich ist, der sollte sich nur einmal mit einem Langzeitarbeitslosen unterhalten. Spätestens nach diesem Gespräch wird er wieder mit sehr viel Freude an seinen Arbeitsplatz oder in sein Unternehmen gehen.

Was bedeutet Begeisterung nun eigentlich? Schauen wir einmal in der einschlägigen Literatur nach. Im *Wahrig* finden Sie folgende Definition für das Wort „Begeisterung": „Freudige Erregung, Jubel, leidenschaftlicher Eifer." Im *Duden* steht folgende Begriffserklärung: „Enthusiasmus, Leidenschaft, Inbrunst, Glut, Feuer."

Alle Definitionen können wir hervorragend im Verkauf gebrauchen. Betrachten wir die einzelnen Begriffe doch einmal etwas genauer.

Freudige Erregung: Ja, das ist doch auf jeden Fall eine Emotion, die wir bei unseren Kunden erreichen wollen, oder?

Jubel: Vielleicht sollten wir öfter einmal nach einem erfolgreichen Verkaufsgespräch jubeln.

Leidenschaftlicher Eifer: Diese Einstellung ist die Voraussetzung für erfolgreiches Handeln und Verkaufen.

Enthusiasmus: Den brauchen wir schon an manchen Tagen, um Kunden glücklich zu machen.

Leidenschaft: Das ist sicherlich die Basis für unsere Überzeugungskraft.

Inbrunst: Die benötigen wir nicht nur in etwas schwierigeren Verkaufssituationen.

Glut, Feuer: Nur wenn das Feuer der Begeisterung wirklich in uns brennt, können wir in der heutigen Zeit unsere Kunden hinter dem Ofen hervorlocken.

Sie sehen, die Definitionen der Begeisterung sind sehr umfassend. Starke Worte, werden so manche von Ihnen denken. In der Tat, das sind wirklich starke Worte. Und starke Worte können wir sehr gut gebrauchen, wenn es darum geht, Menschen, also Kunden für unsere Ware zu begeistern. Denn ohne diese Begeisterung läuft heutzutage ziemlich wenig.

So, das wäre geklärt. Die Frage ist nur, wie schaffe ich es, immer wieder dieses Feuer im Alltag zu entfachen und den Funken auf die Kunden überspringen zu lassen? Vor allen Dingen muss ich zuallererst mich selber begeistern, damit ich andere Menschen begeistern kann. Und wie das funktioniert, lesen Sie in den nächsten Kapiteln. Freuen Sie sich einfach schon auf das folgende Kapitel und Sie werden sehen, wie schnell Sie in der Lage sind, sich und Ihre Kunden jedesmal aufs Neue zu begeistern. Erst einmal brauchen wir eine Inventur der besonderen Art. Und genau darum geht es jetzt.

2.1 Meine persönliche Bestandsaufnahme

Jedes Unternehmen möchte wenigstens einmal im Jahr wissen, welche Bestände vorhanden sind und was im Bestand so alles fehlt. Aus diesem Grund wird alljährlich in Ihrem Geschäft eine Inventur durchgeführt. Und wie sieht es bei Ihnen selbst aus? Wann haben Sie das letzte Mal bei sich Inventur gemacht? Wie, noch gar nicht? Dann wird es jetzt allerhöchste Zeit! Denn wie können Sie erwarten, dass Sie begeistert durchs Leben ziehen, wenn Sie nicht einmal Ihren Istbestand kennen. Aber was ist denn nun mein Istbestand, werden Sie fragen?

Zuallererst sollten Sie sich einmal über Folgendes Gedanken machen: Was habe ich denn vorzuweisen bei meiner Inventur? Oder anders ausgedrückt: *Was kann ich denn auf jeden Fall als Istbestand in meinem Leben verbuchen?* Das könnten folgende Daten sein: 20 Jahre Berufserfahrung, eine abgeschlossene Berufsausbildung, guter Geschmack, eine Ausbildereignungsprüfung, ein IWS-Seminar, zehn Jahre Betriebszugehörigkeit usw., usw. Auf diese Weise führen Sie sich vor Augen, auf welchem Fundament Sie Ihre Begeisterungsfähigkeit aufbauen können. Denn ohne Fundamente können die schönsten Bauwerke nicht existieren.

Die nächste Frage zu Ihrer persönlichen Inventur könnte dann diese sein: *Wo stehe ich gerade?* Gemeint ist, wie Sie momentan leben. Also zum Beispiel: Momentan bin ich sehr zufrieden, einigermaßen zufrieden oder eher unzufrieden mit meinem Leben. Ich habe eine glückliche Familie oder ich bin ein glücklicher Single oder ich bin auf der Suche nach einer glücklicheren Lebensform im privaten Bereich. Beruflich bin ich vollkommen ausgelastet, normal beansprucht oder vielleicht unterfordert. Mein Beruf macht mir sehr viel Spaß, mäßig Spaß oder überhaupt keinen Spaß. Meine Position ist sehr anspruchsvoll, entspricht meinen Fähigkeiten oder eben nicht. Das Betriebsklima finde ich sehr angenehm, mittelmäßig oder furchtbar. Meine Mitarbeiter, Kollegen oder Vorgesetzten sind sehr nett, normal oder weniger nett usw., usw.

Zur persönlichen Bestandsaufnahme gehören berufliche und private Aspekte.

Welche Fähigkeiten besitze ich? Das wäre die nächste Frage bei Ihrer Bestandsaufnahme. Also zum Beispiel: Ich besitze sehr großes verkäuferisches Talent, habe einen außergewöhnlich guten Geschmack, bin sehr einfühlsam und sehr teamorientiert.

Wie bei jeder soliden Inventur folgt jetzt die Soll-Ist-Analyse. Und die sieht folgendermaßen aus:

Welchen Bereich meines Lebens möchte ich verbessern oder erhalten?

Welche beruflichen Aspekte könnte ich verbessern oder zum Positiven verändern?

Was wäre an dem Betriebsklima zu optimieren?

Welche Fähigkeiten könnte ich ausbauen oder mir noch aneignen?

So oder so ähnlich könnte Ihre persönliche Inventur aufgebaut sein. Wichtig ist, dass Sie sich *Zeit nehmen für Ihre persönliche Bestandsaufnahme.* Denn so eine Inventur macht man ja nicht alle Tage. Und wie bei der geschäftlichen Inventur sollen die ermittelten Bestände genau stimmen. Nur dann haben Sie auch den Überblick, den Sie brauchen, um sich persönlich und beruflich weiterzuentwickeln. Außerdem kann es auch riesigen Spaß machen, sich einmal die eigenen privaten und beruflichen Lebensfaktoren vor Augen zu führen. Meistens entdeckt man sehr viele positive Aspekte seines Lebens, die man sich zu wenig bewusst gemacht hat. Und bei den Aspekten, die einen noch nicht so zufrieden stellen, sieht man jetzt wenigstens die Möglichkeiten der Änderung oder Weiterentwicklung. Und genau darum geht es Ihnen ja auch, wenn Sie dieses Buch bis hierher gelesen haben. Auf der anderen Seite werden Sie sehen, wie viel Potential bei Ihnen schon vorhanden ist, auf dem Sie mit Begeisterung und Spaß aufbauen können.

Denn wer in der heutigen Zeit den sehr anspruchsvollen Beruf des Verkäufers mit Erfolg ausübt, der muss einfach ein riesiges Potential besitzen. Häufig ist dieses Potential nur ein wenig versteckt oder einem selbst nicht so bewusst. Und damit Ihr Begeisterungspotential aus seinem Versteck geholt wird und wieder in Ihrem Bewusstsein verankert wird, gehen Sie jetzt einfach an die Arbeit. Nehmen Sie sich einen Bleistift zur Hand und starten Sie mit Ihrer persönlichen Bestandsaufnahme.

Um diese für Sie noch leichter zu gestalten, finden Sie nachfolgend eine Checkliste, mit der Sie die ersten Schritte Ihrer persönlichen Inventur vornehmen können.

Meine persönliche Bestandsaufnahme

1. Mein Privatleben beschreibe ich folgendermaßen:

2. Mein berufliches Leben beschreibe ich folgendermaßen:

3. Welche menschlichen Fähigkeiten besitze ich?

4. Welche beruflichen Fähigkeiten besitze ich?

5. Welche Bereiche meines privaten Lebens würde ich gerne verbessern?

6. Welche Bereiche meines beruflichen Lebens würde ich gerne verbessern?

7. Welche menschlichen Fähigkeiten könnte ich ausbauen oder mir noch aneignen?

____

____

____

8. Welche beruflichen Fähigkeiten könnte ich ausbauen oder mir noch aneignen?

____

____

____

So, das war Ihr erster Schritt. Ich hoffe, dass es interessant für Sie war, einmal ein wenig über sich nachzudenken. Sollten Sie die Fragen noch nicht für sich beantwortet haben, dann blättern Sie schnell zurück und nehmen sich noch etwas Zeit. Denn ohne die Antworten können Sie die nächste kleine Übung nicht machen. Die Fragen sollten Sie übrigens schriftlich beantworten. Denn alles, was wir schwarz auf weiß sehen, können wir besser behalten. Außerdem ist das Schreiben ein sehr bewusster Akt, bei dem wir ganz konzentriert sind.

Ein kleiner Tipp am Rande: Wollen Sie sich über etwas im Klaren werden, hilft es, wenn Sie Ihre Gedanken dazu notieren.

Also ein kleiner Tipp nebenbei: Immer wenn Sie sich in Ihrem Leben konzentrieren oder eine Aufgabe lösen wollen, dann nehmen Sie einen Bleistift und ein Blatt Papier zur Hand. Und dann notieren Sie sich Ihre Gedanken. Sie werden sehen, dass Sie auf diese Art und Weise schneller zu Lösungen kommen und dass Sie sich mit diesem einfachen Hilfsmittel viel schneller konzentrieren können. Probieren Sie es aus. Jetzt aber wenden wir uns wieder Ihrer persönlichen Bestandsaufnahme zu.

Der Unterschied zwischen einem Durchschnittsverkäufer und einem überdurchschnittlich erfolgreichen Verkäufer ist unter anderem der, dass *der erfolgreiche Verkäufer* handelt. Ja, Sie haben richtig gelesen. Er handelt! Im Klartext heißt das: Wenn Sie irgendwo Handlungsbedarf entdecken, dann handeln Sie auch! Sehr viele Menschen entdecken zwar häufig Handlungsbedarf in ihrem Leben, in ihrem Unternehmen oder sonst irgendwo. Dabei bleibt es dann aber. Und genau hier setzt der Unterschied zwischen einem begeisterten und einem frustrierten Menschen ein. Ich möchte Ihnen das an einem kleinen Beispiel verdeutlichen. Dazu möchte ich Ihnen zwei Menschen vorstellen, die uns in diesem Buch immer wieder begegnen werden.

Der eine ist *Herr Lustig*. Er lebt ein glückliches, zufriedenes und vor allen Dingen begeistertes Leben. Privat ist er glücklich verheiratet, genießt seine Hobbys und seine Freizeit. In dem Modegeschäft, in dem er arbeitet, ist er ein angesehener Mitarbeiter mit einem großen Verantwortungsbereich. Bei seinen Kunden, Kollegen und Vorgesetzten ist er sehr beliebt. Sein Beruf ist für ihn kein Job, sondern eher Berufung. Er liebt seinen Beruf eben.

Der andere ist *Herr Frustig*, er arbeitet auch in einem Textilfachhandelsgeschäft wie Herr Lustig. Herr Frustig ist ebenfalls verheiratet, allerdings alles andere als glücklich. Seine Kinder nerven ihn mehr, als dass sie ihm Freude machen. Hobbys hat er so gut wie keine, und sein kleiner Bekanntenkreis geht ihm meistens mächtig auf die Nerven. Nach 20 Jahren im Verkauf hat er die Nase gestrichen voll, von den Kunden, von seinen Kollegen und seinen Chefs sowieso. Eigentlich wartet er sehnsüchtig auf seine Rente. Aber bis er die endlich bekommt, werden sicherlich noch mindestens 15 Jahre vergehen. Aber irgendwie wird er die schon noch herumkriegen.

Herr Lustig und Herr Frustig sind uns netterweise in diesem Buch behilflich, das eine oder andere Beispiel zu liefern. Beide stehen sozusagen stellvertretend für gewisse Menschen, die uns im Alltag immer wieder einmal über den Weg laufen. Und sollten Sie sich, lieber Leser und liebe Leserin, in einem der beiden wiederfinden, so ist das beabsichtigt. Ist es Herr Lustig, dann freuen Sie sich. Ist es aber Herr Frustig, dann freuen Sie sich auch, denn dann können Sie ja genau das ändern, was Sie an Herrn Frustig stört. Also zurück zu unserem Beispiel, das Ihnen kurz verdeutlichen soll, was es mit dem *Handeln* so auf sich hat.

Herr Lustig arbeitet, wie bereits erwähnt, in einem Modegeschäft. Eines Tages merkt er, dass in seiner Abteilung der Gürtelumsatz nachlässt und das Gürtellager immer weiter wächst und wächst. Nachdem er sich eine kurze Zeit Gedanken gemacht hat, woran es liegen könnte, marschiert Herr Lustig um die Fenster seines Geschäftes und entdeckt, dass kaum noch Gürtel im Schaufenster zu sehen sind. Außerdem ist der Gürtelständer aus irgendwelchen Gründen aus der Hosenabteilung entfernt worden und steht jetzt ganz nahe bei den Herrenhemden. „Da liegt also der Hase begraben", denkt sich Herr Lustig und sucht sich sofort ein paar Gürtel heraus, die zu der momentanen Dekoration passen. Diese gibt er dem zuständigen Dekorateur mit der Bitte, diese Gürtel in die bereits dekorierten Hosen zu ziehen. Außerdem spricht er gleich noch mit seinem Chef und weist diesen auf die rückläufigen Gürtelumsätze hin. Nicht ohne den Chef darauf aufmerksam zu machen, dass der Gürtelständer aus unerfindlichen Gründen aus der Hosenabteilung in die Herrenartikelabteilung gewandert ist und dass es doch sicherlich sinnvoller wäre, die Gürtel nahe bei den Herrenhosen zu plazieren. Gesagt, getan, auch der Gürtelständer wanderte wieder zurück in die Hosenabteilung. Die Gürtelumsätze stiegen, und der Chef und Herr Lustig waren mehr als zufrieden.

Bei Herrn Frustig im Geschäft liefen die Gürtel auch nicht mehr so richtig. Auch Herr Frustig bemerkte diesen Umstand. Und auch Herr Frustig machte sich so seine Gedanken. „Kein Wunder, dass die Gürtel nicht mehr so gut laufen. Im Schaufenster sind kaum noch Gürtel dekoriert, und den Gürtelständer haben die da oben auch noch in die Herrenartikelabteilung gestellt. Die hätten mich einmal fragen sollen, mit meiner 20jährigen Berufserfahrung. Dann hätte ich denen gleich sagen können, dass man so die Gürtelumsätze in den Keller fährt. Aber auf mich hört ja keiner." Das war die Aktion von Herrn Frustig. Die Gürtelumsätze fielen weiter in den Keller, und der Chef und Herr Frustig waren weiterhin unzufrieden.

Anstatt nur zu denken, sollten wir, wenn wir irgendeinen Missstand entdecken, auch handeln. Denn nur durch Handeln wird irgend etwas auf dieser Welt zum Positiven geändert.

Apropos Handeln, wie sieht es aus mit Ihrer persönlichen Inventur? Wie können Sie jetzt handeln? Auch das ist ganz einfach: Alle Notizen, die Sie sich auf die Fragen 5, 6, 7 und 8 Ihrer Checkliste gemacht haben, sind nun die Basis für Ihr aktives Handeln und auch die Grundlage für Ihre Ziele. Wie Sie Ihre Ziele und Wünsche mit Leichtigkeit und Begeisterung erreichen, verrate ich Ihnen im nächsten Kapitel.

Das Wichtigste in Kürze und Ihre persönlichen Gedanken dazu:

1. Nehmen Sie sich öfter einmal Zeit für sich selbst!
   Meine Gedanken dazu:

   ____

   ____

2. Erstellen Sie eine persönliche Inventur Ihres Lebens.
   Meine Gedanken dazu:

   ____

   ____

3. Notieren Sie sich alle wichtigen Aspekte Ihres beruflichen und privaten Lebens.
   Meine Gedanken dazu:

   ____

   ____

4. Machen Sie einen Soll-Ist-Vergleich.
   Meine Gedanken dazu:

   ____

   ____

5. Schreiben Sie alles auf, was Sie in Ihrem Leben verbessern möchten.
   Meine Gedanken dazu:

   ____

   ____

6. Wenn Sie sich auf etwas Wichtiges konzentrieren wollen, nehmen Sie sich ein Blatt Papier und einen Stift zur Hand.
   Meine Gedanken dazu:

   ____

   ____

7. Machen Sie sich bewusst: „Nur Handeln schafft Ergebnisse!"
   Meine Gedanken dazu:

   ____

   ____

8. Bleiben Sie konsequent am Ball, wenn es um Ihre persönliche Entwicklung geht!
   Meine Gedanken dazu:

   ____

   ____

2.2 Wie erreiche ich meine Ziele?

Nachdem Sie Ihre persönliche Inventur gemacht und sicherlich einiges über sich erfahren haben, wenden wir uns nun einem weiteren wichtigen Punkt Ihrer Begeisterungsstrategie zu: Ihren Zielen!

Jeder Mensch hat mehr oder weniger konkrete Ziele in seinem Leben. Viele dieser Ziele sind uns bewusst, manche sind uns weniger bewusst. Ziele werden aus unterschiedlichen Beweggründen heraus geboren. Manchmal ist der Anlass für eine Zielsetzung ein positiver Auslöser wie zum Beispiel der Urlaub. Manchmal ist es auch ein wenig erfreulicher Auslöser, der uns zu einer Zielsetzung veranlasst, zum Beispiel in unserer Jugend, wenn es darum ging, das Klassenziel nach einer schlechten Note dennoch zu erreichen. Wir werden also immer wieder ermuntert, uns neue Ziele zu setzen, und je nachdem, wie stark der Druck ist, ob positiv oder negativ, werden wir diese Ziele erreichen oder auch nicht. Sehr häufig haben diese Ziele jedoch eines gemeinsam: Sie sind uns durch äußere Umstände mehr oder weniger diktiert worden. Meist nennen wir diese Aktionen dann auch nicht Ziele, sondern finden andere Bezeichnungen dafür.

Bei negativen Auslösern, wie zum Beispiel der Gefährdung der Klassenversetzung, sagen wir natürlich selten: „Ich habe ein neues

Ziel!", sondern formulieren unser Ziel folgendermaßen: „Ich muss unbedingt lernen!" oder „Ich muss leider mehr lernen, sonst bekomme ich Ärger!" Das sind dann weniger erfreuliche Momente unseres Lebens. Wir wollen uns aber in diesem Kapitel mit der erfreulichen Seite der Zielplanung und vor allen Dingen der Zielerreichung beschäftigen. Eine ganz wichtige Voraussetzung, damit Ziele Spaß machen, ist, dass wir uns diese Ziele freiwillig setzen. Freiwillig bedeutet, dass die Motivation für das Ziel aus uns heraus kommt und nicht von außen aufgezwungen wurde. Denn nur wenn die Ziele freiwillig formuliert und geplant werden, sind sie für uns im positiven Sinne motivierend. Sind die Ziele von außen in Gang gesetzt worden, erhöhen sie meist eher den Druck in unserem Leben. Wer kennt zum Beispiel nicht den Druck aus der Schule, der durch schlechte Noten oder durch die Angst vor dem Durchfallen ausgelöst wurde? Viele Menschen werden in ihrem Leben fast immer durch äußere Anlässe angetrieben, gewisse Dinge in Angriff zu nehmen. Das bedeutet sehr häufig permanenten Stress, und außerdem fühlen sich diese Menschen von außen gesteuert. Diese Menschen meinen, dass sie ihr Leben nicht selbst bestimmen können, sondern dass ihr Leben von äußeren Umständen bestimmt wird. Ein gutes Beispiel hierfür gibt uns der nun schon allen bekannte Herr Frustig.

Ziele können nur dann motivieren, wenn sie freiwillig formuliert und geplant worden sind.

Unser Herr Frustig ist in dieser Beziehung ein ganz armer Tropf. Wenn es bei seinem wöchentlichen Stammtisch um das Thema Ziele geht, da kann er nur lachen und gibt jedesmal seine leidvolle Lebensgeschichte zum Besten. Seine Stammtischbrüder kennen die Geschichte mittlerweile bereits auswendig, aber so nach dem fünften Bier lässt sich Herr Frustig nicht mehr daran hindern, seine Version vom Leben zu erzählen. Und die klingt in etwa so: „Ihr habt ja gut reden! Wenn ihr so eingebunden wäret wie ich, da würdet ihr Euch nicht mehr über neue Ziele und Wünsche unterhalten. Mein ganzes Leben besteht darin, es anderen recht zu machen, ohne dass ich es nur annähernd schaffen könnte. Jeder erwartet von mir irgendeine Leistung, ohne dass sich jemand für mich interessiert. Das fängt bei meinem Chef an, der immer nur Umsatz, Umsatz und Umsatz von mir fordert. Daneben soll mein Lager immer perfekt sein und alle Nachbestellungen auf dem neuesten Stand. Zu Hause fordern meine Kinder immer neue Spielsachen und neue Kleidung. Und meine Frau beschwert sich jeden Tag, dass ich zu wenig Zeit für sie habe. Das Geld reicht hinten und vorne nicht, um große Sprünge zu machen. Und die Kunden im Geschäft werden immer ungeduldiger, wenn sie einmal ein bisschen warten müssen. Ich hetze von morgens bis abends durch den Laden und soll am Abend noch den Alleinunterhalter für Frau und Kind spielen. Und jetzt gibt es noch ein paar ganz Kluge, die mir einreden wollen, dass es höchste Zeit wird, mir eigene Ziele zu setzen. Da kann ich nur lachen!"

„Zum Lachen finde ich dein Leben ganz und gar nicht!", entgegnet an diesem Punkt des Stammtischgespräches Herr Lustig. „Ich finde es eher zum Weinen. Denn auch ich darf meine Umsätze bringen, mein Lager in einem Topzustand halten und Nachbestellungen und Extrabestellungen rechtzeitig ausführen. Um meine Kinder darf ich mich ebenfalls kümmern, und auch meine Frau fordert ihr Recht. Mit den Kunden klappt es prima, auch wenn wir meistens noch mehr zu tun haben als ihr in eurem Geschäft. Nebenbei freue ich mich auch noch auf meine ehrenamtliche Tätigkeit im Sportverein. Mir macht das alles riesigen Spaß! Und ich freue mich auf jedes neue Ziel oder, wie ich es auch gerne nenne, auf jede neue Herausforderung, die ich mir stelle! Mein Geheimnis ist ganz einfach. Ich lasse es meist erst gar nicht so weit kommen, dass andere mir ihre Vorstellungen aufzwingen. Und das geht ganz einfach. Bevor meine Mitmenschen auf die Idee kommen, den könnten wir ein bisschen mehr fordern, habe ich das bereits selbst erledigt. Und zwar indem ich mir selbst eigene Ziele setze, die mir, meinem Umfeld und meinen Mitmenschen Spaß und Freude bereiten. Ich möchte nämlich nicht der Sklave meines Lebens sein, sondern möchte mein Leben selbst bestimmen und tue das auch in den meisten Fällen. Mindestens einmal im Jahr ziehe ich mich für einen Tag zurück und plane die kommenden zwölf Monate in allen Lebensbereichen. Seitdem ich mir das angewöhnt habe, geht es mir um Klassen besser als früher. Ich habe jetzt das Gefühl: ***Ich*** *bestimme mein Leben, und nicht mein Umfeld bestimmt, wo es langgeht."*

Schon toll, was unser Herr Lustig dem Herrn Frustig da entgegnet. Nur – wie sieht so eine Jahresplanung aus? Die wollen wir uns jetzt einmal genauer ansehen.

Voraussetzung für eine persönliche Zielplanung ist, dass ich mir zuallererst einmal Gedanken darüber mache, was ich eigentlich alles vorhabe, erreichen will oder vielleicht besitzen möchte. Hierbei war Ihnen Ihre persönliche Inventur auf jeden Fall schon einmal behilflich. Einige Grundlagen für Ihre persönliche Zielplanung finden Sie bei Ihren Antworten auf die letzten vier Fragen Ihrer Bestandsaufnahme, die wie folgt lauteten: „Welche Bereiche meines privaten Lebens möchte ich gerne verbessern? – Welche Bereiche meines beruflichen Lebens würde ich gerne verbessern? – Welche menschlichen Fähigkeiten könnte ich ausbauen oder mir noch aneignen? – Welche beruflichen Fähigkeiten könnte ich ausbauen oder mir noch aneignen?" Das wären also schon die ersten Zielformulierungen, die Sie jetzt gebrauchen können. Eine weitere Frage, die Ihnen hier weiterhilft, ist folgende: Was möchte ich in diesem Planungszeitraum erreichen oder machen? Unterscheiden Sie auch bei dieser Frage erst einmal zwischen Ihren beruflichen und privaten Lebenszielen.

Die weitere Vorgehensweise könnte nun folgendermaßen aussehen: Nehmen wir einmal an, Sie haben sich als Antwort auf die Frage: „Welche Bereiche meines privaten Lebens würde ich gerne verbessern?", Folgendes notiert: Ich müsste mehr Sport treiben. Nun sollten Sie sich fragen: Welchen Sport würde ich gerne treiben? Welche Sportart würde mir Spaß machen? Wie viel Zeit würde dieser Sport in Anspruch nehmen? Zu welchen Zeiten könnte ich diesen Sport ausüben? Wann beginne ich damit? Natürlich kann es passieren, dass Sie bei diesen Fragen zu dem Ergebnis kommen, dass Sie keine Zeit haben, um Sport zu treiben. Ist ja auch in Ordnung. Nur sollten Sie sich dann nicht mehr darüber ärgern, dass Sie zu wenig Sport oder gar keinen Sport treiben. Ist doch klar, oder?

„Ja, der hat gut reden!", werden Sie jetzt vielleicht denken. Stimmt! Ich habe gut reden oder besser gesagt „schreiben". Nur leider kann ich Ihnen in diesem Fall keinen anderen Tipp geben. Denn die Entscheidung, ob Sie etwas tun oder nicht tun, bleibt glücklicherweise Ihnen persönlich überlassen. Und kein Mensch auf dieser Welt kann Sie dazu zwingen, Sport zu treiben oder nicht. Das ist natürlich nur ein Beispiel, aber es sollte Ihnen zeigen, mit welchen Schritten Sie bei Ihrer persönlichen Bestandsaufnahme auch *greifbare Ergebnisse* erzielen werden. Denn letztendlich zählen eben nur greifbare Ergebnisse. Und da dieses Buch neben den verkäuferischen Tipps, zu denen wir später kommen werden, Ihnen vor allen Dingen auch *Impulse zur Eigenmotivation vermitteln* möchte, brauchen Sie handfeste Resultate, oder? Damit Sie schnellstmöglich zu begeisternden Ergebnissen kommen, folgt jetzt eine weitere Checkliste, nämlich Ihre Zielplanungs-Checkliste.

Zielplanungs-Checkliste

1. Was möchte ich ändern oder erreichen?

___

___

___

2. Welche Möglichkeiten bieten sich an, um mein Wunschergebnis zu erzielen?
(bei 2. – 4. bitte drei Varianten)
a) ___
b) ___
c) ___

3. Was spricht für die einzelnen Möglichkeiten?
a) ___
b) ___
c) ___

4. Was ist bei den einzelnen Möglichkeiten zu beachten?
a) ___
b) ___
c) ___

5. Für welche Möglichkeit entscheide ich mich?

___

___

___

6. Was sollte ich besonders berücksichtigen?

___

___

___

7. Was kann ich in die Wege leiten?

____

____

____

8. Wann beginne ich damit?

____

____

____

9. Wie genieße ich mein Ziel?

____

____

____

Nehmen wir einmal an, Sie haben in Ihrer Checkliste der persönlichen Bestandsaufnahme als Antwort auf die sechste Frage: „Welche Bereiche meines beruflichen Lebens würde ich gerne verbessern?“, geschrieben: Ich möchte gerne mehr Einfluss auf die Auszubildenden ausüben. Dann würden Sie mit o.a. Zielplanungs-Checkliste folgendermaßen verfahren:

Frage 1: *Was möchte ich ändern oder erreichen?*
Die Antwort ist bereits mit Ihrer Aussage beantwortet.

Frage 2: *Welche Möglichkeiten bieten sich an, mein Wunschergebnis zu erzielen?*

1. Ich biete mich aktiv an, die Warenkundeschulungen für meinen Bereich zu übernehmen.
2. Ich mache die Ausbildereignungsprüfung.
3. Ich nehme an den momentanen Schulungen teil.

Fragen 3 und 4: *Was spricht für und gegen die einzelnen Möglichkeiten?*

Folgendes spricht für die erste Möglichkeit:
Ich besitze ausreichend Warenkenntnisse; mein Abteilungsleiter

würde sich über die Entlastung freuen; ich würde ein wenig Abwechslung in meine berufliche Tätigkeit bringen.

Folgendes spricht gegen die erste Möglichkeit:
Momentan fehlt mir die Zeit; momentan sind wir nicht ausreichend in der Abteilung besetzt, damit ich mich für die Warenkundeschulung aus dem Verkauf ziehen kann.

Folgendes spricht für die zweite Möglichkeit:
Mir würde es Spaß machen, die gesamte Verantwortung für die Azubis zu übernehmen; ich würde meine Kompetenzen ausbauen; ich würde meinen Verantwortungsbereich erweitern.

Folgendes spricht gegen die zweite Möglichkeit:
Ich müsste Freizeit investieren, es wären Ausbildungskosten aufzubringen, die ich eventuell selber tragen müsste.

Jetzt kommen Sie zu Frage 5: *„Für welche Möglichkeit entscheide ich mich?"*
Hier treffen Sie nun Ihre ganz persönliche Entscheidung, beispielsweise entscheiden Sie sich für die Ausbildereignungsprüfung.

Frage 6: *„Was sollte ich beachten?"*
Hier können Sie sich zum Beispiel notieren, wie Sie sich trotz zusätzlicher Aufgaben genügend Freiraum für Erholungsphasen schaffen.

Frage 7: *„Was kann ich in die Wege leiten?"*
Schreiben Sie sich alles auf, was getan werden muss. Beispielsweise die Anmeldung bei der IHK zum Lehrgang, Gespräch mit Arbeitgeber oder Arbeitsamt zwecks finanzieller Förderung des Lehrgangs, usw.

Frage 8: *„Wann beginne ich damit?"*
Diese Frage ist in diesem Fall sehr schnell beantwortet, da der Lehrgang zu einem bestimmten Termin stattfindet.

Frage 9: *„Wie genieße ich mein Ziel?"*
Da sind Ihrer Phantasie keine Grenzen gesetzt. Planen Sie eine Feier nach bestandener Prüfung, laden Sie Ihre Kollegen zu einem Umtrunk ein oder genießen Sie ganz für sich alleine Ihr Erfolgserlebnis.

Die letzte Frage wird leider häufig vergessen. Dabei ist es sehr wichtig, sich bereits bei der Zielplanung Gedanken zu machen, wie man das Erreichen seines Zieles feiern kann. Ja, Sie haben richtig gelesen. Sie sollen Ihre Ziele feiern. Denn nur derjenige, der seine Ziele feiert, nimmt diese auch bewusst wahr.

Häufig werden Ziele erreicht, aber man selbst merkt es nicht. Gute Beispiele hierzu sind die Umsatzziele in manchen Unternehmen. Die geplanten Umsätze werden erreicht, und anstatt diese bewusst zu feiern, geht man zur Tagesordnung über und plant einfach die neuen Umsätze für das kommende Jahr. Und so geht das Jahr für Jahr. Vergleicht man zum Beispiel eine Fußballmannschaft, die ihr Ziel erreicht hat und Meisterschaftsfeiern veranstaltet, wird auch uns klar, wie wichtig das bewusste Wahrnehmen von Erfolgen für unsere eigene Motivation ist. Und jedes Ziel, das Sie erreichen, ist Ihr ganz persönlicher Erfolg. Aber ein Mensch, der gar nicht merkt, dass er erfolgreich ist, wird selten ein begeisterter Mensch sein. Damit Ihnen das nicht passiert, gehen Sie einfach bei Ihrer persönlichen Zielplanung jeden Punkt einzeln durch.

Sicherlich ist nicht jede Zielplanung immer so schnell erledigt, da es bestimmt auch komplexere Ziele in Ihrem Leben geben wird. Doch mit der Zeit werden Sie Übung bekommen und Ihre Planung wird immer zügiger vonstatten gehen. Wie oft oder besser gesagt in welchem Rhythmus sollte nun so eine Zielplanungsphase stattfinden? Mindestens einmal pro Jahr sollten Sie sich Zeit nehmen für Ihre ganz persönlichen Ziele. Besser wäre natürlich ein kürzerer Zeitraum, da Sie so immer wieder Ihre Jahresziele betrachten bzw. Korrekturen vornehmen können. Außerdem können Sie sich zusätzlich kleine, motivierende Monatsziele vornehmen. Auch ein wöchentlicher oder sogar täglicher Zielrhythmus ist ein enormer Motivationsfaktor für den Alltag. Stellen Sie sich einmal vor, Sie könnten jeden Abend zu sich sagen: „Auch heute habe ich wieder ein persönliches Ziel erreicht!"

Mindestens einmal pro Jahr sollten Sie sich Zeit nehmen für die Planung Ihrer ganz persönlichen Ziele.

Sie meinen, das wäre nicht zu schaffen? Doch, das ist zu schaffen und sogar ohne Stress. Natürlich nicht, wenn Sie sich täglich ein Jahresziel vornehmen. Ihre Tagesziele hingegen sind logischerweise auf die Möglichkeiten des jeweiligen Tages abgestimmt. Beispielsweise könnte ein Tagesziel aus dem privaten Lebensbereich folgendermaßen definiert sein: „Heute möchte ich einem mir nahestehenden Menschen (Partner, Kind, Freund, Kollege) eine Freude (Mitbringsel, Anruf, Einladung) machen!" Sicherlich lässt sich dieses Ziel an so manchen Tagen realisieren. Auf diese Art und

Weise erfreuen Sie mindestens zwei Menschen, nämlich den anderen und sich selbst, da Sie dieses Ziel am Abend erfolgreich abhaken können.

Diese tägliche Zielsetzung hat einen weiteren Vorteil. Sie spornt uns an, mindestens einmal am Tag über uns und über den kommenden Tag nachzudenken. Das bedeutet nicht nur, dass wir den Tag bewusster erleben, sondern auch, dass wir unsere Tage gezielter planen. Wichtig ist nur, dass Sie sich am Anfang Ihrer täglichen Zielplanungszeit nicht zu viel vornehmen, damit Sie genügend Freiraum für die unvorhergesehenen Ereignisse des Tages haben und nicht plötzlich in Stress geraten. Ein bis zwei Tagesziele sind also für den Anfang völlig ausreichend. Vielleicht starten Sie mit jeweils einem beruflichen und einem privaten bzw. persönlichen Tagesziel. Hervorragend eignet sich übrigens der jeweilige Vorabend für die Planung des nächsten Tages, und außerdem tut es einem auch gut, einmal kurz die erreichten Tagesziele von heute zu genießen. Damit sind wir auch schon bei den unterschiedlichen Lebensbereichen, die Sie in Ihrer Zielplanung berücksichtigen sollten.

Tagesziele helfen, den Alltag bewusster und gezielter zu planen.

Der Einfachheit halber unterscheiden Sie hier am besten die zwei folgenden Bereiche:

1. Ihren *privaten* Bereich

und

2. Ihren *beruflichen* Bereich.

Der private Bereich ist Ihnen wahrscheinlich klar. Hier handelt es sich um Ziele, die Sie persönlich und Ihr nahestehendes Umfeld betreffen. Denken Sie bei diesem Bereich auch an Ihre Freunde, Bekannten und außerfamiliären Aktivitäten wie Sport, Hobby und Sonstiges. Häufig wird dieser Bereich vergessen, dabei ist er für Ihre persönliche Zufriedenheit von entscheidender Wichtigkeit.

Im beruflichen Bereich denken Sie vor allen Dingen an Ihre persönlichen Aktivitäten, aber vielleicht auch an Faktoren wie zum Beispiel Betriebsklima, Verständigung untereinander und an so wichtige Elemente wie persönliche Umsatzziele, Kundenbindung und Erhöhung des Durchschnittsbons. Ja, Sie haben richtig gelesen. Überdurchschnittlich begeisterte Menschen warten nicht darauf, dass irgend jemand von höherer Stelle die Umsatzziele festlegt (das wäre ja auch wieder Druck von außen), sondern sie setzen sich selbst eigene Umsatzziele. Wenn Sie keiner danach fragt, brauchen Sie diese selbst gesteckten Ziele auch niemandem mitzuteilen. Es genügt, wenn Sie selbst Ihre Ziele kennen. Und wenn Ihnen jemand neue Umsatzziele mitteilt, dann können Sie in Zukunft darüber lächeln, da Sie seine Arbeit ja bereits vorweggenommen haben und ihm durch Ihre persönliche Planung bereits einen Schritt voraus sind. Jetzt haben Sie auch in diesem Lebensbereich das Gefühl, Ihr Leben weitgehend selbst zu bestimmen. Damit Ihnen Ihre Zielplanungen noch leichter von der Hand gehen, können Sie in Zukunft mit folgender Checkliste ans Werk gehen.

Zielplanungs-Checkliste

1. Was will ich konkret erreichen, erleben, optimieren?

   ____

   ____

   ____

2. Welche Möglichkeiten bieten sich an, um mein Wunschergebnis zu erzielen?
   (Möglichst drei Möglichkeiten nennen)
   a) ____________________________
   b) ____________________________
   c) ____________________________

3. Was spricht für Möglichkeit
   a) ____________________________
   b) ____________________________
   c) ____________________________

4. Was ist zu beachten bei Möglichkeit
   a) ____________________________
   b) ____________________________
   c) ____________________________

5. Für welche Möglichkeit entscheide ich mich?

___

___

___

Welche Möglichkeit ist am erfolgsversprechendsten?

___

___

Welche Möglichkeit macht mir am meisten Spaß?

___

___

6. Was sollte ich berücksichtigen?

___

___

7. Wann beginne ich damit?

___

___

8. Bis wann habe ich mein Ziel erreicht?

___

___

9. Wie genieße ich mein Ziel?

___

___

Zwei Seminarteilnehmer waren so freundlich, mir jeweils eine ihrer Zielplanungen zu überlassen. Somit kann ich Ihnen hier zwei konkrete Beispiele aus der Praxis zeigen, die Ihnen den Umgang mit der Zielplanungs-Checkliste erleichtern werden. Übrigens sind die Ziele von beiden bereits erreicht. Gratulation!

Beispiel 1: Das private Ziel eines jungen Mannes aus Hamburg:

1. Was will ich konkret erreichen, erleben, optimieren?
   Eine bessere Kondition – konkret: 1000 m unter drei Minuten.

2. Welche Möglichkeiten bieten sich an, um mein Wunschergebnis zu erzielen?
   a) Joggen b) Schwimmen c) Radfahren

3. Was spricht für Möglichkeit
   a) Vor dem Haus kann ich loslaufen.
   b) Schont die Gelenke.
   c) Macht mir Spaß.

4. Was ist zu beachten bei Möglichkeit
   a) Macht mir keinen Spaß.
   b) Weg zum Schwimmbad relativ weit.
   c) Kann ich nur im Sommer regelmäßig betreiben.

5. Für welche Möglichkeit entscheide ich mich?
   Radfahren – zwei- bis dreimal die Woche.
   1-mal wöchentlich 1000 m laufen.

6. Was sollte ich berücksichtigen?
   Feste Zeiten: Samstags und sonntags um 17.00 Uhr und einmal werktags morgens um 07.00 Uhr – evtl. für Winter Heimtrainer besorgen.

7. Wann beginne ich damit?
   Kommendes Wochenende.

8. Bis wann habe ich mein Ziel erreicht?
   Realistischer Zeitraum: ca. zwölf Monate.

9. Wie genieße ich mein Ziel?
   Lade meinen Partner zum Essen ein und feiere die Drei-Minuten-Schallgrenze.

Dieses Ziel hat der junge Mann nicht nur sehr detailliert geplant, sondern auch erfolgreich erreicht. Wichtig für ihn war natürlich, dass die geplante Zeit realistisch war. Es macht selbstverständlich keinen Sinn, die 1000 Meter unter drei Minuten zu planen, wenn man momentan nicht einmal 100 Meter durchhalten könnte. Ein Ziel sollte immer realistisch sein. Realistisch bedeutet aber nicht, dass Sie sich unterfordern sollten bei Ihrer Planung. Um im Beispiel zu bleiben: 1000 Meter in einer Stunde Laufzeit wären selbst für mich nicht sehr motivierend, obwohl ich nicht gerade ein „Laufchampion“ bin.

Beispiel 2: Das berufliche Ziel einer Dame aus Düsseldorf:

1. Was will ich konkret erreichen, erleben, optimieren?
   Persönlichen Umsatz erhöhen – konkret: 5% Umsatzsteigerung.

2. Welche Möglichkeiten bieten sich an, um mein Wunschergebnis zu erzielen?
   a) Zusatzverkäufe erhöhen.
   b) Aktiver auf Kunden zugehen.
   c) Höhere Durchschnittspreislagen verkaufen.

3. Was spricht für Möglichkeit
   a) Kann ich gut.
   b) Viele Infokunden sind im Haus vorhanden.
   c) Qualität verkaufen liegt mir.

4. Was ist zu beachten bei Möglichkeit
   a) Könnte aufdringlich werden.
   b) Könnte manche Kunden abschrecken.
   c) Könnte preisbewusste Kunden vom Kauf abhalten.

5. Für welche Möglichkeit entscheide ich mich?
   Zusatzverkauf erhöhen.

6. Was sollte ich berücksichtigen?
   Zu jedem Hauptartikel passende Ergänzungsartikel zeigen, ohne aufdringlich zu sein; Kundenwünsche respektieren, denn nicht jeder Kunde möchte einen oder mehrere Zusatzartikel kaufen.

7. Wann beginne ich damit?
   Ab morgen bei jedem Kunden.

8. Bis wann habe ich mein Ziel erreicht?
   Persönliche Kontrolltermine: einmal im Monat.

9. Wie genieße ich mein Ziel?
   Ich genieße jeden erfolgreichen Zusatzverkauf.
   Ich erhöhe mein Einkommen durch eine höhere Provision.
   Ich genieße die Anerkennung vom Team und von meiner Chefin.

Diese Dame hat einen sehr wichtigen Aspekt einer realistischen Zielplanung berücksichtigt, nämlich die monatlichen Kontrolltermine. Bei ihrem Ziel war es wichtig, relativ schnell zu kontrollieren, ob sie auf dem richtigen Weg ist. Darüber hinaus ist es ein zusätzlicher Motivationsfaktor für die Dame gewesen, ihre monatlichen Erfolgsschritte zu genießen.

Übrigens: Beide Zielplanungen waren in ca. fünf Minuten fertig. Sicherlich war das für den Anfang eine tolle Zeit, die nicht unbedingt als Maßstab herhalten muss. Auf der anderen Seite zeigt diese zügige Bearbeitung beider Teilnehmer, dass der Zeitaufwand bei der Planung im Vergleich zu den angestrebten Erfolgserlebnissen doch relativ gering ist.

Also nichts wie ran ans Werk!

Denn ob Konditionserhöhung, Umsatzsteigerung, neue Urlaubsziele oder vielleicht sogar neue Lebensziele erarbeitet werden sollen, es lohnt sich allemal, ein wenig Zeit zu investieren. Denn schließlich handelt es sich um *Ihr* Leben und um *Ihre* Lebensplanung. Und die ist es doch allemal wert, gewürdigt zu werden. Außerdem macht es auch riesig Spaß, sich diese Zeit einfach einmal zu gönnen. Natürlich können Sie Ihre persönlichen Ziele auch mit Ihren Partnern, Kindern oder sonstigen nahe stehenden Personen planen. Sich gemeinsam über die Zukunftspläne zu unterhalten, garantiert schon anregende Stunden oder vielleicht sogar ein anregendes Wochenende. Träumen ist hierbei ausdrücklich erlaubt. Denn aus so manchem Traum ist schon ein erstrebenswertes Ziel geworden. Und Ihr erstes Ziel ist ja jetzt auch schon sonnenklar, oder?

Träumen ist bei der Zielplanung ausdrücklich erlaubt!

Ja, genau! Es ist Ihr *Zielplanungstermin* für das laufende Jahr, für den kommenden Monat oder sogar schon für den morgigen Tag. Also machen Sie es sich gemütlich, lassen Sie Ihre Lieblingsmusik laufen und genießen Sie alleine oder gemeinsam Ihre Wünsche und Ihre Ziele und sehen Sie sich bereits zielstrebig auf Ihre Ziele zugehen. Dass Sie Ihre Ziele erreichen werden, das wird Ihnen spätestens im nächsten Kapitel völlig klar werden. Aber bitte lesen Sie erst weiter, wenn Sie Ihre Planungstermine festgelegt haben!

Das Wichtigste in Kürze und Ihre persönlichen Gedanken dazu:

1. Ziele gehören zu den wichtigsten Antriebsfaktoren in Ihrem Leben.
   Meine Gedanken dazu:
   ____

2. Nehmen Sie sich Zeit für Ihre Zielplanung.
   Meine Gedanken dazu:
   ____

3. Schaffen Sie sich eigene, neue Herausforderungen durch Ihre Zielplanung.
   Meine Gedanken dazu:
   ____

4. Warten Sie nicht, bis andere Ihnen Ihre Ziele vorschreiben.
   Meine Gedanken dazu:
   ____

5. Ihre Ziele sollen realistisch und doch herausfordernd sein.
   Meine Gedanken dazu:
   ____

6. Ihre Ziele sollen konkret definiert werden.
   Meine Gedanken dazu:
   ____

7. Ihre Ziele sollen zeitlich begrenzt sein.
   Meine Gedanken dazu:
   ____

8. Ihre Zielplanung und Ihre Ziele sollen Ihnen Spaß machen.
   Meine Gedanken dazu:
   ____

2.3 Wie entwickle ich meine Stärken?

Ziele planen und Ziele erreichen, das sind natürlich zwei verschiedene Paar Schuhe. Obwohl mit einer guten und realistischen Planung schon viel erreicht ist, garantiert diese Zielplanung noch nicht die Erreichung des Zieles. Ein ganz wichtiger Faktor nach der Planung ist natürlich das schon häufiger angesprochene Handeln. Frei nach dem Sprichwort:

„Es gibt nichts Gutes, außer man tut es!"

Zielplanung wird nur wirksam, wenn sie in aktives Handeln mündet.

Denn das haben alle erfolgreichen und begeisterten Menschen gemeinsam: Sie handeln! Sehr viele Menschen können zwar hervorragend über dieses und jenes sprechen und reden, doch wenn es darauf ankommt, Dinge auch anzupacken, hört und sieht man nichts von ihnen.

Das kann verschiedene Gründe haben. Zum einen haben Menschen häufig Angst vorm Handeln. Ja, Sie lesen richtig, Angst vor dem Handeln. Das gibt es. Denn wenn ich handle, dann kann es natürlich passieren, dass die Sache, die ich vorhabe, nicht klappt. Und wenn die Sache nicht klappt, könnte ich mich beispielsweise blamieren. Und wer möchte das schon gerne. Also machen manche Menschen lieber nichts, sondern reden stattdessen darüber, was man alles verbessern, erreichen und tun könnte. Und gehen so der Gefahr aus dem Weg, sich zu blamieren.

Schon haben Sie wieder etwas gelernt. Nämlich dass Sie sich nicht aufregen müssen über Menschen, die viel reden und letztendlich nichts tun. Allerhöchstens Mitleid können Sie diesen Menschen entgegenbringen, da dieses Nichthandeln meist aus einer Art Versagensangst heraus resultiert. Diesen Menschen kann man nur empfehlen:

„Bauen Sie Ihr Selbstbewusstsein wieder auf!"

Die Frage ist nur: wie? Um dieser Frage auf den Grund zu gehen, schauen wir uns unsere beiden Begleiter in diesem Buch, Herrn Frustig und Herrn Lustig, an.

Es ist 9.30 Uhr, der erste Kunde betritt den Laden und möchte ein Hemd kaufen. Ausnahmsweise voller Freude, dass er gleich am frühen Morgen loslegen kann, zeigt Herr Frustig ihm ein paar aktuelle Hemden und siehe da, der Kunde kauft gleich zwei Stück auf einmal. „Na, der Tag fängt ja schon gut an", denkt sich Herr Frustig. Da kommt auch schon der nächste Kunde. Dieser ist allerdings nicht allzu freundlich und reklamiert eine gestern bei einem Kollegen gekaufte Hose. Nach einer kurzen Diskussion zahlt Herr Frustig ihm das Geld zurück, und trotzdem verlässt der Kunde nicht allzu freundlich das Geschäft. Zur selben Zeit betritt ein Ehepaar die Abteilung und möchte sich nach Anzügen umschauen. Nach anderthalb Stunden verlässt das Ehepaar ohne Anzug das Haus. Der Kollege von Herrn Frustig hat in der Zwischenzeit bereits drei Anzüge, vier Sakkos und vier Hosen verkauft. Von den Hemden, Krawatten und T-Shirts gar nicht zu reden. So geht das schon die ganzen letzten Monate. Um 14.00 Uhr wird Herr Frustig zu seinem Geschäftsführer gerufen, der wieder einmal nicht mit den Umsätzen zufrieden ist. Das gibt Herrn Frustig den Rest. Auch am Nachmittag will nichts so recht klappen. Außer ein paar kleinen Bons hat unser Herr Frustig auch heute wieder nichts in die Kasse gebracht. „Mist, wo soll das noch hinführen?", denkt er sich und grübelt sorgenvoll über seine Zukunft nach. „Irgendwie habe ich das Gefühl, momentan will keiner mehr etwas bei mir kaufen, oder habe ich das Verkaufen wirklich verlernt? Das kann doch nicht sein, nach 20 Jahren Berufserfahrung. Der Chef sollte sich doch selbst einmal hier in den Verkauf stellen. Dann wird er schon sehen, dass die Kunden momentan nicht sehr kauffreudig sind."

Was ist hier passiert? Hat Herr Frustig wirklich keine verkäuferischen Stärken mehr, obwohl er früher ein erfolgreicher Verkäufer gewesen ist? Natürlich besitzt Herr Frustig noch verkäuferische Stärken. Nur sind diese im Moment nicht abrufbar. Vielleicht nur für kurze Zeit, vielleicht aber auch für eine längere Zeitspanne. Was könnte man jetzt tun, um wieder Spaß an der Arbeit zu finden und vor allen Dingen wieder Erfolge feiern zu können?

Sich darüber klar zu werden, welche Erfolge als Verkäufer man bereits zu verbuchen hat, hilft dabei, wieder mehr Spaß am Verkaufsalltag zu finden.

Der erste Schritt besteht darin zu analysieren, welche Erfolge man bereits in seinem Leben als Verkäufer vollbracht hat. Dafür müsste man sich allerdings ein wenig Zeit nehmen. Denn in so einer Situation, in der Herr Frustig momentan steckt, werden einem sicherlich nicht gleich eine Reihe von Erfolgserlebnissen einfallen. Also sollte man sich in Ruhe zu Hause hinsetzen und sich einmal erfolgreiche Verkaufsgespräche vor Augen führen. Wichtig ist nur, dass Sie sich einen Bleistift und einen Block für diese Übung zurecht legen. Denn mit dem Aufschreiben helfen Sie zum einen Ihrem Gedächtnis ein wenig nach und zum anderen machen Sie sich Ihre bisherigen Erfolge viel bewusster. Notieren Sie sich möglichst konkrete Verkaufserlebnisse aus der Vergangenheit, mit Kundennamen und gekauften Artikeln. Schreiben Sie sich auch die ungefähre Umsatzhöhe auf, die Sie bei den jeweiligen Verkaufsgesprächen erzielt haben. Hierbei sollen Sie nicht schon nach drei Verkaufssituationen aufhören zu schreiben, sondern diese Übung solange fortführen, bis Ihnen wirklich kein überdurchschnittliches Erfolgserlebnis mehr einfällt. Als Hilfsmittel können Sie folgendes Schema benutzen:

Meine Verkaufserfolge

Kundenname:

____

____

Ca. Datum:

____

____

Kaufwunsch des Kunden:

____

____

Verkaufte Zusatzartikel:

____

____

Gesamtumsatz:

____

____

Wenn Sie Ihre Erfolgsliste vervollständigt haben, schauen Sie sich diese in aller Ruhe an und überlegen sich, weshalb Sie bei diesen Verkaufsgesprächen so erfolgreich waren. Notieren Sie sich in Stichpunkten, was zum Gelingen dieses Verkaufsgespräches beigetragen hat. Vermeiden Sie Aussagen wie „Glück gehabt", „Zufall" oder ähnliches. Denn das können nicht die Gründe gewesen sein, weshalb Ihr Kunde gerade bei Ihnen so viel mehr gekauft hat, als er ursprünglich ausgeben wollte. Stattdessen könnten hier Dinge stehen wie:

- ich konnte mich gut auf den Kunden einstellen;
- ich habe schnell erkannt, wie ich diesen Kunden mit meiner Ware begeistern konnte; oder
- ich habe schnell einen guten Draht zu diesem Kunden aufgebaut usw.

Wenn Sie Ihre Liste durchgearbeitet haben, schauen Sie sich Ihre Erfolgsliste noch einmal an und sortieren einfach die von Ihnen genannten Pluspunkte.

Der Anfang Ihrer Liste könnte zum Beispiel folgendermaßen aussehen:

- ich konnte mich gut auf den Kunden einstellen: 20×;
- durch meine eigene Begeisterung habe ich auch den Kunden begeistert: 9×;
- meine hervorragenden Fachkenntnisse haben zum Erfolg geführt: 19×;
- meine Überzeugungskraft hat zum Erfolg geführt: 18×;

usw., usw.

So entsteht vor Ihren Augen eine Rangliste Ihrer verkäuferischen Stärken.

Und nun gestalten Sie sich einfach so zum Spaß eine Stellenanzeige. In dieser Stellenanzeige schreiben Sie als Anforderungsprofil all das hinein, was Sie bei der vorhergehenden Übung an eigenen Stärken erkannt haben. Und diese Stellenanzeige hängen Sie entweder zu Hause irgendwo auf oder legen sie in Ihre Brief- bzw. Handtasche, damit Sie diese jeden Tag mindestens einmal sehen und durchlesen können.

Ihre Stellenanzeige könnte ähnlich wie die von Herrn Lustig aufgebaut sein:

> Ich, Max Lustig, suche einen neuen Wirkungskreis in einem erfolgreichen Unternehmen.
>
> Was habe ich Ihnen zu bieten?

20 Jahre Berufserfahrung, die mir auch in anspruchsvollen Verkaufssituationen zugute kommt;

eine enorme Begeisterungsfähigkeit, die fast jeden Kunden und Kollegen ansteckt;

eine erstklassige Ausbildung bei der Firma XY, durch die ich hervorragende Warenkenntnisse besitze.

Durch meine schnelle Auffassungsgabe gelingt es mir immer wieder, die Wünsche des Kunden sofort zu ermitteln.

Durch meine Kreativität bin ich immer wieder in der Lage, Zusatzverkäufe zu tätigen, die meine Kunden gerne kaufen; somit erhöhe ich ihren Durchschnittsbon um ein Vielfaches.

Da ich schnell einen sehr persönlichen Kontakt auch zu Neukunden aufbauen kann, ziehe ich in ganz kurzer Zeit eine Menge neuer Stammkunden in das Geschäft!

Durch diese Spiel-Stellenanzeige machen Sie sich wieder einmal bewusst, wie wertvoll Sie für Ihr Unternehmen sind und vor allen Dingen, welche beruflichen Stärken Sie besitzen, um auch in Zukunft wieder erfolgreich verkaufen zu können.
Da Lob und Anerkennung von außen relativ spärlich fließen, sorgen Sie mit dieser kleinen Übung dafür, dass Sie täglich, wenn Sie Ihre Stellenanzeige bewusst durchlesen, gelobt werden und Sie sich Ihre Stärken bewusst machen. Das ist nun die Basis für Ihre weiteren Schritte, wieder zu einem sehr erfolgreichen Verkaufsberater zu werden.

Damit es nicht nur bei der beruflichen Stärkenanalyse bleibt, kommen wir nun zu einem weiteren wichtigen Punkt, der Ihnen helfen wird, auch in einer etwas schwierigeren Phase wieder Spaß und Freude an Ihrem Beruf zu bekommen. Denn jeder von uns bekommt ab und zu einmal ein wenig Gegenwind. Die Frage ist nur, ob wir uns davon umwehen lassen oder diesen Gegenwind als Herausforderung für neue Aktivitäten betrachten. Damit Sie ein konkretes Hilfsmittel für neue Aktivitäten erhalten, schauen wir uns im folgenden den sogenannten *persönlichen Maßnahmenkatalog* an, der schon vielen Menschen geholfen hat, sich wieder auf Kurs zu bringen. Das Geheimnis dieses Instrumentes besteht darin, dass Sie mit Hilfe Ihrer vorhandenen Stärken momentane Motivationstiefs aus eigener Kraft wieder beheben können.

Der sogenannte „persönliche Maßnahmenkatalog" hilft dabei, momentane Motivationstiefs aus eigener Kraft zu überwinden.

Dazu nehmen Sie sich ein weiteres Blatt Papier und erstellen Ihren persönlichen Maßnahmenkatalog. Darauf notieren Sie zuallererst diejenigen Eigenschaften, die Ihnen Ihrer Meinung nach momentan fehlen, um wieder mit Begeisterung und Erfolg an die Arbeit zu gehen. Daneben notieren Sie Ihre dagegenzusetzenden Stärken aus Ihrem Stärkenprofil. Und dann notieren Sie an dritter Stelle mögliche Maßnahmen, die Sie ergreifen können. Als Checkliste würde dies folgendermaßen aussehen:

Mein persönlicher Maßnahmenkatalog

1. Gründe für meine momentane Erfolglosigkeit

___

___

___

2. Dagegenzusetzende Stärken von mir

___

___

___

3. Maßnahmen, die ich persönlich ergreifen kann

___

___

___

Wichtig bei der Erstellung des Maßnahmenkataloges ist, dass Sie bei den Maßnahmen darauf achten, nur solche zu notieren, die Sie auch selbst ergreifen können. Also notieren Sie bitte nicht: „Mein Chef sollte mich mehr loben." Wenn Sie wirklich der Meinung sind, Ihr Chef sollte Sie mehr motivieren, dann sollten Sie lieber Folgendes notieren: Ich führe ein Gespräch mit meinem Chef, um ihm klarzumachen, dass er momentan nicht gerade zu einem Motivationshoch beiträgt.

Warum sollten Sie nur Maßnahmen notieren, die Sie selbst durchführen können? Damit Ihnen klar und deutlich wird, dass Ihre Erfolge und Ihre weitere Zukunft vor allen Dingen von einem Menschen abhängen, und dieser Mensch sind Sie! Und alleine dieses Gefühl wird Ihnen wieder oder noch mehr Mut machen, voll durchzustarten. Ganz wichtig bei diesem persönlichen Maßnahmenkatalog ist, dass Sie sich bei jedem Punkt bewusst machen: „Welche Stärken besitze ich?" Und mit Hilfe Ihrer vorhandenen Stärken sind Sie jederzeit in der Lage, sich selbst wieder auf Kurs zu bringen.

Die beiden nachfolgenden Beispiele zeigen Ihnen, wie solch ein persönlicher Maßnahmenkatalog aufgebaut sein kann:

Beispiel 1:

1. *Gründe für meine momentane Erfolglosigkeit*:
   Ich bin lustlos.

2. *Dagegenzusetzende Stärken von mir*:
   Normalerweise bin ich begeisterungsfähig.

3. *Maßnahmen, die ich ergreifen kann*:
   Ich begeistere mich täglich an meinen Kunden und Sortimenten, indem ich mir wieder bewusst mache, wie abwechslungsreich und interessant mein Beruf dank der vielen Kontakte und der ständig wechselnden Mode ist. Ich notiere mir alle positiven Aspekte meines Berufes und lese sie mir einen Monat lang täglich durch.

Sie sehen also, dass selbst bei Lustlosigkeit einiges in die Wege geleitet werden könnte, damit wir wieder Spaß an unserer täglichen Arbeit bekommen.

Und jetzt folgt das **Beispiel 2:**

1. *Gründe für meine momentane Erfolglosigkeit*:
   Kunden sind zu wenig kauffreudig.

2. *Dagegenzusetzende Stärken von mir*:
   Meine Kreativität und meine Zielstrebigkeit.

3. *Maßnahmen, die ich ergreifen kann*:
   Ich mache mir einen Zielplan, mit dessen Hilfe ich den Pro-Kopf-Umsatz steigern kann.
   Außerdem setze ich neue Impulse mit täglich wechselnder Innendekoration, sodass hierdurch neue Wünsche bei den Kunden geweckt werden.

Bei diesem Maßnahmenbeispiel wird ganz deutlich, wie wichtig es ist, sich auch hier klare Ziele zu setzen, wenn Sie sich selbst aus einer unerfreulichen Situation befreien möchten. Sehr hilfreich ist es daher natürlich, wenn Sie bereits gut mit den Zielplanungsinstrumenten aus dem vorherigen Kapitel umgehen können.

Probieren Sie es aus und Sie werden sehen, es klappt! Und vielleicht spüren Sie schon beim Durchlesen dieser Zeilen, welche enormen Stärken in Ihnen schlummern, die eventuell nur ein wenig aktiviert werden müssen.

Zu Ihren Stärken gehört sicherlich nicht nur Ihr berufliches Potential, sondern vor allen Dingen Ihr persönliches und menschliches Potential. Da Ihr Leben eben nicht nur aus Ihrem Beruf besteht, schauen wir uns jetzt Ihr ganz *persönliches Stärkenpotential* an. Denn nur derjenige, der auch seine persönlichen Stärken kennt, ist in der Lage, sich und andere zu begeistern. Dazu möchte ich Ihnen eine kleine Geschichte erzählen, die ich vor einiger Zeit erlebt habe.

Ich saß an einem Sonntagmorgen in einem Hamburger Hotel beim Frühstück und freute mich auf meinen bevorstehenden Seminartag. Plötzlich schepperte es am Nachbartisch und ich schaute hinüber, um zu sehen, was passiert war. Es war nichts Dramatisches. Meine Tischnachbarin hatte sich nur Kaffee über ihre Bluse geschüttet. So weit, so gut. Gerade als ich mich weiter meinem Frühstück widmen wollte, hörte ich vom Nebentisch weniger nette Worte, die in etwa so klangen: „Mann, bist du blöd. Wie kann man sich nur so doof anstellen. So jemand Tolpatschiges habe ich in meinem Leben noch nicht gesehen." Ich drehte mich zu der Dame am Nebentisch um, damit ich sehen konnte, wer da mit wem sprach, und hoffte nur, dass nicht ich gemeint war. Aber zu meinem großen Erstaunen sah ich niemanden am Nachbartisch außer der Dame selbst. Auch unter dem Tisch war niemand zu sehen. Und während ich dezent hinüberblickte, sah ich sie immer noch schimpfen. Allem Anschein nach schimpfte sie mit sich selbst. Nach einiger Zeit stand sie auf und ging wahrscheinlich auf ihr Zimmer, um die Bluse zu wechseln.

Während ich dann im Auto saß und zu meinem Seminar fuhr, kam mir eine großartige Idee, die ich gleich im Seminar in die Tat umsetzen wollte. Meine Seminarteilnehmer sollten mir dabei behilflich sein. Nach der Begrüßung der Teilnehmer, die bereits einen Tag mit mir verbracht hatten, fragte ich die Teilnehmer, ob sie ein kleines Spiel mitmachen wollten. Ich erklärte ihnen die Spielregeln:

Ich brauche einen freiwilligen Teilnehmer, der sich an die Wand stellen sollte. Die anderen Teilnehmer sollten nun abwechselnd zu ihm sagen: „Mann, bist du doof! Mann, bist du tolpatschig!“ Bei 1500 Beschimpfungen wollte ich die ganze Sache stoppen. Die Teilnehmer machten natürlich nicht mit und sagten mir, das wäre ja Psychoterror. „Stimmt!“, sagte ich und klärte meine jetzt wach gewordenen Teilnehmer auf, dass ich dieses Spiel auch nicht wirklich spielen wollte. Ich erklärte ihnen nur, wie ich auf die Idee gekommen bin, dieses Spiel als Aufweckübung zu spielen. Ich erzählte ihnen die Geschichte aus dem Frühstücksraum meines Hotels. Und ergänzte den Vorfall mit einer kleinen Rechnung.

Die Dame im Hotel war ca. 35 Jahre alt. Wenn sie seit ihrem fünften Lebensjahr nur einmal die Woche so eine Schimpftirade auf sich losließ, komme ich bei ca. 50 Wochen im Jahr auf 1500 Schimpftiraden bis zu ihrem 35. Lebensjahr.

Die Teilnehmer lachten sich kaputt über meine Geschichte und fragten mich, von welchem Stern ich käme. Einige sagten, dass sie mehrmals in der Woche solche oder ähnliche Sätze zu sich sagten. Andere meinten, dass sie sich täglich in ähnlicher Art und Weise beschimpften. Mit meinen 1500mal wäre ich ganz schön weit weg von der Realität. Außerdem hofften alle Teilnehmer, dass sie älter werden würden als 35 Jahre, und einige waren es ja auch schon zum Zeitpunkt des Seminars.

„Gratulation!“, sagte ich den anwesenden Damen und Herren, „und mein Spielchen, das ich Ihnen vorgeschlagen habe, wollten Sie nicht mitspielen. Wenn Sie teilweise täglich so mit sich reden, dann ist das Spiel mit 1500 Beschimpfungen doch ein Kinderspiel für Sie. Denn was Sie mit sich veranstalten, das ist wirklicher Psychoterror. Rechnen Sie selbst einmal aus, welche gigantischen Zahlen bei Ihrem persönlichen Beschimpfungsrhythmus herauskommen." Danach wurde es erst einmal ganz ruhig im Seminarraum.

Wie wir selbst mit uns umgehen, das ist doch eine sehr interessante Frage, oder? Wie gehen Sie mit sich um? Die Teilnehmer wurden jetzt sehr nachdenklich. Und ich hoffe, Sie, liebe Leserin und lieber Leser, auch.

Wie soll es denn um das Selbstbewusstsein eines Menschen bestellt sein, wenn er mit sich selbst Psychoterror betreibt? Ich glaube, nicht sehr gut. Und eines ist auch klar – wer erfolgreich und begeistert in einem Dienstleistungsberuf arbeitet, der braucht vor allen Dingen eines:

ein gesundes und starkes Selbstbewusstsein.

Denn nur wer ein gesundes Selbstbewusstsein besitzt, wird Spaß daran haben, anderen Menschen Dienst zu leisten. Besitzt er kein oder nur ein geringes Selbstbewusstsein, wird er sich schwer tun, andere zu begeistern. Es wird ihm wahrscheinlich schwer fallen, anderen zehnmal hintereinander die Tür aufzuhalten oder ihnen aus dem Mantel zu helfen, weil sein Selbstwertgefühl noch mehr darunter leidet. Ein Mensch mit einem gesunden Selbstbewusstsein kommt gar nicht auf die Idee, wenn er anderen hilft, dass er sich dadurch erniedrigen könnte. Wenn ich mich allerdings einmal täglich selbst beschimpfe, könnte es schon sein, dass ich ein wenig Probleme mit meinem Selbstbewusstsein bekomme.
Servicewüste Deutschland, ein Schlagwort, das Sie sicherlich aus der Presse und den übrigen Medien kennen. Ich persönlich glaube nicht, dass wir in Deutschland ein größeres Problem mit dem Service haben, als dies in anderen Ländern der Fall ist. Ich denke allerdings, dass die Probleme, die wir mit dem Service manchmal haben, zu einem großen Teil auf das Problem des mangelnden Selbstbewusstseins zurückzuführen ist. Denn wie oben bereits erwähnt, können wir von einem Menschen, der ohnehin schon Probleme mit seinem Selbstbewusstsein hat, nicht erwarten, dass er uns mit Freude unsere Extrawünsche erfüllt. Und darüber hinaus soll er sich vielleicht noch Gedanken machen, wie er uns als Kunde oder Gast verwöhnen könnte. Menschen hingegen, die mit Begeisterung und Spaß ihre Kunden verwöhnen, treffen Sie sowohl in Deutschland als auch in anderen Ländern. Und all diese

Ein gesundes und starkes Selbstbewusstsein ist eine wichtige Grundlage für Erfolg im Verkauf.

Menschen haben eines gemeinsam: Sie agieren aus einem gesunden Selbstbewusstsein heraus!

Was kann man nun tun, damit das eigene Selbstbewusstsein immer wieder gestärkt und aufgebaut wird?

Als erstes natürlich: bewusster mit sich selbst umgehen. Das bedeutet, dass Sie täglich darauf achten, wie Sie mit sich selbst sprechen. Machen Sie sich selbst runter oder bauen Sie sich mit Ihrer Sprache auf? Bezeichnen Sie sich selbst häufig als Versager oder machen Sie sich selbst Mut, wenn einmal etwas danebengeht? Denken Sie auch hier daran, dass Sie selbst bestimmen, wie Sie mit sich reden. Damit Ihnen dieses ein wenig klarer wird, beantworten Sie einfach die folgenden Fragen:

Was sage ich zu mir, wenn etwas schief geht?

____

____

____

Welche Redewendungen benutze ich dann häufig?

____

____

____

Und wenn Sie jetzt die eine oder andere Redewendung ändern möchten, dann ändern Sie diese tatsächlich. Notieren Sie sich aufbauende Redewendungen, die Sie ab heute einsetzen möchten, wenn einmal etwas nicht so läuft, wie Sie es sich vorstellen.

Nehmen wir an, Sie haben sich notiert, dass Sie häufig zu sich sagen: „Mann, stelle ich mich blöd an!" Dann könnten Sie daneben Ihre neue Formulierung notieren, wie zum Beispiel: „Beim nächsten Mal wird es bestimmt klappen!"

Damit ist es allerdings noch nicht getan. Denn ab jetzt sollten Sie mindestens zehn Tage lang darauf achten, dass Sie die negative Redewendung nicht mehr benutzen und dafür Ihre aufbauende Redewendung einsetzen.

Und wenn die zehn Tage herum sind, werden Sie merken, dass sich Ihr Sprachverhalten in diesem einen Punkt bereits geändert hat. Und jetzt machen Sie das Gleiche mit einer anderen Redewendung, die Sie sich auf die obigen Fragen notiert haben. So eliminieren Sie mit der Zeit einen Großteil Ihrer negativen Sätze und gewöhnen sich eine neue, aufbauende Art und Weise an, sich selbst positiver gegenüberzutreten. Ihr Selbstbewusstsein wird es Ihnen danken.
Also, nichts wie ran an die alten Redewendungen, wenn Sie sie noch nicht bearbeitet haben. Aber wie ich Sie kenne, haben Sie es sicherlich schon getan, oder?

Kommen wir nun zu einer weiteren Methode, seinem Selbstbewusstsein etwas Gutes zu tun:

dem persönlichen Werbespot!

Ja, Sie haben richtig gelesen! Sie dürfen jetzt einen Werbespot für sich selbst verfassen. Wie das funktioniert? Ganz einfach! Sie notieren sich alle Leistungen, die Sie in Ihrem Leben vollbracht haben, auf ein ganz normales Blatt Papier. Und wenn Ihnen keine besonderen Leistungen einfallen, kein Problem. Denn folgende Fragen werden Ihnen schon auf die Sprünge helfen:

1. Frage: Was habe ich in meinem Leben bereits geleistet?

   ____

   ____

   ____

2. Frage: Worauf kann ich mit Recht stolz sein?

   ____

   ____

   ____

3. Frage: Was schätzen andere Menschen an mir?

   ____

   ____

   ____

4. Frage: Wann und wie habe ich anderen Menschen helfen können?

___

___

___

5. Frage: Welche Menschen sind mir gegenüber dankbar?

___

___

___

6. Frage: Wofür sind diese Menschen mir dankbar?

___

___

___

„Eigenlob stinkt!", pflegen mir manche Teilnehmer auf diese Fragen zu sagen. „Stimmt!", antworte ich dann. Nur dass diese Übung mit Eigenlob überhaupt nichts zu tun. Denn Eigenlob stinkt nur, wenn Sie sich auf den Marktplatz stellen und hinausposaunen, was für ein toller Typ Sie sind. Und genau das sollen Sie bei dieser Übung nicht machen. Diese Fragen und vor allen Dingen die Antworten sind nur für Sie persönlich bestimmt. Es braucht niemals irgendein Mensch zu erfahren, dass Sie diese Übung jemals gemacht haben.

„Mir fällt auf diese Fragen absolut nichts ein!", ist eine weitere Aussage vieler Menschen. „Das kann nicht sein!", antworte ich dann gerne, „Sie haben in Ihrem Leben noch nichts geleistet? Sie können auf nichts stolz sein? Andere Menschen schätzen nichts an Ihnen? Sie haben noch nie einem anderen Menschen geholfen? Kein Mensch ist Ihnen für irgend etwas dankbar?" „Ja, schon", ist nun meistens die Antwort. „Nur ist das doch alles nicht der Rede wert", denken Sie jetzt vielleicht. Gratulation, da befinden Sie sich in allerbester Gesellschaft. Denn sehr viele Menschen denken so wie Sie! Und wenn Sie so denken, dann sage ich Ihnen jetzt in aller

Deutlichkeit: Es ist der Rede wert, und es wird höchste Zeit, dass Sie die obigen Fragen am besten jetzt gleich beantworten!

Darf ich Ihnen ein wenig auf die Sprünge helfen? Sollten Sie, liebe Leserin, zum Beispiel Mutter sein, dann können Sie mit Sicherheit als Leistung die Erziehung Ihrer Kinder anführen, oder? Wie viele Nächte und Tage waren Sie für Ihre Kinder da, wenn Ihre Kinder sie gebraucht haben? „Ist doch alles selbstverständlich", werden Sie jetzt vielleicht sagen. Auch das stimmt. Und genau um diese sogenannten Selbstverständlichkeiten geht es bei Ihrem Werbespot. Machen Sie sich diese Selbstverständlichkeiten einmal in aller Ruhe bewusst. Das ist eine einmalige Chance für Sie! Wie oft waren Sie schon für andere Menschen da, wenn diese Sie gebraucht haben oder vielleicht nur einen Gesprächspartner gesucht haben? Seien es vielleicht nur fünf Minuten am Telefon oder ein paar Stunden, die Sie persönlich mit diesem ratsuchenden Menschen verbracht haben. Ist in Ihrem Leben immer alles glatt verlaufen oder haben Sie, wie die meisten Menschen auf dieser Welt auch, schon Tiefschläge einstecken müssen, die Sie im Nachhinein mit Bravour gelöst haben? Also schreiben Sie alle Situationen auf, die Sie schon in Ihrem Leben gemeistert haben. Sie merken schon, es sind nicht die „nobelpreisverdächtigen" Leistungen, die Sie hier notieren sollen, sondern die unzähligen großen und kleinen Leistungen Ihres Lebens. Und wenn Sie Ihren Werbespot fertig gestellt haben, dann werfen Sie ihn nicht einfach weg. Besser ist es, Sie rahmen Ihren Werbespot ein und hängen ihn an einen Ort, an dem Sie ihn täglich lesen können. Also verfahren Sie ähnlich wie mit Ihrer fiktiven Stellenanzeige, die Sie ein paar Seiten vorher geschrieben haben.

Sich täglich die eigenen Leistungen bewusst zu machen, fördert das Selbstbewusstsein und schafft Handlungsimpulse.

Der Sinn dieses persönlichen Werbespots liegt darin, Ihnen vor allen Dingen einmal vor Augen zu führen, welch großartiger Mensch Sie sind. Lesen Sie ihn täglich durch. Ein sehr guter Augenblick ist der frühe Morgen, bevor Ihr Alltag startet, oder der späte Abend, bevor Sie sich in Ihr Bett schwingen. Wichtig ist nur, dass Sie Ihren Werbespot wirklich täglich lesen.

Am besten setzen Sie sich für den Anfang einen bestimmten Zeitraum, mindestens jedoch einen Monat, in dem Sie Ihren Werbespot lesen. Wenn Sie danach noch Lust haben, dann verlängern Sie diesen Zeitraum. Ich bin sicher, Sie tun es dann freiwillig, weil Sie merken, wie gut es Ihnen und Ihrem Selbstbewusstsein tut, täglich einmal die eigenen Leistungen zu genießen. Sie und Ihr Selbstbewusstsein haben es allemal verdient!

In einer Zeit, in der Lob und Anerkennung häufig so spärlich fließen, können Sie auf diese Art und Weise selbst dafür sorgen, dass Sie regelmäßig gelobt werden. Wenn andere es nicht tun, dann machen Sie es eben selbst. Ein gesundes Selbstbewusstsein kommt nun einmal nicht von alleine. Auch hierfür dürfen und können Sie etwas tun, wenn Sie wollen. „Wird ein Mensch nicht arrogant, wenn er seinen Werbespot schreibt und sich täglich damit beweihräuchert?", werde ich oft gefragt. Doch, das kann schon passieren, und zwar dann, wenn dieser Mensch Dinge in seinen Werbespot schreibt, die er nie geleistet hat. Nur macht das im Normalfall kein Mensch.

Normalerweise hat ein arroganter und überheblicher Mensch noch nie einen persönlichen Werbespot geschrieben. Denn Arroganz und Überheblichkeit sind immer ein Zeichen von einem zu geringen Selbstwertgefühl. Es ist meist eine Schutzstrategie der Menschen, damit andere Mitmenschen nicht merken, welche Unsicherheit im Inneren dieses überheblichen Menschen vorhanden ist.

Übrigens kann Ihnen Ihr persönlicher Spot auch im Alltag wertvolle Dienste leisten. Zum Beispiel wenn Sie das nächste Mal vor einer schwierigen Aufgabe oder vor einem wichtigen Gespräch stehen. Lesen Sie kurz vorher Ihren Werbespot durch, und spätestens jetzt wird Ihnen bewusst, welche Situationen Sie bereits in Ihrem Leben gemeistert haben. Und in den meisten Fällen ist das, was Sie vielleicht jetzt vor sich haben, ein Klacks gegenüber der Aufgabe, die Ihnen dann bevorsteht. Und jede neue Aufgabe bedeutet letztendlich auch eine neue Chance für Sie und Ihre Weiterentwicklung. Denn wenn Sie auf Ihr bisheriges Leben zurückschauen, werden Sie feststellen, dass jede schwierige Situation, die Sie erfolgreich gemeistert haben, eine neue Chance für Sie war.

Wie Sie noch mehr Chancen in Ihrem Leben entdecken, die Sie persönlich weiterbringen, lesen Sie in dem nun folgenden Kapitel.

Das Wichtigste in Kürze und Ihre persönlichen Gedanken dazu:

1. Machen Sie sich Ihre bisherigen Verkaufserfolge bewusst.
   Meine Gedanken dazu:
   ___
2. Fragen Sie sich: „Mit welchen persönlichen Fähigkeiten habe ich diese Erfolge erzielt?"
   Meine Gedanken dazu:
   ___
3. Erstellen Sie eine fiktive Stellenanzeige mit Ihrem beruflichen Stärkenprofil.
   Meine Gedanken dazu:
   ___
4. Entwickeln Sie einen persönlichen Maßnahmenkatalog, um vorhandene Schwierigkeiten zu lösen.
   Meine Gedanken dazu:
   ___
5. Hüten Sie sich vor Eigenbeschimpfungen.
   Meine Gedanken dazu:
   ___
6. Sprechen Sie bewusst aufbauend mit sich.
   Meine Gedanken dazu:
   ___
7. Verfassen Sie Ihren persönlichen Werbespot und lesen Sie ihn täglich durch.
   Meine Gedanken dazu:
   ___
8. Denken Sie stets daran, dass Sie ein Riesenpotential besitzen.
   Meine Gedanken dazu:
   ___

2.4 Wie entdecke ich neue Chancen?

„Ein guter Kaufmann klagt", so oder so ähnlich klingt es oft im deutschen Einzelhandel. Demnach muss auch ein guter Verkäufer möglichst viel klagen, um erfolgreich zu sein. Probieren Sie es einfach einmal aus und klagen Sie Ihren Kunden den ganzen Tag die Ohren voll. Ich nehme an, das einzige Erfolgserlebnis, welches Sie haben werden, wird darin bestehen, dass der eine oder andere Kunde aus Mitleid kaufen wird. Wobei ich selbst das bezweifle.

Woher kommt nun diese „Weisheit", dass man klagen muss, um erfolgreich zu sein? Vielleicht aus der deutschen Mentalität heraus? Vielleicht liegen die Ursachen aber auch darin, dass man sich genieren muss, wenn man erfolgreich ist? Auf jeden Fall gab es Zeiten, da war es toll, wenn man geklagt hat, obwohl man erfolgreich war. In diesen früheren Zeiten konnte man sogar gute Geschäfte machen, obwohl man geklagt hat. Das waren die Zeiten, als es weltweit konjunkturell stetig nach oben ging. Und ich glaube, in Erinnerung an diese Zeit verbinden heute noch so manche Zeitgenossen das Klagen mit dem Erfolg. Damals galt, dass auch diejenigen, die viel geklagt haben, trotz des Klagens Erfolg hatten. Der Erfolg ließ sich in konjunkturellen Hochphasen fast gar nicht aufhalten.

Begeisterung und Enthusiasmus statt Jammern und Klagen schaffen Erfolg im Einzelhandel.

Überdurchschnittlichen Erfolg hatten allerdings auch in diesen früheren Zeiten schon diejenigen, die eben nicht geklagt haben. Erfolge hatten solche Menschen, die sich zum einen über ihre Erfolge gefreut haben und die, statt zu stöhnen, lieber von Chancen und neuen Möglichkeiten geredet haben. Als Relikt aus dieser Zeit hat sich dennoch das Klagen in unserer Gesellschaft breit gemacht. Und zwar so breit, dass man manchmal den Eindruck bekommt, dass wir uns mit unserer Gesellschaft am unteren Level der Wohlstandsskala dieser Welt befinden. Dabei ist genau das Gegenteil der Fall. Ja, Sie haben richtig gelesen. Deutschland ist eines der reichsten Länder dieser Erde. Kaum zu glauben, wenn man das tägliche Gestöhne und Gejammere der Medien und der Menschen in diesem Lande hört. Die Einzelhandelsbranche ist da leider keine Ausnahme. Es wird gestöhnt, es wird gejammert und geklagt, dass man vor lauter Mitleid zerfließen könnte. Und dieses Gestöhne zieht sich oft bis zu den Mitarbeitern durch. Eine Branche, die davon lebt, Lebensfreude und positive Lebensgefühle zu vermitteln und auch zu verkaufen, jammert sich gegenseitig die Ohren voll. Hören Sie sich einmal bewusst um, wenn Sie auf einer Messe, in einem Modezentrum oder bei einer Erfatagung sind. Sie werden Ihr blaues oder besser gesagt Ihr schwarzmalendes Wunder erleben. In einer etwas anspruchsvolleren Konjunkturphase kann das absolut tödlich sein.

Die Frage ist jetzt nur, was kann ich tun, um auch zu den Erfolgreichen der Branche zu gehören? Was kann ich tun, damit ich mich einerseits nicht von dem Gejammer anstecken lasse und andererseits eine echte Begeisterungsstimmung verbreite? Denn nur wer in der Lage ist, sich dem allgemeinen Gejammer zu entziehen, wird *täglich neue Chancen entdecken und mit Begeisterung und Enthusiasmus seinen Beruf erfolgreich ausüben*. So weit, so gut! Damit Ihnen klar wird, was ich mit dem Entdecken „neuer Chancen“ genau meine, möchte ich Sie jetzt zu einem kleinen Spielchen einladen.

Bevor Sie weiterlesen, schauen Sie sich einmal in dem Raum um, in dem Sie sich gerade befinden und konzentrieren Sie sich auf alles, was in diesem Zimmer blau ist. Jetzt schauen Sie nicht mehr in den Raum und notieren sich alle blauen Dinge, die Sie noch im Kopf haben.

Alle blauen Gegenstände im Raum:

____

____

____

Wenn Sie alle Gegenstände notiert haben, blättern Sie bitte jetzt auf die nächste Seite um. Jedoch ohne sich im Raum umzuschauen!

Und jetzt notieren Sie – ebenfalls ohne hoch zu schauen – alle beigefarbenen Gegenstände des Raumes.

Alle beigefarbenen Gegenstände im Raum:

____

____

____

Wenn Sie fertig sind und wirklich nicht mehr in den Raum geschaut haben, werden Sie wahrscheinlich feststellen, dass Sie mehr blaue Gegenstände als beigefarbene notiert haben. Ist ja auch klar, werden Sie denken. Ich sollte mich ja auch auf alles Blaue konzentrieren. Genau, das war die Aufgabe.

Übrigens, Sie kennen den Effekt dieses Spiels auch aus Ihrem Leben. Ein schönes Beispiel ist, wenn Frauen schwanger sind. Was sehen sie dann, wenn sie durch die Straßen ihrer Stadt gehen, an jeder Ecke? Genau: trotz Pillenknicks viele andere schwangere Frauen. Oder wenn wir uns ein Auto in einer bestimmten Farbe bestellen oder kaufen, sehen wir meistens auch plötzlich vermehrt dieses Auto in genau dieser Farbe und sind verblüfft. Was ist passiert? Wir haben uns völlig unbewusst auf eine bestimmte Sache konzentriert: entweder auf schwangere Frauen oder eben auf ein Auto, mit dem wir uns momentan beschäftigen. Ich nehme an, dass niemand zu Ihnen an diesen Tagen gesagt hat: „Konzentriere dich auf werdende Mütter oder auf dieses Auto in jener Farbe." Sondern völlig unbewusst haben wir unser Gehirn auf diese bestimmten Vorgänge gelenkt.

Wer Chancen entdecken und wahrnehmen will, muss sich darauf konzentrieren

Tja, was hat dies nun mit dem Entdecken von Chancen zu tun, werden Sie fragen? Das kann ich Ihnen ganz schnell erklären. Wenn sich ein Mensch von morgens bis abends auf alle Chancen und Möglichkeiten konzentriert, die sich ihm bieten, wird er sicherlich mehr Chancen in seinem Leben wahrnehmen! Ein Mensch, der sich mehr auf die nicht machbaren Dinge seines Lebens konzentriert, wird bestimmt weniger Chancen und Möglichkeiten entdecken.

Unser Herr Frustig liefert da wieder ein sehr anschauliches Beispiel. Das erste, was Herr Frustig nach dem Duschen macht, ist natürlich Zeitung lesen. Fast mit jeder Seite, die er liest, jammert er seiner Frau die Ohren voll. Das klingt dann in etwa folgendermaßen: „Also, weißt du eigentlich, wie viele Unternehmen heutzutage Pleite machen, das ist unglaublich. Ich habe das Gefühl, es werden immer mehr. Hör mal her, da steht es schwarz auf weiß. Die Kaufkraft in unserem Einzugsgebiet läßt immer mehr nach. Es ist ja unglaublich. Hier steht auch, dass die noch vorhandene Kaufkraft immer mehr in die benachbarten Städte abwandert. Das muss ich unbedingt unserem Chef zeigen, damit er endlich kapiert, wieso ich immer weniger verkaufe. Ich glaube, unser Chef liest so wichtige Zeitungsartikel überhaupt nicht. Gestern hat er sogar erzählt, dass er im nächsten Jahr neue Verkaufsflächen anmieten wolle. Und mich macht er immer rund, weil meine Umsätze permanent nach unten gehen. Meint der etwa, ich alleine könnte die Kaufkraft in unserer Stadt erhöhen? Ich glaube, ich schenke ihm einmal ein Abo unserer Regionalzeitung!" Und mit dieser Stimmung geht Herr Frustig in sein Geschäft und wundert sich jeden Tag aufs Neue, wieso auch heute wieder so wenige kauffreudige Kunden unterwegs sind.

Auch Herr Lustig duscht sich, frühstückt mit seiner Frau und seinen Kindern. Allerdings liest er am Frühstückstisch keine Zeitung, denn dazu ist ihm die Zeit mit seiner Familie zu wertvoll. Seine morgendlichen Gespräche laufen in etwa so ab: „Mal schauen, was der Tag heute bringen wird. Gestern hat uns unser Chef erzählt, dass er im kommenden Jahr weiter expandieren möchte, damit er noch mehr Kunden in unser Haus ziehen kann. Ich glaube, das ist eine phantastische Idee. In der momentanen Zeit, in der sich viele unserer Mitbewerber in allen Bereichen zurückhalten, ist es sicherlich relativ einfach, neue Kunden an sich zu binden. In vielen Unternehmen wird momentan gespart, wo es nur geht, sodass unsere Kunden sehr dankbar sind, wenn sie bei uns ein spitzenmäßiges Sortiment vorfinden und immer wieder neue Serviceleistungen entdecken. Wenn wir dann noch mit einer vergrößerten Verkaufsfläche antreten können, werden wir sicherlich enorme Wachstumsraten erzielen. Somit können wir nicht nur unsere Kunden neu begeistern, sondern auch noch einige neue Mitarbeiter und Mitarbeiterinnen einstellen. Ich finde es großartig, dass ich in so einem Unternehmen mitarbeiten darf und an dem gemeinsamen Erfolg mitwirken kann. Für heute habe ich mir wieder einiges an Umsatz vorgenommen. Und wenn ich nach Hause komme, können wir uns ja einmal einen richtigen schönen Abend machen. Vielleicht haben die Kinder ja Lust, mit uns einen kleinen Abendspaziergang zu unternehmen. Und wenn nicht, dann gehen wir beide in aller Ruhe ein wenig Sauerstoff tanken." Und mit dieser Stimmung geht unser Herr Lustig an die Arbeit.

Wer, meinen Sie, wird an diesem Tag mehr Spaß haben und wahrscheinlich auch mehr Verkaufserfolge erzielen? Na klar, unser Herr Lustig wird sicherlich erfolgreicher und begeisterter seinen Tag gestalten. Denn wenn Sie an unser Farbenspiel von vorhin denken, so wird Ihnen klar, dass sich beide Herren auf sehr unterschiedliche Weise auf den Tag eingestimmt haben. Herr Frustig konzentrierte sich schon frühmorgens auf viele Dinge, die ihm und seinem Umfeld das Leben schwer machen könnten. Und Herr

Lustig hat für sich, sein Unternehmen und seine Familie schon wieder Möglichkeiten entdeckt, die ihm und seinen Mitmenschen sehr viele angenehme Erlebnisse bereiten können. Ohne es zu merken, haben sich beide für den kommenden Tag programmiert.

Herr Frustig wird sehr wahrscheinlich vieles wahrnehmen, was nicht sehr förderlich für seine Verkaufserfolge ist. Herr Lustig dagegen wird einige Möglichkeiten und Chancen entdecken, um seine gesteckten Verkaufsziele zu erreichen und sein Leben noch mehr zu genießen. Und so geht das in den meisten Fällen Tag für Tag. Wichtig hierbei ist nur, dass wir Herrn Frustig jetzt nicht mit Schimpf und Schande überhäufen, sondern dass wir uns klarmachen, dass er gar nicht merkt, wie er sich selbst programmiert. Denn die meisten Menschen merken überhaupt nicht bewusst, wie sie ihre Wahrnehmung tagtäglich steuern. Sehr viele Einflüsse strömen auf uns ein und stellen oft unbemerkt unseren Wahrnehmungshebel in eine bestimmte Richtung. Und trotz all der Einflüsse sind Sie es ganz alleine, der sich entweder zum „Chancendenker" oder zum „Nicht-Chancendenker" entwickeln kann. Und wer dies erkannt hat, der ist den meisten Menschen und Kollegen einen riesengroßen Schritt voraus.

Tja, wie wird man nun zum Chancendenker? Auch das ist ganz einfach! Indem Sie sich nur bewusst machen, worauf Sie sich im Leben konzentrieren wollen. Entweder auf die Chancen oder auf die Nicht-Chancen. Das bleibt ganz alleine Ihnen überlassen. Jeden Tag können Sie sich aufs Neue entscheiden, und kein Mensch kann Sie diesbezüglich beeinflussen, wenn Sie dies nicht ausdrücklich zulassen. Sie können spätestens ab jetzt jeden Tag Ihre Wohnung verlassen und sich zum Beispiel auf alle roten Autos konzentrieren. Und wie Sie im obigen Beispiel gesehen haben, werden Sie an diesem Tag vermehrt rote Autos wahrnehmen. Probieren Sie es aus. Was bisher unbewusst funktioniert hat, wird auch bewusst funktionieren. Da es allerdings in Ihrem Leben wichtigere Dinge geben wird als rote Autos wahrzunehmen, können Sie diese Übung auch gleich mit etwas Vernünftigem beginnen.

Damit dies auch in der Praxis klappen wird, können Sie sich erst einmal ein paar Gedanken machen, worauf Sie sich konzentrieren wollen. Wie bei vielen Dingen, die wir neu trainieren möchten, sollten wir nicht gleich mit den ganz großen Themen beginnen. Also fangen Sie am besten mit ganz alltäglichen Dingen an. Vielleicht beginnen Sie zuallererst in Ihrem privaten Umfeld. Hierbei helfen Ihnen sicherlich folgende Fragen:

Wahrnehmungs-Checkliste

Welche Faktoren machen mir in meinem privaten Umfeld viel Spaß und Freude?

____

____

____

Was schätze ich an den Menschen, die mich

a) privat umgeben:
Name und Eigenschaften, die ich an diesem Menschen schätze

____

____

____

b) beruflich umgeben:
Name und Eigenschaften, die ich an diesem Menschen schätze

____

____

____

Was gefällt mir an meinem Beruf?

____

____

____

Was begeistert mich an meinen Sortimenten?

____

____

____

Was macht mir an der verkäuferischen Tätigkeit viel Spaß?

____

____

____

Welche Erlebnisse haben mir in meinem Leben Freude bereitet?

____

____

____

Welche Menschen haben mich begeistert?

____

____

____

Ist Ihnen die Übung leicht gefallen? Wenn ja, Gratulation! Wenn nein, dann gratuliere ich Ihnen trotzdem, denn dann können Sie jetzt beginnen, Ihre Wahrnehmung für die vielen erfreulichen Möglichkeiten und Chancen zu trainieren. Nehmen Sie sich einfach die Zeit, die Sie brauchen, um ganz alleine für sich die vielen positiven Aspekte Ihres Lebens zu entdecken. Wenn Sie diese Fragen in aller Ruhe beantwortet haben, dann machen Sie sich einmal über folgende Frage Gedanken: Auf was will ich mich bewusst konzentrieren? Notieren Sie jetzt Ihre ganz persönlichen Wahrnehmungsziele in folgende Liste!

Ab heute konzentriere ich mich ganz bewusst auf Folgendes:

1. ____________________________________

2. ____________________________________

3. ____________________________________

4. ____________________________________

5. ______________________________

6. ______________________________

7. ______________________________

8. ______________________________

9. ______________________________

10. ______________________________

Haben Sie zehn Punkte gefunden? Ich bin sicher, dass Sie es geschafft haben.

Jetzt fangen Sie aber nicht sofort an, immer auf alle zehn Punkte zu achten, sondern verfahren auch bei dieser Übung Schritt für Schritt. Nehmen Sie sich also heute zum Beispiel Punkt 1 vor und konzentrieren sich auf alles, was mit diesem Punkt zu tun hat. Wenn Sie beispielsweise unter Punkt 1 stehen haben: „Ich konzentriere mich auf die positiven Eigenschaften meiner Mitmenschen“, ist das für heute eine völlig ausreichende Aufgabe. Wenn Sie es ganz besonders gut machen wollen, dann stecken Sie sich ein Blatt Papier ein und notieren Sie sich alle positiven Eigenschaften, die Sie im Laufe des Tages entdeckt haben. Am nächsten Tag starten Sie mit Punkt 2 Ihrer Wahrnehmungsliste. So arbeiten Sie sich durch, bis Sie bei Punkt 10 gelandet sind. Und wenn Sie Lust haben, erweitern Sie dann Ihre Trainingsliste oder fangen wieder bei Punkt 1 an. Auch beim Chancendenken heißt es:

„Übung macht den Meister.“

„Chancendenker“ eröffnen sich beruflich und privat völlig neue Perspektiven, um ihr Leben positiver zu gestalten.

Und schon während dieser Übungszeit werden Sie feststellen, wie Sie immer neue aufbauende Aspekte in Ihrem beruflichen und privaten Leben entdecken. Plötzlich tauchen neue Möglichkeiten und Chancen auf, die Sie in dieser Vielfalt noch nie wahrgenommen haben. Denn mit diesem Training stellen Sie Ihren Wahrnehmungshebel selbstständig und eigenverantwortlich in eine Richtung um, die Ihnen nicht nur Ihr Leben verschönert, sondern die Ihnen völlig neue Perspektiven eröffnet. Stellen Sie sich nur einmal vor, wie Ihre Verkaufsgespräche verlaufen werden, wenn Sie von morgens bis abends immer wieder auf die Möglichkeiten blicken, die Ihnen Ihre Umsätze erhöhen.

Das könnte dann folgendermaßen ablaufen:
Bereits bei Arbeitsbeginn nehmen Sie die vielfältigen Möglichkeiten wahr, die Ihnen heute wieder Spaß und Erfolg bringen werden. Wenn Sie Ihre Arbeitskollegen sehen, freuen Sie sich über Ihr Spitzenteam und die angenehme Zusammenarbeit. Schon am Morgen stellen Sie sich neue Kombinationsmöglichkeiten zusammen, mit denen Sie heute wieder Ihre Kunden begeistern werden. Bereits bei dem ersten Kundenkontakt schauen Sie Ihren Kunden an und denken an alle Möglichkeiten, um diesen Kunden nicht bloß zufrieden zu stellen. Sondern Sie überlegen auch, mit welchen zusätzlichen Angeboten Sie ihn heute wieder begeistern können. Durch Ihre Begeisterung, die Sie ausstrahlen, stecken Sie die meisten Ihrer Kunden an, und die danken es Ihnen nicht nur mit ihrer guten Laune, sondern auch mit höheren Durchschnittsbons.

Ein Traum, werden Sie jetzt vielleicht sagen. Und ich verspreche Ihnen, es klappt. Allerdings nur, wenn Sie die Übungen aus diesem Kapitel konsequent ausführen. Und das lohnt sich nicht nur wegen der beruflichen Aspekte. Sondern ganz besonders auch wegen Ihrer privaten Lebensgestaltung. Denn Sie werden es als eine unglaubliche Bereicherung empfinden, wenn Sie plötzlich sehen, welche tollen Moglichkeiten und Aspekte in Ihrem privaten Leben vorhanden sind. Und welche phantastischen Chancen sich Ihnen bieten, Ihr Leben noch glücklicher und zufriedener zu gestalten. Nicht mehr die in der Mitte zusammengedrückte Zahnpastatube bestimmt Ihre Partnerschaft, sondern die vielen positiven und liebenswerten Eigenschaften Ihres Partners rücken in den Vordergrund Ihrer Beziehung. Und auch nicht das unaufgeräumte Zimmer Ihrer Kinder steht mehr im Vordergrund, sondern die vielen Glücksmomente, die Ihnen Ihre Kinder im Laufe Ihres Lebens bescheren. All das sind für Sie plötzlich Dinge von größerer Bedeutung als manche nebensächliche Ärgernisse, die uns oft den Blick für das Wesentliche verstellen.

Also nichts wie ran an die Übungen, und los geht Ihr chancenorientiertes Leben.

Das Wichtigste in Kürze und Ihre persönlichen Gedanken dazu:

1. Erfolgreiche Menschen sprechen über neue Chancen, anstatt zu klagen.
   Meine Gedanken dazu:
   ____

2. Denken Sie daran: Sie verkaufen Lebensfreude.
   Meine Gedanken dazu:
   ____

3. Jeder Mensch programmiert sich tagtäglich selbst.
   Meine Gedanken dazu:
   ____

4. Lassen Sie sich nicht von außen programmieren.
   Meine Gedanken dazu:
   ____

5. Sie können Ihre Wahrnehmung zu fast jedem Zeitpunkt selbst steuern.
   Meine Gedanken dazu:
   ____

6. Konzentrieren Sie sich auf alle vorhandenen positiven Aspekte Ihres Lebens.
   Meine Gedanken dazu:
   ____

7. Trainieren Sie täglich Ihre Wahrnehmung.
   Meine Gedanken dazu:
   ____

8. Sie entscheiden selbst: „Möchte ich neue Chancen in meinem Leben wahrnehmen oder nicht?“
   Meine Gedanken dazu:
   ____

9. Werden Sie zum Chancendenker!
   Meine Gedanken dazu:

   ____

3 Meine Begeisterungsstrategie

In diesem Abschnitt des Buches beschäftigen wir uns mit dem Entwickeln von Begeisterungsstrategien. Dabei sind drei Faktoren von entscheidender Bedeutung. Wenn Sie im Verkauf erfolgreich sein wollen, sollten Sie diese *drei Faktoren* im Auge behalten.

Der erste Faktor sind *Sie selbst*. Denn wenn Sie begeistert sind, ist schon die halbe Miete gewonnen.

Der zweite Faktor, das sind natürlich *Ihre Kunden*. Ohne begeisterte Kunden läuft nun mal nichts im Einzelhandel.

Und der dritte Faktor sind *die Teams, mit denen Sie zusammenarbeiten*. Denn wenn eine begeisterte Grundstimmung im Team vorhanden ist, überträgt sich diese Stimmung natürlich auch auf Ihre Kunden.

Wie entwickelt man nun Begeisterungsstrategien? Natürlich gehören die bisher besprochenen Grundlagen dazu. Ich muss also wissen, wo ich stehe. Das haben Sie bei Ihrer persönlichen Inventur erfahren. Ich sollte wissen, wohin ich möchte. Damit haben wir uns im Kapitel 2.2 „Wie erreiche ich meine Ziele?" beschäftigt. Und ich benötige ein gewisses Fundament, auf dem ich aufbauen kann. Aus diesem Grund haben Sie Ihre persönlichen Stärken in Kapitel 2.3 kennengelernt. Und ich muss selbstverständlich meine Augen öffnen können für die neuen Chancen und Möglichkeiten, die sich mir, meinem Unternehmen und meinem Leben bieten. Denn wenn ich keine neuen Chancen in meinem Leben wahrnehmen kann, dann wird es sicherlich nicht ganz leicht, mich und mein Umfeld zu begeistern. Und dass es funktioniert, haben Sie in Kapitel 2.4 „Wie entdecke ich neue Chancen?" kennen gelernt. Sollten Sie das eine oder andere noch nicht erarbeitet haben, dann blättern Sie schnell zurück und erarbeiten Sie sich diese Grundvoraussetzungen. Am besten jetzt gleich. Und wenn Sie schon alles erledigt haben (übrigens Gratulation dafür), dann lesen Sie einfach weiter.

Immer wieder werde ich gefragt, ob die Begeisterung als Faktor wirklich so wichtig ist, wie ich es immer erzähle. Geht es denn nicht auch ohne Begeisterung? Reicht denn nicht das Fachwissen, ein Supersortiment und eine tolle Warenpräsentation aus, um gute Geschäfte zu machen? Nein, lautet kategorisch meine Antwort. Sie können sich auf der ganzen Welt umschauen. Immer da, wo überdurchschnittliche Umsätze und Erfolge erzielt werden, stoßen Sie jedesmal auf dieses Zauberwort:

„Begeisterung!“

Ob Sie die Erfolge von Bill Gates anschauen, die enormen Leistungen einer Mutter Teresa, die Filme von Steven Spielberg oder die Plusumsätze in Ihrem Geschäft. Begeisterung ist immer der Anfang großer Erfolge. Natürlich drückt jeder diese Begeisterung anders aus. Eine Begriffsdefinition haben wir ja bereits am Anfang des Buches vorgenommen. Bei den unermüdlichen Einsätzen Mutter Teresas werden Sie wahrscheinlich nicht so sehr von Begeisterung sprechen, sondern eher von leidenschaftlichem Eifer, der durch einen starken Glauben beflügelt wurde. Bei Bill Gates sprechen wir vielleicht schon eher von Begeisterung, die er besitzen musste, um in seiner Garage Tag und Nacht zu tüfteln. Bei Ihnen im Geschäft spricht man vielleicht von freudiger Erregung, wenn die Umsätze in die Höhe schnellen.

Wer heutzutage überdurchschnittliche Geschäfte machen möchte, benötigt eine begeisternde Atmosphäre.

Doch letztendlich werden Sie immer wieder auf die Begeisterung stoßen, gleichgültig wie sie ausgedrückt wird. Anders gesagt, wer in der heutigen Zeit keine begeisterten Mitarbeiter beschäftigt, kann sein Unternehmen schließen. Denn mit lustlosen Mitarbeitern wird er wohl keinen Blumentopf gewinnen. Wem es heute nicht gelingt, seine Kunden jeden Tag aufs Neue zu begeistern, der wird an Kundenschwund und folglich auch an Umsatzeinbußen leiden. Wer heute im Mode- und Textileinzelhandel noch auf den Bedarfskäufer wartet, der wird wohl noch lange warten müssen. Und wer in der heutigen Zeit meint, ein gutes Team muss sich gegenseitig bekämpfen und mobben, der braucht nur einmal in solch ein Unternehmen reinzuschnuppern. Er wird sofort spüren, dass sich dieses Klima logischerweise sofort auf alle Kunden überträgt und mit absoluter Sicherheit zu einer Unluststimmung beiträgt. Fazit: Wer heutzutage überdurchschnittliche Geschäfte machen will, benötigt eine begeisternde Atmosphäre. Und wie Sie in den vorhergehenden Kapiteln schon gelesen haben, geht es nicht nur um die beruflichen Seiten Ihres Lebens, sondern insbesondere auch um die privaten Seiten.

Denn das eine läßt sich nicht ohne das andere bewerkstelligen. Und außerdem besteht Ihr Leben ja glücklicherweise nicht nur aus Arbeit, sondern auch aus Freizeit, Familie und Hobbys. Wer glücklich und zufrieden leben möchte, der braucht diese Begeisterung in möglichst vielen Bereichen seines Lebens.

Wenn Sie in manche Geschäfte hineingehen, um sich etwas zu kaufen oder sich nur umzusehen, dann haben Sie oft den Eindruck, dass in diesen Unternehmen das Wort Begeisterung ein absolutes Fremdwort ist. Angefangen von der lustlosen Begrüßung bis hin zu dem unfreundlichen Umgangston untereinander erlebt man immer wieder frustrierte Menschen, die auf diese Weise einen Arbeitstag von acht Stunden verbringen. Achten Sie einmal darauf, wenn Sie selbst wieder einkaufen gehen. Nicht um sich in solchen Unternehmen zu ärgern, sondern um sich die Mitarbeiter anzusehen. Fragen Sie sich, ob diese Menschen Spaß und Freude in ihrem Leben haben oder wenigstens zu Hause ihren Spaß haben. Sicherlich wird Ihnen spätestens jetzt klar, dass Sie sich als Kunde in solchen Geschäften nicht mehr über unfreundliche Verkäufer ärgern müssen, sondern eher vor Mitleid ein Taschentuch herausziehen könnten.

Kunden setzen ihren Fuß nur noch über die Schwellen derjenigen Geschäfte, in denen sie sich willkommen fühlen.

Häufig werde ich gefragt, ob man, wenn man schlechten Service und Unfreundlichkeit in einem Geschäft erlebt, dies nicht veröffentlichen sollte. Besonders Verbraucherverbände neigen dazu, mir bei Diskussionen diese Vorschläge zu unterbreiten. Darauf antworte ich dann sehr gelassen, dass solche Aktionen in der heutigen Zeit völlig unnötig sind. Heutzutage sorgen die Kunden auch ohne solche Veröffentlichungen dafür, dass diese Unternehmen deutlich spüren, was Sache ist. Dummerweise merken diese Firmen oft nicht, woran es liegt, wenn ihre Umsätze zurückgehen. Oft schieben diese Einzelhändler den Umsatzrückgang der Konjunktur, irgendwelchen Politikern oder sogar den lieben Endverbrauchern in die Schuhe. „Der Kunde stimmt in der heutigen Zeit mit seinen Füßen ab!", pflege ich dann immer wieder zu sagen.
Das bedeutet nicht, dass der Kunde in diesen Einzelhandelsgeschäften Fußtritte verteilt, sondern dass der Kunde seinen Fuß nur noch über diejenige Türschwelle setzt, hinter der er das Gefühl hat, wirklich herzlich willkommen zu sein. Also dort, wo er mit Begeisterung empfangen und beraten wird. Und das muss man sich immer wieder vor Augen führen. Ein Kunde braucht sich heute überhaupt keinen schlechten Service oder fehlende Begeisterung

gefallen zu lassen. Denn bei der großen Auswahl an Geschäften muss er meist nur ein paar Schritte weiter gehen, um dann im nächsten Geschäft die von ihm gewünschte Hose, den Anzug oder das neue Lieblingskleid zu kaufen.

Sie sehen, die Begeisterung ist nicht nur ein philosophischer Gedanke oder ein Faktor, der Lebensfreude spendet, sondern vor allen Dingen auch ein Faktor, der in der heutigen Zeit existenzsichernd sein kann. Es geht eben nicht mehr um die Frage, ob ein Unternehmen und vor allen Dingen die Menschen in diesem Unternehmen begeistert leben und arbeiten wollen, sondern Begeisterung ist die Grundvoraussetzung für die Existenz dieses Unternehmens. Alle anderen Unternehmen sind entweder bereits vom Markt gefegt worden oder sind gerade dabei, vom Markt gefegt zu werden. Der Markt übrigens, das sind die Kunden, die heute bestimmen, ob ein Unternehmen noch eine Existenzberechtigung hat oder nicht. Manche Einzelhändler meinen immer noch, sie würden allein darüber entscheiden, wie erfolgreich oder erfolglos ihr Unternehmen ist.

Über Erfolg oder Misserfolg im Einzelhandel entscheidet letztendlich der Kunde.

Die Voraussetzungen dafür schafft natürlich das Unternehmen selbst. Aber über den Erfolg oder Misserfolg entscheidet letztendlich der Kunde. Und der Kunde fordert heutzutage vor allen Dingen eines: eine begeisternde Atmosphäre! Damit Sie diese Atmosphäre schaffen können, müssen Sie sich, Ihre Kunden und Ihre Teams begeistern. Und wie Sie das erreichen können, das lesen Sie in den nun folgenden Kapiteln.

3.1 Wie begeistere ich mich?

„Entweder ist jemand begeistert oder nicht!", ist in vielen Unternehmen zu hören. Wenn dem so wäre, dann hätte jedes Unternehmen nur begeisterte Menschen in seinen Reihen. Denn logischerweise würde jedes Unternehmen nur begeisterte Menschen einstellen, unabhängig für welche Position. Gerade im Einzelhandel ist dies ja die Grundvoraussetzung, um mit Erfolg den Beruf des Verkäufers ausüben zu können.

Wie sieht es nun aus im Einzelhandel? Sind wirklich überall nur Menschen, die vor Begeisterung überschäumen? Oder gibt es hin und wieder Verkäufer, denen man gerne eine Prise Begeisterung verabreichen würde? Natürlich gibt es die. Und ist bei denen wirklich Hopfen und Malz verloren? Kann man sie gleich vor die Türe setzen? Wie sieht es aus bei den Unternehmern? Sind die alle begeistert? Strahlen sie diese Begeisterung vorbildlich aus? Oder gibt es auch da Unternehmer, die dem Kriterium der Begeisterungsfähigkeit nicht standhalten? Sollte man manche Unternehmer vor die Türe setzen, weil ihnen die Grundlage, nämlich die Begeisterungsfähigkeit, fehlt?

Wie sieht es bei uns selbst aus? Sind wir immer begeistert? Haben wir stets dieses Funkeln in den Augen? Strahlen wir über unsere Körpersprache diese Begeisterungsfähigkeit aus? Gibt es nicht auch in unserem Umfeld Menschen, von denen wir glauben, ihnen ist die Begeisterungsfähigkeit angeboren? Das ist sie sicher nicht, allerdings kann jeder von uns jeden Tag etwas für seine Begeisterung tun!

Muffig oder lustlos durchs Leben zu ziehen ist niemandem in den Schoß gelegt worden.

Immer wenn Sie einen begeisterten Menschen sehen, erblicken Sie einen Menschen, der etwas für seine Begeisterung getan hat oder sogar täglich an ihr arbeitet, bewusst oder unbewusst. Übrigens gilt das auch für alle frustrierten oder muffigen Menschen. Muffig oder lustlos durchs Leben zu ziehen ist keinem von Natur aus in den Schoß gelegt worden. Nein, auch dafür wird etwas getan. Manchmal sogar täglich.

Damit Sie ein bisschen klarer sehen, was ich damit meine, schauen wir uns einmal *Herrn Frustig* an. Bei ihm sind Frust und Lustlosigkeit schon zu einer Lebensphilosophie geworden. Einiges davon haben Sie ja bereits kennen gelernt.

Bei einer Präsentation der neuen Herrenmode für die kommende Saison steht er wie immer gelangweilt in der Ecke. Doch irgendwann äußert er sich zu seinem Nachbarn, der auch nicht gerade den interessiertesten Eindruck macht, folgendermaßen: „Jede Saison das gleiche Gesülze über Neuheiten, innovative Schnitte und erfrischende Farbkombinationen. Wenn die Einkäufer erst einmal so lange im Geschäft wären wie ich, dann würde es denen auch langsam vergehen, mit solch einer Euphorie die neuen Anzüge, Sakkos oder Hosen zu präsentieren. Früher oder später wird eh alles abgeschrieben", schimpft Herr Frustig vor sich hin.

„Und außerdem frage ich mich, was an diesen Schnitten neu sein soll. Solche Hosen habe ich schon vor 20 Jahren verkauft. Ich glaube, ich habe

diesen Schnitt sogar noch in meinem Schrank hängen. Ich kann dieses Gequatsche gar nicht mehr mit anhören. Ich möchte endlich nach Hause und meine Füße hochlegen. Nichts hören und nichts mehr sehen, das ist das einzige, was ich heute noch möchte. Wenn wir erst einmal alles abgeschrieben haben, dann können wir weiterreden. Die sollten lieber einmal mich fragen, was unsere Kunden so alles wollen, bevor sie so einen Mist einkaufen. Diesen ganzen Modequatsch kannst du einfach in der Pfeife rauchen. Nichts als Abschriften werden die sich damit einfahren. Und dann, wenn die Saison den Bach runter geht, heißt es wieder: ‚Die Verkäufer sind an allem schuld!' Das kenne ich jetzt auch schon seit 20 Jahren. Sollte die Saison wider Erwarten erfolgreich werden, dann heißt es: ‚Schaut einmal her, wie toll wir Einkäufer sind.'

Hoffentlich ist meine Frau wenigstens ruhig, wenn ich heute abend nach Hause komme. Nicht dass die mir auch die Ohren vollquatscht mit ihren sogenannten Modeneuheiten aus der DOB. Die haben heute nämlich auch so eine langweilige Modepräsentation. Und meine Frau, die lässt sich jedes Mal anstecken von ihrer Einkäuferin. Manchmal erzählt sie mir tagelang, was es in der Damenmode so alles Neues gibt. Und wenn sie damit fertig ist, erzählt sie mir sonstige Neuheiten oder versucht mich zu irgendeinem neuen Hobby zu überreden. Sonntags würde sie mich am liebsten noch in irgendwelche Museen schleppen und meint tatsächlich, das würde mir und meiner Allgemeinbildung gut tun. Ich möchte bloß einmal wissen, was die in der Damenabteilung so den ganzen Tag treiben. So fit wie meine Frau kann man doch nur sein, wenn man den ganzen Tag nichts zu tun hat. Und außerdem schmeißt sie auch noch den ganzen Haushalt, kocht, wäscht und putzt mit einem Elan, dass einem ganz schlecht wird. Da sieht man einmal, wie ausgeruht die von der Arbeit nach Hause kommt. Ich mache zu Hause keinen Handschlag. Ich bin einfach fix und fertig, wenn ich nach Hause komme. Wie sieht es bei dir denn aus, mit der Hausarbeit und so?" Jetzt dreht sich Herr Frustig um und merkt, dass sein Kollege sich von ihm entfernt hat, um in Ruhe den Ausführungen über die neuen Modehighlights folgen zu können. „Tja, so sind sie, die netten Kollegen", brummelt Herr Frustig in sich hinein, „wollen sich mit ihrem vorgetäuschten Interesse mal wieder bei den Herren Einkäufern einschleimen. Mich wundert gar nichts mehr. Jetzt ist mir wieder einmal klar geworden, wieso der bei der letzten Gehaltserhöhung mit von der Partie war und ich nicht. So ein Schleimer. Wenn ich den schon sehe, wie er sich auch bei unseren Kunden mit seiner Freundlichkeit einsäuselt, da kann es einem nur noch schlecht werden." Und mit diesem Gedanken ist Herr Frustig auch schon erlöst von der Modepräsen-

tation. Jetzt rennt er nur noch schnell zu seinem Abteilungsleiter, um zu klären, wann er die Stunde, die er heute wegen der Präsentation länger geblieben ist, endlich abbummeln kann.

Der Monolog von unserem Herrn Frustig hatte sehr viele Bestandteile und Tipps, wie man ein lustloses und unzufriedenes Dasein fristen kann. Sollten Sie jemanden kennen, der auch so ein Leben führen möchte, dann lesen Sie ihm diese kurze Passage aus diesem Buch vor und fordern Sie ihn auf, sich die Gedanken von Herrn Frustig zu eigen zu machen. Sie werden sehen, es klappt dann sicher mit der Lustlosigkeit.

Auch bei Herrn Lustig wird heute abend die neue Mode für die kommende Saison vorgestellt. Aber anstatt seinem Nachbarn die Ohren voll zu quatschen, ist Herr Lustig ganz still und aufmerksam. Das Einzige, was er macht, ist, dass er sich ab und zu Notizen macht, um nichts zu vergessen und jede Information noch einmal zu Hause nachlesen zu können. Nach der Präsentation löchert er seinen Einkäufer noch mit Fragen und will einige Details wissen, um seinen Kunden noch besser Bescheid geben zu können.
Zu Hause angekommen, erzählt er voller Enthusiasmus, wie die neue Herrenmode aussehen wird. Er berichtet seiner Familie über die neuesten Farbtrends, über neue Schnitte und Qualitäten. „Und ganz besonders begeistert mich eines bei unserem Einkaufsteam jedesmal aufs Neue", erzählt er zum Abschluss seines Vortrages seiner Familie, „mit welcher Begeisterung die uns immer wieder ihre Kollektionen vorstellen, das kann ich nur bewundern. Denn wie überall gibt es auch bei uns einige Kollegen, die völlig gelangweilt in der Ecke stehen. Doch davon lassen sich unsere Einkäufer überhaupt nicht beeindrucken. Du hast jedes Mal den Eindruck, sie stehen das erste Mal vor uns und hätten das erste Mal in ihrem Leben eingekauft, so begeistert präsentieren sie uns die kommenden Highlights. Es macht einfach Spaß, dem Einkaufsteam zuzuhören. Vor allen Dingen kann ich es kaum erwarten, bis die neue Ware kommt. Ich bin schon ganz heiß darauf, all die neuen Anzüge, Sakkos und Hemden an den Mann zu bringen."

Der Unterschied zwischen Herrn Frustig und Herrn Lustig war wieder einmal mehr als deutlich. Es erübrigt sich auch hier die Frage, wer mit mehr Begeisterung an seine Arbeit geht, oder? Tja, werden jetzt vielleicht viele sagen, das war doch ein gutes Beispiel für den Spruch: „Der eine hat's, der andere nicht!" Stimmt, könnte man meinen. Nur glaube ich nicht, dass ein Herr Frustig keine

Chance mehr hat, sich doch noch in einen begeisterungsfähigen Zustand zu bringen. Genauso wie Herr Lustig noch viele Möglichkeiten hat, seine Begeisterungsfähigkeit auszubauen. Und wie man das erreichen kann, das wollen wir uns jetzt einmal etwas genauer anschauen.

Zwei Faktorengruppen sind für die Begeisterungsfähigkeit von Menschen mitverantwortlich. Das sind zum einen die *allgemeinen Faktoren* und zum anderen die *persönlichen Faktoren*. Zu den allgemeinen Faktoren gehören Dinge wie das Land, in dem wir leben, das soziale Netz, das uns umgibt oder sonstige politischen Aspekte, wie Demokratie und Meinungsfreiheit. Zu den persönlichen Faktoren zählen eben die persönlichen Lebensumstände wie zum Beispiel das Einkommen, Freunde oder Gesundheit und anderes mehr.
Die sogenannten allgemeinen Faktoren sind uns größtenteils vorgegeben, so dass wir keinen direkten Einfluss darauf nehmen können. So ist uns die Staatsform, in der wir leben, nun einmal vorgegeben. Außer alle vier Jahre zu wählen können wir daran relativ wenig ändern. Auch das soziale Netz ist nicht direkt durch uns veränderbar, sondern nur mittelbar durch Wahlen oder Volksentscheide.

Sicherlich ist es wichtig, dass diese *allgemeinen Faktoren* so gestaltet sind, dass wir überhaupt die Chance haben, unsere Begeisterung auszuleben oder eine Begeisterungsfähigkeit zu entwickeln. In einer Diktatur ist es sicherlich bedeutend schwieriger, begeistert und freudig zu leben, als in einer Demokratie. Wenn kein soziales Netz oder nur ein sehr schlechtes soziales Netz vorhanden ist, können auch die meisten Menschen ebenfalls weniger begeistert leben als in Ländern, in denen das soziale Netz fester geknüpft ist. Eines der reichsten Länder dieser Erde ist nun einmal Deutschland. Allgemeine Faktoren, die unsere Lebensumstände bestimmen, wie Demokratie, Meinungsfreiheit und ein vernünftiges soziales Netz, liegen weit über dem Durchschnitt anderer Nationen. Im großen und ganzen haben wir in diesem Bereich eine hervorragende Ausgangssituation für unser Ziel, die Begeisterungsfähigkeit.

Wenden wir uns jetzt den *persönlichen Faktoren* zu. Ein ganz wichtiger persönlicher Faktor ist natürlich die *Gesundheit*. Wir alle wissen, dass, wenn wir gesundheitlich nicht so auf dem Damm sind, sich unsere Begeisterungsfähigkeit auch nicht gerade auf dem

Höhepunkt bewegt. Eine kleine Magenverstimmung oder ein „Kater" nach einer durchzechten Nacht beeinflussen unser Wohlbefinden meist enorm. Hier kann man nur den Appell loswerden: „Lebe gesund und sei dankbar für jeden Tag, an dem du fit und munter bist!" Und trotzdem werde selbst ich genau an diesem Punkt oft überrascht. Ab und zu treffe ich mit Menschen zusammen, die alles andere als gesund und fit sind. Und relativ häufig begegnen mir gerade solche Menschen mit einer gewaltigen Begeisterung, die mir fast unglaublich erscheint. Wenn man sich dann mit diesen Menschen unterhält, ist es phantastisch festzustellen, mit welchem Enthusiasmus sie ihr Leben leben. Ich rede hier nicht von Menschen mit einer Magenverstimmung, sondern von Menschen, die schwere Krankheiten haben. Vielleicht handelt es sich bei diesen Menschen um das gleiche Phänomen wie bei Menschen, die in relativ armen Ländern leben und doch sehr häufig eine Lebensfreude ausstrahlen, die uns in den sogenannten westlichen Industrienationen oft abgeht.

Was machen nun diese Menschen Besonderes, die überdurchschnittlich begeistert leben und, um zu unserem Thema zurückzukommen, überdurchschnittlich begeistert verkaufen? Um dieses Geheimnis herauszufinden, machen sich Wissenschaftler auf der ganzen Welt immer wieder auf die Suche nach den sogenannten *Begeisterungsfaktoren*. Die wichtigsten möchte ich Ihnen jetzt vorstellen.

Der *Faktor 1* ist das *Entwickeln von Interesse*. Das bedeutet, dass Menschen, die überdurchschnittlich begeistert leben, sich überdurchschnittlich ausgeprägt für Neuheiten, für Allgemeines und für andere Menschen interessieren können. Ist diese Eigenschaft vielleicht vielen in die Wiege gelegt worden? Ja und nein. Es gibt Menschen, die sind von Natur aus etwas interessierter als andere. Wir nennen das auch häufig neugieriger.

Wirkliches Interesse an der Sache ist eine wichtige Voraussetzung für die eigene Begeisterungsfähigkeit.

Auf der anderen Seite kann jeder Mensch sein Interesse entwickeln, wenn er möchte. Dass dies jeder entwickeln kann, erkennt man dann, wenn einem Menschen etwas wichtig erscheint. Denn in diesem Moment, zum Beispiel, wenn man sich verliebt, möchte man plötzlich alles von dem oder der anderen erfahren. Oder wenn einem etwas lebenswichtig erscheint, setzt man Himmel und Erde in Bewegung, um alle Informationen zu erhalten. Aus dem lethargischsten Mitarbeiter wird plötzlich ein hochinteressierter Mensch, wenn es um seinen Arbeitsplatz geht. Aus einem völlig desinteressierten Unternehmer wird plötzlich ein sehr aufmerksamer Zuhörer, wenn es um die Existenz seines Unternehmens geht. Sie sehen, man braucht nur den richtigen Hebel bei einem Menschen anzusetzen, damit er Interesse entwickelt. Und ohne Interesse gibt es nun einmal keine Begeisterung!

Interesse entwickeln bedeutet, dass ich mich für viele Dinge und vor allem als Verkäufer für viele Menschen interessiere. Die Botschaft für Sie, lieber Leser und liebe Leserin, lautet also: *Interessiere dich für dein Umfeld und für deine Mitmenschen!* Damit dies aber nicht nur eine leere Phrase bleibt, können Sie jetzt wieder eine kleine Übung mitmachen, die Ihnen hilft, entweder Ihr Interesse auszubauen oder Ihr schlummerndes Interesse für die unterschiedlichsten Dinge zu wecken. Dazu brauchen Sie nur folgende Fragen für sich zu beantworten:

Wofür interessiere ich mich in meinem Leben?

____

____

____

Weshalb interessiere ich mich für diese Dinge oder Menschen?

____

____

____

Wofür möchte ich mich gerne mehr interessieren?

____

____

____

Was hält mich davon ab?

____

____

____

Was könnte ich tun, um mich über diese Dinge mehr zu informieren?

____

____

____

Wann beginne ich damit?

____

Ist Ihnen einiges eingefallen, wofür Sie sich interessieren? Wenn ja, prima. Dann haben Sie schon eine sehr wichtige Eigenschaft, um sich zu begeistern. Wenn nein, macht auch nichts, denn dann konnten Sie ja obige Checkliste dazu nutzen, sich ein paar Gedanken darüber zu machen, wie Sie und vor allen Dingen wann Sie sich mit neuen Dingen beschäftigen wollen.

Interesse zu entwickeln bedeutet auch, über den eigenen Tellerrand hinauszuschauen und seinen Horizont zu erweitern.

Häufig heißt es beim Thema Interesse entwickeln: „Ich habe keine Zeit, mich für dieses und jenes zu interessieren." Dazu kann ich Ihnen folgende Tipps geben: Interesse entwickeln heißt nicht, immer gleich ein neues Hobby zu entwickeln, sondern bedeutet oftmals nur aufmerksam hinzuhören, wenn jemand etwas über diese oder jene Sache erzählt. Interesse entwickeln heißt beispielsweise auch, anstatt sinnlos in den Fernseher zu starren, gezielt Sendungen auszusuchen oder vielleicht einfach nur ein Buch zu lesen. Interesse zu entwickeln muss allerdings in vielen Fällen trainiert werden. Es bedeutet auch, über den eigenen Tellerrand hinauszuschauen und seinen Horizont zu erweitern.

Oftmals sind Kunden informierter über Modeentwicklungen und Trends als manche Damen und Herren, die im Verkauf stehen und Mode verkaufen sollen. Es genügt eben nicht, nur über sein eigenes Sortiment Bescheid zu wissen. In unserer Informationsgesellschaft müssen Sie einfach Interesse sowohl für fachliche Aspekte als auch für Aspekte, die unter die Rubrik „Allgemeinwissen" fallen, entwickeln. Sonst haben Sie einen schweren Stand im heute heiß umkämpften Markt. Das Entwickeln von Interesse ist also nicht nur wichtig für die eigene Begeisterungsfähigkeit, sondern auch für die berufliche Weiterentwicklung.

Faktor 2 einer überdurchschnittlichen Begeisterungsfähigkeit ist das *eigenverantwortliche* Handeln. Überdurchschnittlich begeisterte Menschen sind Menschen, die eigenverantwortlicher handeln als die Masse. Das bedeutet: Sie übernehmen Verantwortung für sich und handeln auch eigenverantwortlich. „Das tut doch jeder!", denken Sie vielleicht. Es wäre schön, wenn es so wäre. Denn dann könnten wir es vor begeisterten Menschen kaum noch aushalten. Viele Menschen handeln eigenverantwortlich, solange die Dinge laufen. Kommt allerdings ein wenig Gegenwind auf, ist häufig Schluss mit der Eigenverantwortung. Das klingt dann in der Praxis in etwa so: Bei Plusumsätzen wird gerne folgendermaßen geredet: „Ich habe Plus gemacht!"

Bei Minusumsätzen hört man allerdings häufig von der gleichen Person: „Die Konjunktur ist schuld an unserem Minus! Die Kunden sind schuld, denn sie sind nicht mehr so kauffreudig! Die Stadt ist schuld, denn sie hat eine Fußgängerzone errichtet!" Nicht dass Sie meinen, ich glaube nicht daran, dass es durchaus äußere Umstände für manche Umsatzentwicklungen gäbe. Ich wollte Ihnen nur anhand dieses Beispiels das Abwälzen von Verantwortung demonstrieren. So hört man bei Plusumsätzen selten, dass eine Stadt dafür verantwortlich ist. Die schreibt man sich ganz gerne auf die eigene Fahne.

Begeisterte Menschen können eigenverantwortlich handeln.

Begeisterte Menschen üben Eigenverantwortung eben auch dann aus, wenn einmal nicht alles so glatt läuft. Begeisterte Menschen schlüpfen nicht in die Opferrolle, sondern versuchen, stets eigenverantwortlich die Fäden in ihrem Leben in der Hand zu behalten. Denn nur wenn ich eigenverantwortlich handle, bin ich auch in der Lage, mich selbst wirklich zu begeistern. Andernfalls warte ich immer auf irgend jemanden, der mich begeistert. Und da es von dieser Spezies Mensch nicht allzu viele gibt, warten manche ein Leben lang auf die hereinbrechende Begeisterung.

Viele Verkäufer hingegen suchen, wie oben bereits erwähnt, die Verantwortung beispielsweise für schlechte Umsätze überall, nur nicht bei sich. Für das schlechte Betriebsklima werden alle möglichen Kollegen und Führungskräfte zur Verantwortung gezogen. Sehr modern ist es auch, die eigenen Eltern zur Verantwortung zu ziehen, wenn irgendwelche Lebensumstände nicht nach dem eigenen Geschmack sind. Obwohl diese Eltern häufig nicht mehr leben, trifft man 50jährige „Kinder", die zum Beispiel Folgendes von sich geben: „Wenn meine Eltern nur damals mehr Druck in der Schule gemacht hätten, dann wäre aus meinem Leben etwas ganz anderes geworden." Na, bravo, kann ich da nur sagen. Das ist doch eine hervorragende Ausrede, um nicht mehr eigenverantwortlich handeln zu müssen, oder?

Runzeln Sie jetzt die Stirn? Prima! Genau das wollte ich erreichen. Nicht dass Sie die Stirn runzeln, sondern dass Sie nachdenken.

Das Beispiel macht, glaube ich, deutlich, dass wir die alleinige Verantwortung für unser Leben übernehmen dürfen. Und dieses Gefühl, letztendlich nicht von irgendwelchen Umständen abhängig zu sein, ist ein begeisterndes Gefühl, wenn man es rechtzeitig entdeckt. Denn es bedeutet, dass man ein unabhängiger Mensch ist! Und dieses Gefühl ist ein wichtiges Gefühl, wenn es darum geht, ein begeistertes Leben zu führen. Praktizierte Eigenverantwortung heißt, in jeder Situation des Lebens das Heft in die Hand zu nehmen, nach Chancen und Möglichkeiten zu suchen, um die Sache oder die Situation wieder so zu gestalten, dass man begeistert und zufrieden ist mit seiner Leistung. Selbstverständlich kann man und soll man auch die Hilfe anderer Menschen in Anspruch nehmen oder dankbar annehmen. Man muss nicht alles selbst erledigen, um eigenverantwortlich zu leben.
Die nachfolgenden Fragen sollen Ihnen dabei helfen, Ihr Potential an Eigenverantwortung weiter auszubauen:

Was habe ich in meinem Leben eigenverantwortlich gestaltet, erreicht und gemeistert?

____

____

____

In welchen Situationen habe ich bewusst die Eigenverantwortung in meinem Leben übernommen?

____

____

____

In welchen privaten Bereichen möchte ich mehr Eigenverantwortung übernehmen?

____

____

____

Was kann ich dafür tun?

____

____

____

In welchen beruflichen Bereichen möchte ich mehr Eigenverantwortung übernehmen?

____

____

____

Was kann ich dafür tun?

____

____

____

Wie kann ich eigenverantwortlich für noch mehr Begeisterung in meinem Leben sorgen?

____

____

____

Nichts wie ran an diesen zweiten Begeisterungsfaktor, und vielleicht spüren Sie jetzt schon, um wie viel erlebnisreicher sowohl Ihr privates als auch Ihr berufliches Leben sein wird.

Der nächste Begeisterungsfaktor ist die *klare und präzise Zielplanung*. Dieses Thema haben wir schon ausführlich in Kapitel 2.2 besprochen. Und Sie haben es sicherlich schon prima erarbeitet.

Deshalb möchte ich hier nur noch einmal darauf hinweisen, wie wichtig eine begeisternde Zielplanung ist, um ein erfolgreiches und begeisterndes Leben zu leben. Ein Beispiel dafür möchte ich Ihnen allerdings noch geben, damit Ihnen spätestens jetzt klar wird, wie motivierend Ihre persönliche Zielplanung für Sie sein kann.

Stellen Sie sich einmal vor, Herr Lustig und Herr Frustig gehen in Pension.

Herr Frustig hat nur noch einen Gedanken: Füße hochlegen, Bierflasche auf den Tisch, Fernseher an und so wenig bewegen wie möglich. „Ich habe genug getan für mein Geld!", denkt er so bei sich. Und mit dieser Einstellung sitzt er ab seinem ersten Ruhestandstag zu Hause.

Herr Lustig dagegen denkt sich Folgendes: „Jetzt habe ich 40 Jahre mit Spaß gearbeitet. Das ist nun vorbei. Nun heißt es für mich, neue Ziele und neue Hobbys anzugehen und vor allem habe ich noch mehr Zeit, mich all den Dingen zu widmen, die ich bisher ein wenig vernachlässigen musste." Und so startet er in sein bewegtes und abwechslungsreiches Rentnerdasein.

Was meinen Sie, wer von beiden ist nach fünf Jahren fitter, vitaler und gesünder? Na klar, sehr wahrscheinlich Herr Lustig. Denn Herr Frustig vegetiert mehr oder weniger dahin. Herr Lustig dagegen lebt aktiv in seinem neuen Lebensabschnitt und verfolgt neue Ziele. Sicherlich kennen Sie aus Ihrer näheren Umgebung ähnliche Beispiele. Häufig genießen Menschen auch das letzte Drittel ihres Lebens dank neuer Ziele. Andere dagegen sind in diesem Lebensabschnitt weiterhin frustriert, ohne sich mit irgendwelchen Zielen zu beschäftigen. Warten Sie also nicht bis zur Rente mit Ihrer Zielplanung, sondern fangen Sie jetzt damit an, sich durch und für Ihre persönlichen Ziele zu begeistern.

Das *Wertesystem eines Menschen* ist ebenfalls ein sehr wichtiger Faktor, wenn es um die eigene Begeisterungsfähigkeit geht. Meistens machen wir uns über unsere Werte relativ wenig Gedanken. Und trotzdem bestimmen sie sehr stark unser Leben und unser Wohlbefinden. Es gibt unendlich viele Werte, die uns Menschen wichtig sind, und je nach Lebenssituation können diese sehr unterschiedlich sein. Solche Werte sind zum Beispiel Ehrlichkeit, Treue, Toleranz und Vertrauen. Um ein begeistertes Leben zu führen, ist es wichtig, gemäß seinem Wertesystem zu leben. Denn wenn wir gegen unser Wertesystem verstoßen, rebelliert unser Innerstes und sorgt für eine innere Unzufriedenheit. Vielleicht läßt sich das an einem Beispiel am besten verdeutlichen.

Nehmen wir einmal an, in Ihrem Wertesystem steht Ehrlichkeit an oberster Stelle. Wenn Sie das herausgefunden haben, ist es für Ihre innere Zufriedenheit sehr wichtig, dass Sie bei allem, was Sie tun, besonders auf diese Ehrlichkeit achten. Jede kleine oder große Unwahrheit sorgt in Ihrem Inneren für eine Unzufriedenheit, die es Ihnen erschwert, zufrieden und begeistert zu leben. So kann eine kleine Notlüge schon der Auslöser dafür sein, dass Sie sich nicht mehr ganz so wohl in Ihrer Haut fühlen. Wie der Körper darauf reagiert, das wird uns sehr schön deutlich, wenn ein Mensch beim Lügen ertappt wird und dann rot anläuft. Gerade bei Kindern ist das häufig zu beobachten, aber natürlich auch bei vielen Erwachsenen. Dieses Rotwerden ist ein deutliches Signal des Körpers, dass er sich jetzt nicht mehr wohl fühlt. Und wenn Sie schon einmal versucht haben, diese Reaktion zu unterdrücken, ist Ihnen sicherlich aufgefallen, dass dies nicht möglich ist. Hier werden also körpersprachliche Prozesse ausgelöst, die sich unserer bewussten Steuerung entziehen.

Über seine Körperhaltung drückt der Mensch seine momentane Befindlichkeit aus.

Deshalb lernen Sie auch in einem Körpersprachenseminar den Satz: „Der Körper kann nicht lügen!" Denn letztendlich drückt der Körper immer genau das aus, was in einem Menschen so alles vorgeht. Gott sei Dank nicht immer so deutlich wie im obigen Beispiel. Aber irgendwie reagiert der Körper eben doch. Wir Menschen haben aber zum größten Teil, „dank" unserer Zivilisation, verlernt, diese Signale zu deuten. Würden wir ihnen mehr Bedeutung schenken, so könnte unser Körper ein hervorragender Wegweiser für uns sein. Denn unser Körper signalisiert uns stets, was für uns gut und was für uns weniger gut ist. Da unser Körper mit all seinen Reaktionen nicht von unserem Geist zu trennen ist, können Sie davon ausgehen, dass jeder körperlichen Reaktion auch eine geistige Reaktion vorausgegangen ist. In unserem Beispiel mit der Notlüge hat also zuallererst unser Geist bzw. unser Unterbewusstsein rebelliert. Und genau dadurch wurde die Körperreaktion, in diesem Fall das Rotwerden, ausgelöst.

Was Ihnen vielleicht bei diesem Beispiel deutlich wird, ist Folgendes: Wir können vielleicht andere Menschen täuschen, doch unser Innerstes eben nicht. Und genau aus diesem Grund ist es wichtig, sich immer wieder mit dem eigenen Wertesystem zu beschäftigen. Gerade wenn Sie sich begeistern wollen, sollten Sie auf Ihr Wertesystem achten.

Wie können Sie nun etwas über Ihr Wertesystem erfahren? Denn wenn ich gemäß meinem Wertesystem leben möchte, dann muss ich es ja erst einmal kennen lernen. Fragen Sie sich doch einfach: „Was ist mir in meinem Leben besonders wichtig?“ Und alles, was Ihnen spontan zu dieser Frage einfällt, entspringt sicherlich Ihrem Wertesystem. Gesundheit, Familie, Freunde und so weiter können Ihre möglichen Antworten sein. Diese Antworten sind hier sehr unterschiedlich und individuell. Aus diesem Grund kann man auch keine Werteliste herausbringen, nach der sich jeder Mensch richten kann, um begeistert und glücklich zu leben. Sie dürfen sich also selbst Gedanken über Ihr ureigenstes Wertesystem machen.

Etwas leichter von der Hand geht Ihnen dies sicherlich mit folgender Checkliste:

Herausfinden der eigenen Werte

Bringen Sie die unten stehenden Begriffe in Ihre persönliche Rangfolge, indem Sie jeden Wert mit den anderen Werten vergleichen. Nehmen wir also an, Vertrauen und Toleranz sind auf jeden Fall Faktoren, die für Sie wichtig sind. Nun müssen Sie abwägen, welcher von beiden Faktoren der wichtigere für Sie ist.

Es nicht immer ganz leicht, hier eine Entscheidung zu treffen. Doch damit Sie die persönliche Rangfolge Ihres Wertesystems erkennen, sollten Sie sich auf jeden Fall entscheiden. Nehmen wir also an, Sie entscheiden sich für Vertrauen, dann würden Vertrauen erst einmal an die erste Stelle und Toleranz an die zweite Stelle rücken. Jetzt nehmen Sie einen neuen Wert und vergleichen diesen mit Vertrauen und mit Toleranz. Auf diese Art und Weise erhalten Sie die ersten drei Werte in Ihrer persönlichen Rangfolge. Und so fahren Sie fort, bis Sie Ihre Rangfolge erstellt haben und damit zufrieden sind.

Diese Übung nimmt ein wenig Zeit in Anspruch, aber ich verspreche Ihnen, es lohnt sich für Sie. Sollten Ihnen Begriffe auf der Liste fehlen, dann tragen Sie diese einfach nach und beziehen diese ebenfalls in Ihre Werte-Rangfolge mit ein.

Meine Werte-Rangfolge

____ Ehrgeiz (hart arbeitend, strebsam)
____ Toleranz (weitherzig, großzügig)
____ Tüchtigkeit (kompetent, effektiv)
____ Fröhlichkeit (leichtherzig, heiter)
____ Sauberkeit (ordentlich, nett)
____ Mut (für eigene Überzeugung geradestehen)
____ Versöhnung (anderen leicht vergeben)
____ Hilfsbereitschaft (für das Wohlergehen anderer arbeiten)
____ Ehrlichkeit (wahrhaftig sein)
____ Phantasie (kreativ sein)
____ Unabhängigkeit (sich selbst genügend)
____ Intelligenz (intelligent, reflektierend)
____ Logik (konsequent, rational)
____ Liebe (zuneigend)
____ Gehorsam (pflichtgetreu)
____ Höflichkeit (wohlerzogen)
____ Verantwortung (zuverlässig)
____ Selbstbeherrschung (selbstdiszipliniert)
____ Vertrauen (anderen vertrauen)
____ ____
____ ____
____ ____
____ ____
____ ____

Sicher war es interessant für Sie, die eigenen Werte einmal nach Ihren Prioritäten zu durchleuchten! Wie oben bereits erwähnt, müssen Sie jetzt natürlich auch gemäß Ihrem Wertesystem leben, um ein ausgeglichener Mensch zu sein. Auch derjenige, der im Verkauf erfolgreich sein möchte, sollte nach seinem Wertesystem leben, damit er einen der wichtigsten Faktoren für den Verkaufserfolg einsetzen kann: seine begeisternde Ausstrahlung! Das ist natürlich leichter gesagt als getan. Wie schaffen Sie es nun, entsprechend Ihrem Wertesystem zu leben? Indem Sie sich jetzt bewusst machen, was für Sie wirklich wichtig ist und welche Verhaltensweisen Sie sich aneignen oder eventuell verstärken können. Interessant ist natürlich auch, sich Gedanken darüber zu machen, welche Verhaltensweisen weniger förderlich für Ihre innere Gemütsverfassung sind. Dabei helfen Ihnen sicherlich die nächsten Fragen, die Sie jetzt in aller Ruhe beantworten können:

Welche Werte sind für mich ganz besonders wichtig?

___

___

___

Worauf möchte ich in Zukunft besonders achten?

___

___

___

Welche Verhaltensweisen möchte ich verstärken?

___

___

___

Was kann ich dafür tun?

___

___

___

Welche Verhaltensweisen möchte ich vermeiden?

____

____

____

Was kann ich dafür tun?

____

____

____

Und schon sind Sie wieder einen Schritt weiter. Wichtig ist nur, dass Sie locker mit Ihren Antworten umgehen. Das bedeutet, dass Sie sich nicht jedesmal ärgern sollen, wenn Sie die eine oder andere Verhaltensweise nicht gleich perfekt umsetzen. Denn auch hier gilt: Übung macht den Meister. Diese Fragen sollten Ihnen nur ein bisschen dabei behilflich sein, sich ein wenig klarer zu werden, was Ihnen gut tut und was Ihnen weniger gut tut. Das alleine ist schon ein weiterer Schritt auf dem Weg zu mehr Begeisterungsfähigkeit und Zufriedenheit.

Der eigene Energiehaushalt ist ein weiterer wichtiger Faktor, wenn es darum geht, sich selbst zu begeistern. Denn nur wer auf seinen Energiehaushalt achtet und nicht wie Trappatoni sagt: „Spielt, wie Flasche leer!", ist in der Lage, auch dauerhaft ein begeistertes Leben zu leben. Was bedeutet dies nun für die Praxis? Das bedeutet, dass man sich immer wieder einmal Zeit nehmen sollte, um seinen Energiehaushalt aufzutanken, und nicht nur immer Vollgas gibt. Denn das hält der beste Motor nicht aus. Unser Motor ist nicht nur unser Herz oder besteht aus sonstigen Organen unseres Körpers, sondern ist auch unser Geist, der möglichst stets Volleistung bringen soll. Das kann aber weder unser Geist noch unser Körper, wenn wir den beiden nicht auch einmal Ruhephasen oder Auftankphasen gönnen. Wer heutzutage im Verkauf top sein möchte, braucht einen topfitten Körper und einen hellwachen Geist. Anders geht es nicht.

Wer heutzutage im Verkauf top sein möchte, braucht einen topfitten Körper und einen hellwachen Geist.

Oft behindert uns an diesem Auftanken der Faktor Zeit. Zeit ist ein kostbares Gut und die Ladenöffnungszeiten sind für Verkaufsmitarbeiter nicht gerade hobby- und sportvereinfreundlich. Doch spätestens wenn jemand auf der Nase liegt, körperlich und physisch ausgepowert ist, wird jedem klar, dass er plötzlich sehr viel Zeit für sich hat, die er sich besser im Vorfeld genommen hätte. Man muss ja nicht gleich flach liegen, um zu merken, dass man sich nicht genügend um seinen Energiehaushalt gekümmert hat. Es genügt ja oft schon, sich schlapp zu fühlen oder den Leistungsansprüchen der Umwelt nicht mehr gerecht zu werden.

Also nehmen Sie sich lieber jetzt die Zeit, um aufzutanken! Auch hierzu habe ich Ihnen eine Checkliste vorbereitet, die Ihnen hilft, sich Ihre dafür notwendigen Freiräume zu schaffen. Wichtig ist nur, dass Sie Ihren ganz persönlichen Fahrplan gestalten, damit Ihr Energiehaushalt sich stets auf einem hohen Level bewegt. Nur weil beispielsweise Joggen gerade „in" ist, sollten Sie sich nicht zum Joggen zwingen, wenn Sie vielleicht lieber Tennis spielen. Oder nur weil Action angesagt ist, sollten Sie nicht Bungeejumping betreiben, um zu entspannen, wenn Ihnen Yoga oder autogenes Training angenehmer ist. Hören Sie einfach auf Ihre innere Stimme, denn die weiß meistens ganz genau, was Ihnen gut tut.

Energie-Checkliste

Wie würde ich meine momentane geistige Fitness einschätzen?
top – mittelmäßig – schlecht

Was würde mir Spaß machen, um meine geistige Fitness zu erhalten bzw. zu verbessern?

____

____

____

Was könnte ich in die Wege leiten, damit ich diesen Freiraum für mich habe?

____

____

____

Wie würde ich meine momentane körperliche Fitness einschätzen?
top – mittelmäßig – schlecht

Was würde mir Spaß machen, um meine körperliche Fitness zu erhalten bzw. zu verbessern?

____

____

____

Was könnte ich in die Wege leiten, damit ich diesen Freiraum für mich habe?

____

____

____

Wie bereits erwähnt, werden Sie wahrscheinlich an dem Zeitfaktor am meisten zu knabbern haben und vielleicht Ihre guten Vorsätze aus der Checkliste nicht umsetzen. Hier noch einmal der Hinweis, dass es überhaupt keinen Sinn macht, wenn man irgendwann zu sich sagen muss: „Mensch, hätte ich nur früher etwas für mich getan. Dann wäre ich jetzt nicht so abgeschafft oder so wenig leistungsfähig." Ganz besonders wichtig scheint mir dieser Hinweis für alle weiblichen Leserinnen zu sein. Bei vielen Frauen ist dieses sogenannte „Burn-out- Syndrom" oft festzustellen.

Über Jahre setzen sich viele Frauen einer Doppelbelastung aus, die irgendwann ihren Tribut fordert. Damit meine ich, einen Vollzeitjob auszuüben und noch einen Haushalt in Schuss zu halten und die gesamte Familie zu versorgen. Gerade diese Damen sollten darauf achten, dass sie sich nicht an allen Fronten verausgaben. Oft hilft ein Gespräch mit der Familie, damit sie sich für Ihren Energiehaushalt Freiräume schaffen.

Jeden Tag im Verkauf zu stehen, freundlich zu sein und eine Topberatung zu bieten, ist eine enorme Leistung, die weder Mann noch Frau unterschätzen sollte. Auch wenn es landläufig oft heißt: „Der Verkäuferberuf ist einer der leichtesten Jobs, den man sich vorstellen kann!" Glauben Sie es nicht. Gerade für diesen Beruf muss man topfit, geistig rege und körperlich auf der Höhe sein. Vorausgesetzt, Sie möchten diesen Beruf mit viel Freude und Begeisterung ausüben. Andersdenkende dürfen sich gerne einmal ein paar Tage in den Verkauf stellen, um zu sehen, was für großartige Leistungen im deutschen Einzelhandel vollbracht werden.

Faktor 6 für ein begeistertes Leben im Verkauf und zu Hause sind *die zwischenmenschlichen Beziehungen*. Das bedeutet, dass Sie darauf achten sollten, möglichst optimale Beziehungen zu anderen Menschen aufzubauen und zu erhalten. Denn nur wer harmonische und sehr gute Beziehungen zu anderen Menschen besitzt, spart einerseits Energie und bekommt andererseits die Unterstützung, die wir für ein begeistertes berufliches und privates Leben benötigen. Sehr oft werden unnötige Energien verschwendet, nur um irgendwelche schlechten Beziehungen in Ordnung zu bringen oder Auswirkungen schlechter Beziehungen zu beseitigen oder zu vertuschen. Im Klartext bedeutet das, wer sich heute noch mit Mobbing beschäftigen muss, dem wird es schwer fallen, ein erfolgreiches und begeistertes Leben zu führen. Denn die Energie, die nutzlos verschwendet wird, könnte man bedeutend besser für nützlichere Dinge einsetzen. Sie werden kaum einen begeisterten Verkäufer treffen, der sich mit vielen zwischenmenschlichen Problemen herumschlagen muss. Ein begeisterter Verkäufer wird immer eine hervorragende Beziehung zu seinem Umfeld haben. Hätte er sehr viel Ärger mit seinen Kollegen und vielleicht auch in seinem privaten Umfeld, dann könnte er gar nicht mehr die Begeisterung ausstrahlen, die andere vielleicht sogar ansteckt. Sowohl berufliche als auch private Erfolge werden übrigens in den meisten Fällen nicht nur von einem Menschen alleine erzielt, sondern entstehen unter Beteiligung mehrerer Menschen. Dies wird zwar gerne vergessen, wenn sich Erfolge einstellen. Dennoch läßt sich dieser Tatbestand nicht leugnen.

Ein begeisterter Verkäufer wird immer hervorragende Beziehungen zu seinem Umfeld haben.

Was bedeutet dies nun im Klartext? Dass Sie hinsehen können, wo Sie wollen, erfolgreiche und begeisterte Menschen verstehen es meistens sehr gut, andere für ihre Ziele zu begeistern. Die Voraussetzung hierfür ist natürlich, dass diese Menschen sehr gute Beziehungen zu anderen Menschen pflegen. Denn sonst wären diese sicherlich nicht bereit, ihre Unterstützung anzubieten. Unabhängig ob es sich um einen erfolgreichen Unternehmer oder einen erfolgreichen Verkäufer handelt. Wenn jemand über viele Jahre erfolgreich ist und ein begeisterndes Leben führt, dann werden Sie stets in seinem Umfeld Menschen finden, die ihn mehr oder weniger unterstützt haben. Wie kommt man nun zu solch guten Beziehungen? Auch das ist ganz einfach. Indem Sie sich um andere Menschen bemühen. Das bedeutet zum Beispiel, hilfsbereit zu sein. Dies bedeutet aber auch, gesprächsbereit zu sein. Natürlich gehört auch dazu, dass man sich Zeit nimmt für andere Menschen, sowohl im beruflichen als auch im privaten Lebensbereich. Denn auch in puncto menschliche Beziehungen wird einem nichts geschenkt.

Toleranz im Umgang mit anderen ist sicherlich auch eine Zauberformel für überdurchschnittlich gute zwischenmenschliche Beziehungen. Wie schnell urteilt man über andere Menschen und vergisst dabei, dass man selber auch nicht perfekt ist. Sicherlich ist Ihnen bei dem Thema Werte auch durch den Kopf gegangen, dass hier jeder Mensch andere Prioritäten hat. Allein diese unterschiedlichen Wertesysteme sorgen häufig dafür, dass man anderen gegenüber nicht so tolerant ist, wie man es sich gerne wünscht. Und umgekehrt natürlich auch. Doch Sie haben den großen Vorteil, dass Sie sich mit dem Thema Werte bereits beschäftigt haben und somit leichter akzeptieren können, dass es für viele Ihrer Mitmenschen andere Prioritäten gibt als für Sie selbst.

Nehmen wir einmal an, für Sie steht der Wert Ordnung ganz oben auf Ihrer Werteliste und bei einem Kollegen oder Partner steht dieser Wert eher ganz unten. Können Sie sich vorstellen, wie oft es bei diesem Punkt zu Auseinandersetzungen kommen kann? Außer man trainiert es, ein wenig toleranter zu werden. Der eine läßt eben seine Socken immer gerne überall herumliegen und der andere macht jedes Mal einen großen Aufstand deswegen. Wer von beiden sollte jetzt toleranter werden, fragen Sie vielleicht?

Meine Antwort lautet: Beide können an sich arbeiten, damit in dieser Beziehung keine weiteren Meinungsverschiedenheiten entstehen. Das bedeutet, der eine Partner sollte seine Socken in Zukunft aufräumen und so Rücksicht auf das Wertesystem des anderen nehmen. Und der andere Partner sollte an sich arbeiten, um gelassener zu bleiben, wenn es mit der Ordnungsliebe des anderen nicht so weit her ist.

Sie glauben, das wäre Utopie? Aber genau dies ist der Weg zu optimalen menschlichen Beziehungen.

Vorbildfunktion und Toleranz sind notwendig, um andere Menschen zu überzeugen, an sich zu arbeiten.

Und was tun, wenn die anderen Menschen nicht bereit sind, an sich zu arbeiten? Auch hier ist die Antwort ganz einfach: Dann zeigen Sie durch Ihre hervorragende Vorbildwirkung, dass jeder Mensch an sich arbeiten kann, wenn er nur möchte. Sie müssen natürlich keinen Millimeter toleranter werden, wenn Ihnen nicht danach ist oder Sie diese Vorgehensweise für ungerechtfertigt halten. Das Ergebnis wird dann eben nur sein, dass Ihre zwischenmenschlichen Beziehungen nicht besser werden. Und je intoleranter ein Mensch ist, desto weniger Freunde oder, anders ausgedrückt, Helfer wird er finden, wenn er Unterstützung für seine beruflichen oder privaten Ziele sucht. Und das funktioniert nur so?, werden sich manch ungläubige Zeitgenossen fragen. Ja, tatsächlich funktioniert es nur so, wenn Sie sich auf Dauer selbst begeistern wollen.

Wenn Sie natürlich als Einzelgänger und Einzelkämpfer durch Ihr Leben schreiten wollen, dann können Sie all das vergessen, was auf diesen Seiten steht. Auch Einzelkämpfer können erfolgreich sein. Nur um welchen Preis? Dieses Buch handelt nun einmal von der Begeisterung als Lebens- und Verkaufsstrategie. Ein Mensch aber, der, wie das Wort Einzelkämpfer schon sagt, einzeln kämpfen muss, wird wohl kaum ein begeistertes Leben führen können. Wenn Sie beruflich und privat Freude und Begeisterung erleben wollen, dann brauchen Sie immer wieder andere Menschen, die Ihnen die eine oder andere Sache erleichtern. Oder vielleicht nur ab und zu für Sie da sind, wenn einmal etwas nicht so gut läuft, wie Sie es sich vorgestellt haben. Gerade dann erkennen wir, wie wichtig und erleichternd es ist, auf andere Menschen zurückgreifen zu können. Also nehmen Sie sich jetzt die Zeit, die Sie benötigen, um in aller Ruhe darüber nachzudenken, wie es um Ihre zwischenmenschlichen Beziehungen bestellt ist und was sich eventuell daran verbessern ließe. Nutzen Sie dazu die folgenden Fragen.

Meine zwischenmenschlichen Beziehungen

Zu welchen Menschen aus meinem privaten Lebensbereich habe ich eine sehr gute Beziehung, und aus welchen Gründen ist diese Beziehung so gut?
Namen: Gründe:

___

___

___

Zu welchen Menschen aus meinem beruflichen Umfeld habe ich eine sehr gute Beziehung, und aus welchen Gründen ist diese Beziehung so gut?
Namen: Gründe:

___

___

___

Zu welchen Menschen aus meinem privaten Lebensbereich habe ich keine so gute Beziehung, und aus welchen Gründen ist diese Beziehung nicht so gut?
Namen: Gründe:

___

___

___

Zu welchen Menschen aus meinem beruflichen Umfeld habe ich keine so gute Beziehung, und aus welchen Gründen ist diese Beziehung nicht so gut?
Namen: Gründe:

___

___

___

Was könnte ich tun, damit diese Beziehung wieder besser wird?
Name: Aktion:

____

____

____

Wenn ich bereit bin, diese Beziehung zu optimieren, wann beginne ich damit?
Name: Zeitpunkt:

____

____

____

Sicherlich ist Ihnen aufgefallen, dass bei diesen Beziehungsfragen stets das Wort „ich" vorkommt und nicht gefragt wurde: Was kann der andere tun, damit diese Beziehung wieder besser wird? Das hat drei Gründe.

Der erste Grund ist, dass Sie die Verantwortung tragen, wenn Sie irgend etwas in Ihrem Leben ändern bzw. verbessern wollen. Sehr schön können Sie das unter dem Punkt „Eigenverantwortung" in diesem Kapitel nachlesen.

Der zweite Grund ist, dass wir keinen (anderen) Menschen ändern können, außer uns selbst. Das Einzige, was wir bewerkstelligen können, ist, den anderen Menschen dazu zu veranlassen, sich selbst zu ändern. Und das funktioniert am besten durch die eigene Vorbildwirkung. Ob Sie Kinder erziehen oder Mitarbeiter führen, die schnellsten Ergebnisse erzielen Sie durch Ihre eigene Vorbildwirkung. Probieren Sie es aus.

Und der dritte Grund ist ganz einfach: **Sie** lesen dieses Buch und nicht Ihr Kollege, Freund oder Partner. Also gehen Sie ran an die Optimierung Ihrer Beziehungen, wenn dies nötig ist.

Der *letzte Faktor*, der es erleichtert, sich selbst zu begeistern, ist Ihre *Gesprächsführungsqualität*, also Ihre Kommunikationsfähigkeit, die natürlich eng mit der Qualität Ihrer zwischenmenschlichen Beziehungen zusammenhängt und ebenfalls eine wichtige Voraussetzung für Ihre Verkaufserfolge ist. Wer begeisternd und qualitativ gut kommunizieren kann, tut sich in aller Regel leichter im Umgang mit seinen Mitmenschen. Leichter in vielerlei Beziehung. Zum einen sind viele Probleme, die zwischen Menschen bestehen, Kommunikationsprobleme und zum anderen erleichtert eine ausgeprägte Kommunikationsfähigkeit Ihnen die Überzeugungsarbeit, wenn Sie andere Menschen für Ihre Ziele begeistern möchten. Letztendlich möchten Sie ja auch jeden Kunden für Ihre Ziele begeistern. Denn als erfolgreicher Verkäufer ist es sicherlich Ihr Ziel, einen zufriedenen Kunden zu haben. Und wirklich zufrieden ist ein Kunde nur, wenn Sie ihm in Ihrem Geschäft seine jeweiligen Wünsche erfüllen können.

Was zählt nun alles zu den *Gesprächsführungsqualitäten*?

Die erste Qualität, die Sie besitzen sollten, um erfolgreiche Gespräche führen zu können, ist das Hinhören. Hinhören ist eine Grundvoraussetzung für erfolgreiche Verkaufsgespräche. Sehr viele Menschen können hervorragend zuhören, nur sehr wenige Menschen können allerdings aufmerksam hinhören. Wie das Wort „zuhören" schon sagt, handelt es sich bei einem „Zuhörer" um einen Menschen, der „zu"hört. Salopp gesagt: Er macht eigentlich „zu".

Ein Hinhörer dagegen hört hin. Natürlich ist dies nur ein Wortspiel, es soll Ihnen aber verdeutlichen, wie wichtig es für eine gute Gesprächsführung ist, aufmerksam zu sein, wenn der oder die andere spricht.

Der erste Vorteil, wenn Sie aufmerksam hinhören, ist natürlich, dass Sie wesentlich mehr Informationen von Ihrem Gesprächspartner erhalten als ein normaler Zuhörer.

Der zweite Vorteil liegt darin begründet, dass Sie durch aufmerksames Hinhören Ihrem Gesprächspartner das Gefühl vermitteln: „Ich interessiere mich für dich." Dieses Gefühl ist für viele ein so wertvolles Gefühl, dass diese Menschen viel eher bereit sind, Ihren Vorschlägen und Ausführungen zu folgen, als sie es sonst wären. Achten Sie einmal bewusst darauf, wie wenige Menschen wirklich aufmerksam hinhören können. Sie erkennen dies an der Tatsache, dass Menschen oft aneinander vorbeireden. Wer sich gerne Filme

Durch aufmerksames Hinhören vermitteln Sie Ihrem Gesprächspartner die Botschaft: „Ich interessiere mich für dich."

von Loriot anschaut, der bekommt auf humorvolle Art und Weise vorgeführt, wie Menschen aneinander vorbeireden, ohne es zu merken. Und warum lachen wir so gerne bei diesen Filmen? Weil wir uns wiedererkennen oder uns zumindest an ähnlich geführte Gespräche erinnern.

Zu einer überdurchschnittlich guten Gesprächsführung gehört selbstverständlich auch, sich auf seinen Gesprächspartner einstellen zu können. Damit Sie das können, benötigen Sie neben sehr guten „Hinhörqualitäten" vor allen Dingen ein echtes Interesse an Ihrem Gesprächspartner. Denn nur wenn Sie an Ihrem Gegenüber und an dem, was er zu sagen hat, wirklich interessiert sind, können Sie sich auch auf ihn einstellen. Erst dann bekommt er das Gefühl, dass alles, was Sie sagen, auf ihn abgestimmt ist. Dass diese Qualität im Verkauf eine Grundvoraussetzung ist, brauche ich Ihnen sicherlich nicht zu sagen.

Echtes Interesse am Gegenüber ist eine Grundvoraussetzung für Qualität im Verkauf.

Eine weitere Hilfe für das Zustandekommen guter Gespräche ist Ihr Wortschatz. Damit meine ich die Worte, die Sie einsetzen, um sich verständlich zu machen, sich auszudrücken. Die deutsche Sprache besteht inklusive der eingedeutschten Fremdwörter aus mehreren Zehntausenden von Begriffen. Was glauben Sie, wie viele Worte ein deutscher Bundesbürger im Durchschnitt verwendet? Eine bekannte deutsche Boulevardzeitung verwendet im Durchschnitt 600 Worte, überregionale Tageszeitungen ca. 1200 Worte. Der aktive Wortschatz des durchschnittlichen Bundesbürgers umfasst ca. 800 Worte. Und das in einer Sprache, die ungefähr 60.000 Worte zur Verfügung stellt! Wir verfügen also über eine Vielzahl an Optionen, um unseren aktiven Wortschatz zu erweitern. Und wer seinen persönlichen Wortschatz erweitert, der besitzt natürlich zahlreiche Möglichkeiten, sich auf die unterschiedlichen Ausdrucksformen anderer Menschen einzustellen.

Wie werde ich nun zu einem guten Hinhörer, zu einem aufmerksamen Gesprächspartner und vor allen Dingen, wie kann ich meinen Wortschatz erweitern? Auch diese Antwort kennen Sie schon. Durch Training, denn auch hier gilt: Übung macht den Meister oder anders ausgedrückt: Es ist noch kein Meister vom Himmel gefallen.

Starten wir einmal mit dem *Hinhören.*

Das Hinhören können Sie täglich und überall trainieren, denn in jedem Gespräch, das Sie führen, bietet sich dazu eine Gelegenheit.

Bei diesem Training sollten Sie alle Impulse, die Ihnen durch den Kopf gehen, ausschalten, damit Ihnen auch nichts entgeht. Vielleicht wird Ihnen an einem Beispiel am besten klar, was es mit diesem Training auf sich hat.

In einem Geschäft äußert eine Kundin ihren Kaufwunsch etwa folgendermaßen: „Ich suche ein kurzärmeliges Kleid, für unseren Urlaub auf Sylt. Es sollte aus reiner Baumwolle sein, aber bitte auf keinen Fall grün." Die Verkäuferin geht zu dem Kleiderregal und holt ein kurzärmeliges Baumwollkleid in der Farbe grün heraus. Jetzt ist sie völlig überrascht, dass die Kundin sie in einem energischen Ton anfährt: „Ich habe Ihnen doch gesagt, auf keinen Fall die Farbe Grün!" Die Verkäuferin denkt sich jetzt: „Ja, wenn sie es mir gesagt hätte, dann hätte ich doch auch kein grünes Kleid gezeigt. Die Kunden werden immer unverschämter!"

Jetzt haben Sie den Vorteil, dass Sie, anders als in der Praxis, die Aussage der Kundin sogar nachlesen konnten. Wie ist es nun zu diesem Missverständnis gekommen? Als die Kundin sagte, sie möchte ein kurzärmeliges Kleid für den Urlaub, hat sie dadurch bei der Verkäuferin einen inneren Impuls ausgelöst. Dieser könnte folgendermaßen ausgesehen haben: „Mensch Urlaub, das wäre jetzt auch etwas für mich!" Und während sie diesem Gedanken nachhing, sagte die Kundin: „Aber auf keinen Fall grün!" Und diese Aussage hat die Verkäuferin schon nicht mehr gehört. Ihnen ist das noch nicht passiert? Ehrlich gesagt, ich glaube schon. Nur denke ich, dass Sie es in den meisten Fällen nicht bemerkt haben, da die meisten Kunden nicht so barsch reagieren wie die Kundin bei unserem Beispiel. Vielleicht kann ich Sie aber auch anhand eines Beispiels aus dem privaten Bereich davon überzeugen, dass wir hin und wieder nicht so ganz aufmerksame Hinhörer sind.

Eine Frau kommt aus der Stadt zurück und erzählt ihrem Mann, was sie bei ihrem Stadtbummel alles besorgt hat. Darauf antwortet er Folgendes: „Warum hast du mir denn nicht gesagt, dass du in die Stadt fährst? Ich wäre so gerne mitgekommen, um meine Sachen zu besorgen!" „Also, da hört doch alles auf", antwortet sie, „natürlich habe ich dir gestern Abend erzählt, dass ich heute in die Stadt fahre. Und du hast sogar genickt!" „Das gibt es doch gar nicht! Unterstellst du mir, dass ich taub bin, oder was?", antwortet ihr Mann weniger freundlich. Den Rest des Gespräches ersparen wir uns lieber.

Hat die Frau ihrem Mann nun von ihrem Vorhaben erzählt oder nicht? Sehr wahrscheinlich ja. Nur war er gedanklich irgendwo anders. Er hat seiner Frau zwar zugenickt, doch an alles Mögliche gedacht, nur nicht hingehört. Kommt Ihnen diese Geschichte bekannt vor? Mir, ehrlich gesagt, schon. Deshalb rate ich Ihnen, mit einer Minute „Hinhörtraining" zu beginnen und einmal darauf zu achten, wie viele Impulse Ihnen in dieser einen Minute durch den Kopf gehen. Und wenn Sie es schaffen, diese Impulse eine Minute unter Kontrolle zu halten und Ihrem Gesprächspartner eine ganze Minute Ihre ungeteilte Aufmerksamkeit zu schenken, dann erhöhen Sie Ihre Trainingszeit auf zwei Minuten. So verlängern Sie Stück für Stück Ihre „Hinhörzeiten".

Echtes Interesse an anderen Menschen zu trainieren, das wiederum ist eine einfache Übung, die nur eines erfordert: den anderen Menschen während des Gespräches in den Mittelpunkt des Gespräches zu stellen. Also das, was Sie im Verkauf ohnehin machen sollten, können Sie auch in Ihren privaten Gesprächen trainieren. Die erste Voraussetzung ist logischerweise das aufmerksame Hinhören, die zweite Voraussetzung ist das wirkliche Interesse an dem Gegenüber. Häufig meinen wir, schon alles von und über den anderen zu wissen. Diese Gefahr droht besonders bei Menschen, die wir schon lange kennen oder mit denen wir häufig, sogar täglich zusammen sind. Ich verspreche Ihnen, wenn Sie Ihr Interesse trainieren und nicht einfach weghören, dann entdecken Sie auch bei Menschen in Ihrer direkten Umgebung immer wieder neue Aspekte.

Wie oft hört man zum Beispiel von Eltern folgende Sätze über ihre Kinder sagen: „Also, das hätte ich nie von meinem Kind gedacht, dass es so etwas machen könnte!" Und diese Aussage kommt, obwohl dieses Kind vielleicht schon 10 oder 15 Jahre im gleichen Haushalt lebt. Wahrscheinlich hätte man auch dort einiges „heraushören" können, aber die Eltern dachten: „Wir kennen unser Kind schon!"

Unabhängig davon, wie oft Sie mit einem Menschen sprechen, es ist jedes Mal ein Mensch, der sich in der Zwischenzeit weiterentwickelt hat! Anders ausgedrückt ist jedes Gespräch eine äußerst spannende Angelegenheit, die für Sie ein Interessentraining sein kann. Und wenn Menschen spüren, dass Sie sich wirklich für sie interessieren, gewinnen Sie meistens auch ihr Interesse. Außerdem vermeiden Sie dadurch manch unnötige Auseinandersetzung, die häufig nur durch zu wenig Interesse aneinander ausgelöst wird.

Ihren Sprachwortschatz erweitern Sie ebenfalls durch Training. Der erste Schritt besteht darin, dass Sie sich bemühen, Ihre Sprache so abwechslungsreich wie möglich zu gestalten. Dabei sind Ihnen alle anderen Menschen, mit denen Sie sprechen, behilflich. Denn jeder Mensch drückt sich auf seine ganz persönliche Art und Weise aus.

Der zweite Schritt besteht in dem *aktiven Training zusätzlicher Ausdrucksmöglichkeiten*. Hierfür ist es ganz nützlich, wenn Sie sich ein Wörterbuch zur Hand nehmen, das sich mit sinn- und sachverwandten Wörtern beschäftigt. Damit ausgerüstet können Sie sehen, wie viele Ausdrücke es in der deutschen Sprache für ein und dasselbe Wort gibt. Alleine für das Wort „hübsch" finden Sie im Duden folgende Ausdrücke: „Gutaussehend, attraktiv, anmutig, graziös, lieblich, charmant, betörend, gewinnend, angenehm, lieb, niedlich, reizend, entzückend, bezaubernd, süß, herzig, goldig, schön, bildschön, bildhübsch, dufte, anziehend, geschmackvoll". Ein paar Worte habe ich Ihnen unterschlagen, da ich sonst fast eine ganze Seite gebraucht hätte.

Auch das Lesen von Büchern unterschiedlicher Autoren erweitert natürlich Ihren Wortschatz. Es muss ja nicht immer ein Fachbuch sein. Wer natürlich nichts anderes als eine Boulevardzeitung liest, der darf sich nicht wundern, dass sein Wortschatz eher bescheiden bleibt. Aber das betrifft Sie ja nicht, denn Sie haben dieses Buch schon bis hierher gelesen. Dafür, so zwischendurch, mein herzliches Dankeschön!

So, das waren jetzt eine Menge Tipps, die Ihnen bei Ihrer eigenen Begeisterungsstrategie behilflich sein werden. Und wenn Sie wirklich alle Fragen und Checklisten beantwortet haben, dann werden Sie schon eines festgestellt haben: Es ist wichtig und auch angenehm, sich ein bisschen Zeit zu nehmen und über sich und sein Leben nachzudenken. Und wenn Sie die Aktivitätsaufforderungen in diesem so wichtigen Kapitel noch nicht beherzigt haben, dann sage ich es Ihnen jetzt noch einmal ganz deutlich:

Sie haben es verdient, sich Zeit zu nehmen für sich und Ihre Begeisterungsstrategie.

Im nächsten Kapitel geht es dann um die Begeisterung Ihrer Kunden. Und damit Sie diese begeistern können, begeistern Sie erst einmal sich selbst. Dann ist das Begeistern der Kunden ein Kinderspiel für Sie!

Das Wichtigste in Kürze und Ihre persönlichen Gedanken dazu:

Entwickeln Sie Ihr Interesse für alles Neue und Ungewöhnliche.
Meine Gedanken dazu:

____

Stärken Sie Ihre Eigenverantwortung und machen Sie sich dadurch unabhängig von äußeren Umständen.
Meine Gedanken dazu:

____

Stecken Sie sich immer wieder neue Ziele und planen Sie den Weg, um diese zu erreichen.
Meine Gedanken dazu:

____

Erkennen Sie Ihre Werte und leben Sie danach.
Meine Gedanken dazu:

____

Gehen Sie bewusst mit Ihrem Energiehaushalt um, tanken Sie also regelmäßig neue Energie auf.
Meine Gedanken dazu:

____

Optimieren Sie Ihre Beziehungen zu anderen Menschen.
Meine Gedanken dazu:

____

Entwickeln Sie Ihre Gesprächsführungsqualitäten.
Meine Gedanken dazu:

____

3.2 Wie begeistere ich meine Kunden?

Nachdem wir uns mit Ihrer persönlichen Begeisterungsstrategie beschäftigt haben, wenden wir uns nun Ihren Kunden zu.

Was erwarten die Kunden vom Fachhandel? Was könnten wir tun, um Kunden heutzutage zu begeistern? All das sind Fragen, die wir in diesem Kapitel in aller Ruhe besprechen werden. Zuallererst müssen wir uns Gedanken darüber machen, weshalb ein Kunde überhaupt unser Geschäft betritt. Muss er heute überhaupt noch in unser Geschäft kommen oder muss er es nicht? Die Antwort ist ganz einfach: Die Menschen, die in Deutschland Kleidung wirklich noch brauchen, gehen in die Kleiderkammern der Wohlfahrtsverbände. Die Kleiderschränke unserer Kunden sind heutzutage in der Regel mehr als voll. Ein Kunde, der heute einkauft, „braucht" nichts. Heutzutage sprechen wir vom „Einkaufen jenseits des Bedarfs", und das heißt für uns im Verkauf: Wir müssen Menschen, die Kleidung nicht wirklich „brauchen", für diese begeistern und zum Kaufen zu animieren.

Einkaufen jenseits des Bedarfs bedeutet, Menschen, die Kleidung nicht wirklich „brauchen", für diese zu begeistern und zum Kaufen zu animieren.

Wer meint, mit vollen Rundständern Geschäfte machen zu können, der irrt sich gewaltig. Kunden wollen begeistert werden. Sie verbringen ihre Freizeit in unseren Geschäften und wollen dort Spaß und Freude erleben. Und dies nicht nur mit der gekauften Ware, sondern bereits während des Verkaufsgespräches.

Damit uns das auch immer gelingt, brauchen wir eine Grundvoraussetzung: unsere eigene Begeisterung. Denn nur wer selbst begeistert ist, kann auch andere begeistern. Wenn man morgens selbst schon schlecht gelaunt in sein Geschäft geht, braucht man nicht zu erwarten, dass man seine Kunden begeistern kann. Herr Frustig gibt uns da ein anschauliches Beispiel:

Es ist 9.29 Uhr, und Herr Frustig betritt seine Abteilung. Obwohl er schon mehrmals von seinen Kollegen begrüßt wurde, hat er heute noch keinen Gruß erwidert. Jedes Mal, wenn eine Kollegin oder ein Kollege ihn begrüßt, denkt er sich: „Manche lernen es nie. So langsam müsste es sich doch herumgesprochen haben, dass ich morgens meine Ruhe haben will. Jetzt bin ich schon 20 Jahre in diesem Saftladen und somit der Dienstälteste, aber immer noch haben die Jungen keinen Respekt vor mir und grüßen mich mit einer Fröhlichkeit, dass es einem die Socken auszieht! Es ist schon widerlich, wie gut gelaunt manche Zeitgenossen am frühen Mor-

gen sind." Als er in seiner Abteilung ankommt, erblickt er schon von weitem seinen Lieblingskollegen, Herrn Sorge. „Na, heute schon Zeitung gelesen, lieber Kollege", begrüßt er Herrn Sorge, „jetzt geht es endgültig abwärts mit diesem unserem Lande. Mit unserer Rente wird es ja wohl auch nichts mehr werden. Ich hab's ja schon immer gesagt!" Herr Sorge nickt nur zustimmend und antwortet: „Wenn es nur mehr solche Realisten wie dich gäbe, dann sähe unsere Welt gleich viel besser aus. Übrigens, hast du schon gesehen, der Chef hat sich einen neuen Wagen geleistet. Unsereins rackert sich ab, und der sitzt in seinem Büro und kauft sich alle paar Jahre ein neues Auto. Frei nach dem Motto: Je größer, desto schöner. Das macht alles keinen Spaß mehr."

Gerade in diesem Moment betritt ein Ehepaar die Abteilung und läuft zielstrebig auf Herrn Frustig zu: „Junger Mann, können Sie uns bitte helfen? Wir suchen einen Anzug für meinen Mann." „Aha, Sie suchen einen Anzug für Ihren Mann!", antwortet Herr Frustig etwas spöttisch. „Da hinten rechts finden Sie und Ihr Mann unsere Anzüge!" Während das Ehepaar sich in Richtung hintere rechte Ecke bewegt, denkt sich Herr Frustig: „Dass es immer noch so arme Männer gibt, die unter dem Pantoffel ihrer Frau stehen und sich noch nicht einmal alleine ihre Anzüge kaufen können." Gerade als er das zu Ende gedacht hat, sieht er, wie das Ehepaar, nach einem kurzen Blick auf das riesige Anzugangebot, das Geschäft wieder verlässt. „Na, sage ich doch immer, unser Sortiment ist viel zu modisch!", denkt sich Herr Frustig nun.

Bei Herrn Lustig sieht der Tagesbeginn etwas anders aus. Bereits 30 Minuten vor Arbeitsbeginn ist er in seinem Geschäft, setzt Kaffee für sich und seine Kollegen auf. Dann begrüßt er jeden Kollegen mit Handschlag und einem freundlichen Spruch auf den Lippen. Zehn Minuten vor dem „Startschuss", wie er die Öffnung des Geschäftes nennt, holt er die ganze Mannschaft der Abteilung zusammen. „Heute lautet unser Tagesmotto: ‚Begeisterte Kunden sind gute Kunden'", beginnt er seine morgendliche Ansprache. „Bevor wir loslegen, habe ich mir gedacht, dass wir uns gemeinsam Gedanken machen, wie wir heute unsere Kunden besonders überraschen können. Ich habe eine Flipchart dabei, und jeder kann mir seine Ideen einfach zurufen. Ich notiere alle Vorschläge und wir schauen gemeinsam, was wir heute davon umsetzen können. Also, auf geht's!" Innerhalb weniger Minuten hat Herr Lustig einige Vorschläge zur Kundenbegeisterung auf die Flipchart gebracht. Sein Team entscheidet sich für ein paar leicht umsetzbare Ideen, auf die an diesem Tag besonderer Wert gelegt wird. „Und morgen früh schauen wir einmal, wie die Kunden auf die kleinen Begeisterungselemente reagiert haben. Ich wünsche euch und mir einen begeisterten Tag mit vielen kauffreudigen Kunden!" Mit diesen Worten beendet er sein kurzes morgendliches Meeting und freut sich auch heute wieder über das Strahlen seiner Kolleginnen und Kollegen.

Da kommt auch schon der erste Kunde auf ihn zu und fragt, ob er sich nach Hosen umschauen darf. „Wissen Sie was, ich gehe am besten gleich einmal mit Ihnen und zeige Ihnen, wo Sie Ihre Größe finden", antwortet Herr Lustig freundlich. „Darf ich Sie erst einmal zu einem Espresso einladen?" Der Kunde lehnt zwar den Espresso ab, da er gerade einen Kaffee getrunken hat. Aber Herr Lustig sieht ihm an, dass er sich riesig über sein Angebot gefreut hat. Und so kann er dem Kunden nicht nur die richtige Hosengröße zeigen, sondern ihn auch gleich in ein Gespräch in Bezug auf Passformen und Qualitäten beraten. Nachdem der Kauf perfekt ist, bietet Herr Lustig noch einmal einen Espresso an. Jetzt nimmt der Kunde sogar dankbar dieses Angebot an. „Mensch, das wird wieder ein klasse Tag! Ich verstehe gar nicht, wieso so viele Kollegen immer behaupten, dass die Kunden so schwierig geworden sind. Bei uns ist fast jeder Kunde äußerst freundlich und dankbar", denkt sich Herr Lustig und freut sich schon auf die nächsten Kunden.

Sie verstehen sicherlich, woran es liegt, dass Herr Lustig sich über die meisten seiner Kunden freut und Herr Frustig zu den Kollegen gehört, die sich häufig über „die Kunden" beschweren. Denn wie in diesem Beispiel andeutungsweise klar wurde, zieht sich jeder die Kunden heran, die er auch haben möchte. Meistens unbewusst, doch mit ziemlicher Präzision.

Stellen Sie sich einmal vor, Herr Frustig hätte von morgens bis abends begeisterte, freundliche und dankbare Kunden. Das wäre die reinste Katastrophe für ihn. Denn über wen könnte er dann noch schimpfen und jammern?

Achten Sie also einmal darauf, welche Kundentypen in den unterschiedlichen Geschäften einkaufen. Und zwar in Bezug auf folgende Kriterien: Sind sie freundlich oder unfreundlich, dankbar oder undankbar, überheblich oder zugänglich. Und dann vergleichen Sie Ihre Beobachtung mit den jeweils anwesenden Mitarbeitern. Ich verspreche Ihnen, Sie werden zu einem erstaunlichen Ergebnis kommen. In den meisten Fällen werden Sie einen direkten Zusammenhang zwischen der Ausstrahlung der Mitarbeiter und der Ausstrahlung der Kunden feststellen.

Zwischen der Ausstrahlung der Mitarbeiter und der Ausstrahlung der Kunden gibt es einen direkten Zusammenhang.

Ich selber merke das bei Mitarbeitertrainings in Filialbetrieben immer wieder. Das sieht dann folgendermaßen aus:

Am Montag trainiere ich die Mitarbeiter der Filiale A einer großen Stadt. Nach einer kurzen Warmlaufphase legen die Mitarbeiter los: „Wissen Sie was, Herr Nemeth, mit den Kunden wird es immer schwieriger. Heutzutage noch jemanden zufrieden zu stellen, das ist fast unmöglich. Wenn Sie wüßten, wie viele unzufriedene und ungezogene Kunden wir haben, da hätten selbst Sie die Nase voll. Umtausche und Reklamationen unfreundlicher Kunden nehmen bei uns fast mehr Zeit in Anspruch als die eigentlichen Verkaufsgespräche."

Zwei Tage später startet das Training in der Filiale B des gleichen Unternehmens. Bereits vorgewarnt aus dem Training der Filiale A, frage ich ganz vorsichtig: „Und wie sieht es bei Ihnen mit der Kundenzufriedenheit aus? Haben Sie auch so viele Probleme, Ihre Kunden zufrieden zu stellen?" „Wie bitte? Probleme mit den Kunden? Was ist denn das?", antworten mir dann die Mitarbeiter. „Im Großen und Ganzen kennen wir dieses Wort überhaupt nicht. Die meisten Kunden zeigen sich dankbar und aufgeschlossen, wenn sie bei uns gut beraten werden. Außerdem haben wir eine riesengroße Anzahl von Stammkunden, zu denen wir fast ein freundschaftliches Verhältnis haben. Wie kommen Sie denn darauf, dass wir Probleme hätten?" Und schon muss ich mich fast für meine Frage entschuldigen. Denn eines fällt mir erst jetzt so richtig auf: Die Gesichter der Teilnehmer zu Beginn des Seminars waren ziemlich unterschiedlich. Filiale A begrüßte mich mit weniger freundlichen Gesichtern, Filiale B strahlte mich gleich von Anfang an an.

Und genau das war mir auch bei den Besuchen in beiden Filialen aufgefallen. In Filiale A sah ich vorwiegend etwas mürrisch und unfreundlich dreinblickende Verkäufer und Verkäuferinnen. In Filiale B bemerkte ich sofort die freundlichen und offenen Blicke der Mitarbeiterinnen und Mitarbeiter. Die eine Filiale zieht Problemkunden an. Und bei der anderen Filiale ist es genau umgekehrt. In diesem Geschäft wimmelt es nur so von freundlichen Kunden, die sich von der Ausstrahlung der Mitarbeiter angezogen fühlen.

Erst kürzlich ist mir dieses Phänomen anläßlich eines Amerikaaufenthaltes wieder aufgefallen. Als ich mit einem Kunden nach New

York geflogen bin, um mir die Servicekonzepte der amerikanischen Mode- und Textilunternehmen anzusehen, fiel uns gleich am ersten Tag unserer Entdeckungsreise Folgendes auf: In den Geschäften, in denen mehr los war, fanden wir auch die freundlicheren Mitarbeiter. Und was uns ganz besonders auffiel, war, dass selbst die „Doormen", also die Wachleute vor den Geschäften, dort eine viel positivere und freundlichere Ausstrahlung hatten als die „Doormen" vor den Shops mit weniger Kundenfrequenz. Selbst an der Kasse waren die Mitarbeiter hier freundlicher als in den übrigen Geschäften. Und diese Freundlichkeit konnte man auch in den Gesichtern der Kunden wieder erkennen.

Also bewahrheitet sich auch in dem hochgelobten Amerika das deutsche Sprichwort: „Gleiches zieht Gleiches an!" Denn weder sind die amerikanischen Kunden im Durchschnitt freundlicher als diejenigen in Europa, noch sind es die amerikanischen Mitarbeiter. Auch in Amerika hat jeder die freie Wahl, freundlich und begeistert durchs Leben zu ziehen oder eben nicht. Und auch dort gibt es keine Wunderdroge, die allen ein dauerhaftes Lächeln oder eine permanente Begeisterung ermöglicht.

Damit wäre das Kapitel „Wie begeistere ich meine Kunden?" eigentlich auch schon beendet. Das Fazit lautet schon jetzt: „Lies die vorhergehenden Kapitel über die eigene, persönliche Begeisterungsstrategie durch. Und vor allen Dingen arbeite diese Kapitel durch. Das alleine genügt schon, um deine Kunden zu begeistern. That's it! Das ist es!", wie der Amerikaner sagt. Doch natürlich gibt es neben dieser Grundphilosophie eine Reihe von Methoden, um Kunden glücklich zu machen und gleichzeitig gute Umsätze zu erzielen. Davon wird später im 4. Kapitel noch die Rede sein.

Ein paar Erfolgsformeln für die Kundenbegeisterung sehen wir uns jetzt schon einmal etwas genauer an:

Verkaufe mit Begeisterung!

Führe deine Kunden in einen begeisterten Zustand!

Leiste mehr, als deine Kunden von dir erwarten!

Die Kundenbegeisterungs-Formel Nr. 1: *Verkaufe mit Begeisterung!* haben Sie sicherlich mittlerweile verinnerlicht. Gemeint ist, dass

Sie nicht nur begeistert verkaufen, sondern vor allen Dingen auch begeistert leben sollen. Darüber haben wir im vorhergehenden Kapitel ausführlich gesprochen.

Sie können sich also folgende Fragen stellen: „Was finde ich begeisternd am Verkauf?“ oder: „Wie kann ich mich für meine Verkaufsgespräche begeistern?“, „Was erschwert meine Begeisterung im Verkauf?“ und „Was kann ich dafür tun, um diese Erschwernisse in Begeisterungsfaktoren umzuwandeln?“

Fangen wir einmal mit dem an, was Sie begeisternd an Ihren Verkaufsgesprächen finden können. Zum einen kann das die Ware sein, die Sie an den Mann oder die Frau bringen können. Es wäre natürlich eine ganz hervorragende Ausgangsbasis, wenn Sie zum einen die Materie Mode, Textilien und Accessoires von Natur aus lieben. Wichtig ist nun, sich immer wieder aufs Neue dafür zu begeistern.

Kennen Sie das Gesetz der Vertrautheit? Ich will es Ihnen verraten, denn es ist ein Gesetz, das uns Menschen immer wieder Steine in den Weg legt.

Das Beispiel von Herrn Frustig zeigt hervorragend, wie das Gesetz der Vertrautheit funktioniert. Denn alles Angenehme, was Herrn Frustig in seinem Leben umgibt, nimmt er nicht mehr als angenehm wahr. Auch wir schätzen das, was uns tagtäglich umgibt, häufig nicht. Das fängt bereits zu Hause an und setzt sich in unserem Beruf fort.

Wie sieht es da bei Ihnen aus? Wie dankbar sind Sie für Ihren Partner, für Ihr Zuhause oder vielleicht für Ihre Kinder? Wie begeistert sind Sie von Ihrer Arbeitsstelle, Ihrem Unternehmen oder Ihren Kollegen? Sehr häufig schätzen wir dummerweise viele Dinge erst, wenn wir sie nicht mehr besitzen. Gerade wenn man täglich mit schöner Ware umgeht, neigen wir also oft dazu, diese Ware nicht mehr zu schätzen. Das gilt auch für Ihren Arbeitsplatz. Wie sehr genießen Sie es, in einer schönen Atmosphäre arbeiten zu dürfen? Wie sehr schätzen Sie es, jeden Tag gut angezogen zur Arbeit gehen zu können? Wie toll finden Sie es, täglich mit anderen Menschen Kontakt zu haben? Wie erleichternd empfinden Sie es, Ware zu verkaufen, nach der sich andere Menschen sehnen?

Ein Mensch, der sich täglich neu begeistert, strahlt dies auch über seinen Körper aus. Diese Körpersignale lügen nicht. Sie sind ein ganz wichtiger Bestandteil für die Begeisterung unserer Kunden. Denn nur wer mit seinem Körper Begeisterung ausstrahlt, steckt auch seine Kunden an.

Was gehört alles zu den sogenannten Körpersignalen? Erstens Ihre Haltung, zweitens Ihre Gestik, drittens Ihre Mimik, also Ihre Gesichtszüge, der physische Abstand zwischen Ihnen und Ihren Kunden und nicht zuletzt Ihr Tonfall. Nehmen wir zum Beispiel Ihre Haltung. Wie gehen Sie durch Ihr Geschäft? Eher gebückt, oder locker und aufrecht? Selbstverständlich können wir uns eine bestimmte Haltung antrainieren. Doch auch das erkennen unsere Kunden. Sie spüren, ob Sie aufrecht stehen müssen, weil man es von Ihnen verlangt, oder ob Sie aus eigenem Antrieb locker, natürlich und aufrecht in Ihrem Geschäft stehen. Wie bewegen Sie Ihre Arme? Offen und herzlich willkommend heißend oder eher zurückhaltend? Benutzen Sie eine offene oder eher eine geschlossene Gestik? Wie ist der Ausdruck Ihrer Gesichtszüge, also Ihre Mimik? Haben Sie ein aufgesetztes Lächeln oder ein natürliches, freundliches Lächeln? Wie ist der Abstand zu Ihrem Kunden? Sehr groß oder eher klein? Wie klingt Ihre Stimme, Ihr Tonfall? Angenehm oder eher gequält und gekünstelt?

Das alles sind Kriterien, an denen Kunden Ihre Begeisterung ablesen können. Ein klein wenig können Sie Ihre Körpersprache sicherlich trainieren. Doch letztendlich schlägt immer wieder Ihre wahre innere Einstellung durch. Es führt also kein Weg daran vorbei, sich immer wieder in eine begeisterte Stimmung zu versetzen, wenn Sie erfolgreich Ihre Kunden begeistern wollen. Dabei hilft Ihnen folgende Checkliste:

Kundenbegeisterungs-Checkliste 1

Was begeistert mich an meinem Beruf?

____

____

____

Was begeistert mich an meinen Kollegen?

____
____
____

Was begeistert mich an meinem Arbeitsplatz?

____
____
____

Was begeistert mich an meinem Sortiment?

____
____
____

Was begeistert mich an meinem Unternehmen?

____
____
____

Was begeistert mich an meinen Kunden?

____
____
____

Was begeistert mich an meinen Verkaufsgesprächen?

____
____
____

Sollten Sie bereits einige Fragen in einem vorherigen Kapitel beantwortet haben, können Sie diese Antworten gerne auch in dieser Checkliste verwenden. Wichtig ist nur, dass Sie sich über jede einzelne Frage Gedanken machen.

Haben Sie nun eine Menge Begeisterungsfaktoren gefunden? Achten Sie dabei ruhig auch auf die vielen kleinen Faktoren, an denen Sie sich begeistern können, gerade diese kleinen Begeisterungsfaktoren werden im Alltag oft übersehen und dadurch nicht mehr zur persönlichen Motivation genutzt.

Kommen wir nun zur nächsten Kundenbegeisterungs-Formel:

Führe deine Kunden in einen begeisterten Zustand!

Wie führt man einen anderen Menschen in einen begeisterten Zustand? Ihre Kunden möchten natürlich genau die gleichen Gefühle wie Sie verspüren: Spaß, Freude und Begeisterung! Wenn Kunden heutzutage einkaufen gehen, muss man sich immer wieder bewusst machen, dass Kunden diese Zeit vor allen Dingen nutzen möchten, um sich etwas Gutes zu tun. Zum einen trägt natürlich die Kleidung, die sich Ihre Kunden kaufen, dazu bei, dass sie sich etwas Gutes tun. Aber es gibt natürlich jede Menge zusätzlicher Faktoren, die Ihre Kunden in einen begeisterten Zustand führen. Am besten erfahren Sie, was Ihre Kunden begeistert, wenn Sie Ihre Kunden befragen.

Dafür gibt es zum einen das Hilfsmittel der Kundenbefragungsbögen. Diese Methode ist sehr weit verbreitet und wird mittlerweile in vielen anderen Branchen, wie zum Beispiel in Hotels und Restaurants, eingesetzt. Es gibt aber auch noch eine andere Möglichkeit, mit der Sie herausfinden können, wie Sie Ihre Kunden begeistern können: Fragen Sie sich einfach selbst, was Sie als Kunde begeistern würde! Denn Sie sind ja auch ab und zu Kunde und daher geradezu prädestiniert für Ihre persönliche Kundenbefragung. Was würde Sie denn alles begeistern, wenn Sie sich in einem Geschäft beraten lassen? Sicherlich fällt Ihnen dazu eine Menge ein! Also, nichts wie ran an die eigene Kundenbefragung. Auch hierzu gibt es eine Checkliste:

Kundenbegeisterungs-Checkliste 2

Wodurch könnte mich ein Verkäufer bzw. eine Verkäuferin begeistern?

____

____

____

Wie könnte man mich in einem Geschäft empfangen, damit ich von Anfang an begeistert bin?

____

____

____

Was sollte man tun, damit ich mich gleich wohl fühle?

____

____

____

Was sollte man vermeiden?

____

____

____

Welche Ausstrahlung sollten die Mitarbeiter in einem Fachgeschäft haben, damit ich gerne dort einkaufe?

____

____

____

Welche Ausstrahlung sollten sie lieber nicht haben?

____

____

____

Wenn ich mich nur umschauen möchte, wie sollten die Mitarbeiter reagieren?

____

____

____

Wenn ich gleich oder später einen bestimmten Wunsch habe, was würde meine Begeisterung und meine Einkaufslust steigern?

____

____

____

Welches Verhalten würde meine Einkaufslust reduzieren?

____

____

____

Welche Serviceleistungen würden meine Stimmung positiv beeinflussen?

____

____

____

Wie sollte man mir die Ware präsentieren?

____

____

____

Wenn ich mich für einen oder mehrere Artikel entschieden habe, was könnte man tun, um mich auch nach der Kaufentscheidung zu begeistern?

____

____

____

Wie kann man mich sogar an der Kasse noch positiv beeinflussen?

____

____

____

Wie sollte man mich verabschieden, damit ich ein freudiges Gefühl mit nach Hause nehme?

____

____

____

Und was hat Ihnen Ihr Kunde geantwortet? Sicherlich haben Sie viele gute Ideen gehabt! Genau um diese geht es in Ihrem täglichen Geschäft. All das, was Sie als Kunde in anderen Geschäften erwarten, erwartet Ihr Kunde auch bei Ihnen. Allerdings muss man, wenn man Sie wirklich begeistern möchte, wahrscheinlich Ihre Erwartungen übertreffen, oder? Wenn man heutzutage die Erwartungen „nur" erfüllt, gehört man zum Durchschnitt und ist noch weit entfernt von einer Kundenbegeisterungsstrategie. Die Erwartungen der Kunden zu übertreffen erfordert schon ein hohes Maß an Engagement und Ideenreichtum. Und da sind wir schon bei der nächsten Kundenbegeisterungs-Formel:

Leiste mehr, als deine Kunden von dir erwarten!

Dazu möchte ich Ihnen eine kleine Geschichte erzählen, die mir vor kurzem passiert ist. Als ich spätabends um ca. 23.30 Uhr in einer deutschen Großstadt eintraf, verspürte ich noch einen Bärenhunger. Im Hotel angekommen erkundigte ich mich, ob ich noch irgendwo etwas zu essen bekommen könnte. Nach einiger Zeit des Überlegens schickte mich der Nachtportier in ein nahe gelegenes Restaurant. Als ich nach kurzer Zeit das Lokal gefunden hatte und eintrat, kam sofort eine junge Dame auf mich zu und begrüßte mich folgendermaßen: „Herzlich willkommen! Was darf ich für Sie tun?" Nachdem ich ihr sagte, dass ich noch etwas essen wollte, begleitete sie mich an einen schön gedeckten Tisch und sagte: „Heute abend ist Dany für Sie zuständig und freut sich, gleich zu

Ihnen zu kommen." Kaum ausgesprochen, kam auch schon, freundlich lächelnd, besagter Dany an meinen Tisch: „Hallo, ich bin der Dany und freue mich, heute abend für Sie da zu sein. Was möchten Sie denn Gutes essen?" Ich bestellte eine Kleinigkeit zu essen und eine Cola. Beides brachte mir Dany relativ schnell, nicht ohne mir guten Appetit zu wünschen. Zweimal tauchte Dany noch während des Essens auf und erkundigte sich, ob alles in Ordnung war.

Etwas später gruppierten sich plötzlich alle möglichen Mitarbeiter aus der Küche und aus dem Service um meinen Nachbartisch. „Happy birthday to you", tönte es zu mir und ich sah, wie die junge Dame, die mich empfangen hatte, einem weiblichen Gast am Nachbartisch eine kleine Torte mit einer Kerze überreichte. Anscheinend hatte Dany mitbekommen, dass die junge Dame jetzt um mittlerweile 24.00 Uhr Geburtstag feierte, und schnell noch alle Mitarbeiter mobilisiert. Kurz danach zahlte ich meine Rechnung, woraufhin Dany mir sagte, dass er mich noch zum Ausgang begleiten werde.

Während wir zum Ausgang des Lokals gingen, erzählte mir Dany noch Folgendes: „Wenn Sie einmal eine Betriebsfeier oder Familienfeier veranstalten möchten, dann haben wir dafür einen traumhaften Nebenraum. Haben Sie Lust, sich noch einmal schnell diesen Raum anzuschauen?" Obwohl es mittlerweile schon 0.30 Uhr war, konnte ich dieser netten Aufforderung nicht widerstehen und schaute mir den Nebenraum an. Voller Begeisterung erzählte mir Dany, welche Veranstaltungsmöglichkeiten sich in diesem Raum realisieren lassen würden. Am Restaurantausgang angekommen, verabschiedete sich Dany von mir, nicht ohne mir noch seine Visitenkarte zu übergeben. „Wenn Sie eine Veranstaltung planen, rufen Sie mich an und ich kümmere mich persönlich um die gesamte Abwicklung und Ihre Wünsche. Und jetzt wünsche ich Ihnen noch einen angenehmen Nachhauseweg und einen schönen Abend!"

„Habe ich gerade geträumt oder ist mir dieser Service in diesem Restaurant wirklich passiert?", dachte ich so bei mir. „Da müssen sich aber einige Gastronomen ganz schön warm anziehen, wenn dieses Verwöhnen des Gastes zu so später Stunde weiterhin zunehmen wird." Was ist mir in diesem Lokal passiert? Ganz einfach, meine Erwartungen wurden mehr als übertroffen. Man hat versucht, mich mit Freundlichkeit und außergewöhnlichem Service zu begeistern. Und der Versuch ist absolut gelungen. Mittlerweile habe ich dieses Restaurant noch öfter getestet, und ich wurde jedesmal von neuem überrascht. Für mich sind solche Beispiele immer wieder aufbauend und begeisternd. Denn sie beweisen mir, dass die oft beschriebene Servicewüste immer mehr zu einer Serviceoase wird. Wichtig ist nur, dass Sie und Ihr Unternehmen mit dabei sind!

Damit Ihnen das auch in Zukunft gelingen wird, machen Sie sich immer wieder Gedanken, wie Sie Ihre Kunden begeistern können. Dabei helfen Ihnen sicherlich auch die Checklisten in diesem Kapitel. Und vergessen Sie nicht, dass auch Sie Kunde sind und dass auch Ihre Ansprüche immer höher werden. Sie können also jederzeit an sich selbst erkennen, wie sich die Ansprüche der Kunden weiter entwickeln. Und so haben Sie ein Instrument in der Hand, das Ihnen immer wieder die Gelegenheit gibt, die Kundenwünsche und Erwartungen zu erkennen und vor allen Dingen zu erfüllen.

Das Wichtigste in Kürze und Ihre persönlichen Gedanken dazu:

Wer seine Kunden begeistern möchte, darf zuerst sich begeistern!
Meine Gedanken dazu:

____

Ziehen Sie sich Ihre Kunden selbst heran!
Meine Gedanken dazu:

____

Verkaufen Sie mit Begeisterung!
Meine Gedanken dazu:

____

Fragen Sie sich regelmäßig: Wie und woran kann ich mich täglich neu begeistern?
Meine Gedanken dazu:

____

Fragen Sie sich in regelmäßigen Abständen:
Wie könnte man mich als Kunde begeistern?
Meine Gedanken dazu:

____

Leisten Sie mehr, als Ihre Kunden von Ihnen erwarten!
Meine Gedanken dazu:

____

Denken Sie stets daran: Nur wer die Kundenerwartungen übertrifft, begeistert seine Kunden!
Meine Gedanken dazu:

____

3.3 Wie begeistere ich mein Team?

In diesem Kapitel geht es um eine ganz zentrale Frage. Wenn wir beispielsweise eine langfristige Trainingsreihe mit einem Unternehmen planen, ist die Teamarbeit immer der erste Trainingspunkt. Denn das Trainieren von Verkaufsinstrumenten, Führungsinstrumenten und Motivationselementen ist vergeblich, wenn der Teamgeist in einem Einzelhandelsunternehmen nicht stimmt. Ein Kunde spürt bereits nach wenigen Minuten in Ihrem Geschäft, welcher Teamgeist in Ihrem Unternehmen herrscht. Spürt er, dass in diesem Unternehmen jeder gegen jeden arbeitet oder sonstige atmosphärische Störungen vorliegen, werden Sie größte Schwierigkeiten haben, diesem Kunden etwas zu verkaufen.

Der Kunde spürt sehr schnell nach Betreten des Geschäfts, welcher Teamgeist in diesem Unternehmen vorherrscht.

Merken Sie nicht auch sofort, ob die Stimmung in einem Unternehmen positiv oder negativ ist? Das ist zutreffend, werden Sie sagen – so spüren auch Ihre Kunden, wie gut und wie schlecht Sie zusammenarbeiten.

Unser Herr Frustig liefert uns auch hier wieder ein anschauliches Beispiel. In seinem Team hat er kaum Kontakt zu seinen Arbeitskollegen und spricht nur das Nötigste mit ihnen. In manchen Fällen nicht einmal das.

Als wieder einmal ein Teamabend auf dem Programm seiner Firma stand, ging er prompt zu seinem Abteilungsleiter und teilte ihm Folgendes mit: „Lieber Herr Abteilungsleiter, ich finde es eine Unverschämtheit, dass Sie über meine wohlverdiente Freizeit verfügen wollen. Nur damit wir ein paar Stunden zusammensitzen und uns gegenseitig völlig blödsinnige Dinge erzählen, soll ich meinen wertvollen Feierabend opfern. Das können Sie sich gleich abschminken. An diesem Abend habe ich sowieso keine Zeit." „Lieber Herr Frustig", antwortete Herrn Frustigs Chef, „kein Mensch möchte Ihnen Ihren wertvollen Feierabend nehmen. Die Teilnahme an diesem Teamabend ist, wie immer, freiwillig und keiner wird gezwungen, daran teilzunehmen. Obwohl es eine wichtige Veranstaltung für uns und für unser Team ist. Dieses Teammeeting soll dazu dienen, anstehende Aufgaben, Aktionen und eventuelle Probleme zu besprechen, damit wir im Tagesgeschäft den Kopf frei haben für unsere Kunden. Und gerade Sie wissen ja, wie viele Probleme innerhalb eines Teams entstehen können, wenn man sie nicht rechtzeitig bespricht." „Das mag ja sein", reagierte Herr Frustig auf die mehr oder weniger deutlichen Worte seines Abteilungsleiters, „nur habe ich erstens keine Probleme mit meinem Team, und zweitens habe ich keine Lust, mit meinen nervigen Kollegen auch noch meine Freizeit zu verbringen."

Ganz anders sieht es bei unserem Herrn Lustig aus. Dort wird überhaupt kein Teammeeting von der Geschäftsleitung organisiert. Denn seitdem Herr Lustig in dem Unternehmen arbeitet, werden regelmäßig Teammeetings von Herrn Lustig organisiert. Im Vorfeld dieser Meetings geht Herr Lustig von Kollege zu Kollege, fragt jeden einzelnen, was er für diesen Teamabend auf dem Herzen hat und welcher Termin ihm angenehm wäre. Nachdem er alle Themenwünsche gesammelt hat, setzt Herr Lustig einen Termin fest, an dem die meisten seiner Kollegen Zeit haben. Dann schreibt er auf seinem Computer zu Hause die Einladung und verteilt sie persönlich an seine Kollegen und auch an seine Chefs. Jedesmal wird er von dem einen oder anderen angesprochen, wieso er solch einen Aufwand betreibt und dass es doch gar nicht seine Aufgabe sei, solche Treffen zu organisieren.

„Genau wie du denken die meisten Mitarbeiter in den Unternehmen", antwortet dann Herr Lustig. „Dabei ist es doch ein so geringer Aufwand, den ich hier betreibe. Und das Ergebnis ist so befriedigend für unser Team und für mich. Jedes Mal wenn wir uns treffen kommen irgendwelche positiven Ergebnisse für das Team heraus. Und davon profitiert nicht nur das gesamte Team, sondern natürlich auch jeder Einzelne, also auch ich.

Mit wem verbringen wir denn die meiste Zeit unseres wachen Lebens? Mit unserer Familie, mit unseren Freunden oder mit unseren Arbeitskollegen? Natürlich mit unseren Arbeitskollegen. Diese sehen wir täglich mindestens acht Stunden und mehr. Ist es da nicht sinnvoll, ab und zu ein Meeting zu organisieren, um das Miteinander zu fördern und anstehende Probleme zu lösen? Für mich auf jeden Fall. Und wenn ich immer gewartet hätte, bis ein anderer solche Treffen organisiert, würde ich wahrscheinlich noch heute vergebens auf unser erstes Teammeeting warten, oder was meinst du?" „Ja, schon", antwortet dann meist sein Kollege, „nur für was haben wir denn eine Geschäftsleitung oder unsere Führungskräfte?" „Mensch, die haben eben andere Dinge im Kopf: Natürlich hätte ich nichts dagegen, wenn sie unsere Treffen organisieren würden. Nur ist mir die Sache zu wichtig, als dass ich darauf warten möchte, dass jemand anderes damit beginnt."

Dies sind die Unterschiede zwischen Herrn Lustig und Herrn Frustig. Und wie Sie sicher schon selbst erlebt haben, gibt es diese Unterschiede nicht nur bei diesen beiden Herren, sondern auch in dem einen oder anderen Unternehmen. Die Gründe des Herrn Lustig, solche Teammeetings zu organisieren, klingen ja auch ziemlich einleuchtend. Auf der anderen Seite können Sie sicher auch Herrn Frustig verstehen, der nicht gewillt ist, seine wertvolle Freizeit für Teamzusammenkünfte dieser Art zu investieren.

Weil sich jeder ausschließlich auf den anderen verläßt, kriselt es in vielen Teams häufig.

Genau darin liegt das Problem! Wer nicht bereit ist, in eine Sache zu investieren, darf sich nicht wundern, wenn er nicht sehr viel Positives ernten wird. Und das gilt natürlich auch für die Teamarbeit in den Unternehmen. Anders ausgedrückt, wenn Sie nichts in Ihr Team investieren, werden Sie sicherlich auch nicht viel Freude mit Ihrem Team haben. Wie Herr Lustig bereits in unserem Beispiel erwähnt hat, verbringt eine Vollzeitkraft die meiste Zeit des wachen Lebens mit seinen Teamkollegen. Und wer einigermaßen intelligent ist, wird alles dafür tun, dass diese Zusammenarbeit erfreulich und harmonisch abläuft. Das Problem liegt in der Praxis sehr oft darin begründet, dass viele Mitarbeiter das Wort *Team* folgendermaßen buchstabieren:

T-oll E-in A-nderer M-achts!

Deshalb kriselt es in vielen Teams häufig. Jeder verläßt sich auf den anderen und wundert sich, dass irgendwie immer Stress herrscht. Und wenn dies dann noch die Kunden mitbekommen, ist die Katastrophe in vielen Fällen perfekt. Schlechtes Betriebsklima, Mobbing und sinkende Umsätze ist das Ergebnis. Dabei ist es oft so einfach, für ein gutes Miteinander zu sorgen. Hat erst einmal jedes Teammitglied verinnerlicht, dass es die Verantwortung für ein gutes Teamklima trägt, läuft ein Team auch wirklich rund.

Sehr schön können wir das im Sport beobachten. Wenn bei einer Mannschaftssportart jeder an seinem Platz alles für sein Team macht, ist dieses Team auch meistens sehr erfolgreich. Achtet dagegen jeder nur auf sich und kümmert sich nur um seinen eigenen Vorteil, hat das gesamte Team in der Regel erhebliche Probleme. Bei erfolgreichen Fußballmannschaften finden wir häufig hervorragende Einzelfußballer, die sich jedoch stets für ihr Team einsetzen. Ein gutes Beispiel ist die Mannschaft von Bayern München. Immer wenn es einem Trainer in München gelingt, die unterschiedlichen Charaktere der vorhandenen Spitzenfußballer unter einen Hut zu bringen, ist diese Mannschaft kaum zu schlagen. Gelingt einem Trainer dies nicht, hat selbst so eine Elitemannschaft ihre Probleme. Deutlich zu sehen war das in der Bundesligasaison 1997/98, als in der Presse regelmäßig über die Eskapaden einzelner Spieler des FC Bayern München zu lesen war. In ebendieser Saison ist es einem vergleichsweise kleinen Verein gelungen, den Münchnern die Meisterschaft abzuluchsen. Kaiserslautern wurde Deutscher Meister. Eine Mannschaft ohne großes Budget, um Weltstars einkaufen zu können. Doch genau dieser Mannschaft ist es dank eines starken Teamgeistes gelungen, dem großen FC Bayern die deutsche Meisterschaft wegzuschnappen.

Solche Beispiele finden Sie eigentlich in jeder anderen Sportart und vor allen Dingen auch in vielen Unternehmen. Eine Reihe von Problemen wird sichtbar, die es zu meistern gilt. Auch in einem Unternehmen sind sehr verschiedene Charaktere zusammengewürfelt worden: Unterschiedliche Persönlichkeiten und Auffassungen prallen hier häufig aufeinander. Der eine liebt die Ordnung über alles, während ein anderer Kollege eher das Chaos vorzieht. Ein weiterer ist jedes Mal bereit, seine freien Tage zu tauschen, ein anderer Kollege ist dazu so gut wie nie bereit. Der eine sieht nur seine eigene Provision, während ein anderer mehr den Erfolg des Teams in den Vordergrund stellt. Jung und Alt sind häufig bunt durcheinander gemischt. Erfahrung stößt oft auf Ablehnung, Dynamik wird im Keim erstickt. Männlein und Weiblein müssen sich untereinander arrangieren. Und die Bedürfnisse des Einzelnen kollidieren oftmals mit den Zielen des gesamten Teams.

Sie sehen, es gibt eine Menge Konfliktstoff, den es zu lösen gilt. Um hier ein wenig Licht ins Dunkel zu bringen, können Sie ähnlich vorgehen wie bei Ihrer Kundenbegeisterungsstrategie. Fragen Sie sich einfach selbst, was Sie von einem guten Team und dessen Mitgliedern erwarten. Und schon haben Sie die Antworten, die Sie brauchen, um Ihren riesengroßen Anteil an einer gelungenen und erfolgreichen Teamarbeit beizutragen. Verwenden Sie dazu die folgende Checkliste:

Team-Checkliste 1

Was erwarte ich von einem guten Team?

___

___

___

Wie möchte ich in diesem Team behandelt werden?

___

___

___

Welche Arbeitsleistung erwarte ich von meinen Teamkollegen?

___

___

___

Wenn ich ein Problem habe, was könnte ein Team für mich tun?

___

___

___

Wenn ich einen speziellen Wunsch habe, wie könnte mein Team reagieren?

____

____

____

Wenn ich anderer Meinung bin als ein Kollege, wie sollte er oder sie reagieren?

____

____

____

All Ihre Antworten können Sie sehr wahrscheinlich auch auf Ihre Teamkollegen übertragen. Denn die erwarten ähnliche Verhaltensweisen von Ihnen. Und wenn Sie unsicher sind, was genau Ihre Kollegen von Ihnen erwarten, dann fragen Sie sie doch einfach mit Hilfe dieser Checkliste. Natürlich können und sollen Sie auch Ihre Erwartungen dem Team mitteilen. Denn nur wenn man die Erwartungen des anderen kennt, kann man sie auch erfüllen oder zumindest darüber sprechen.

Damit Sie sich klar darüber werden, wie teamorientiert Sie jetzt schon sind, führen Sie bitte folgenden kleinen Test durch.

Teamtest – Wie teamorientiert verhalte ich mich?

Versuchen Sie, wirklich ehrlich zu antworten. Ihre Antworten sieht schließlich niemand außer Ihnen:

Räume ich oft Ware für meine Kollegen wieder ins Lager? Ja ❑ Nein ❑

Bin ich häufig bereit, Auswahlen und Reservierungen für meine Kollegen zu notieren? Ja ❑ Nein ❑

Helfe ich meinen Kollegen gerade bei ihren Schwachpunkten?	Ja ❑	Nein ❑
Motiviere ich meine Teamkollegen häufig, wenn sie einen Durchhänger haben?	Ja ❑	Nein ❑
Lobe ich mindestens einmal am Tag einen meiner Teamkollegen?	Ja ❑	Nein ❑
Stelle ich mich flexibel auf die Freizeit- bzw. Urlaubswünsche meiner Kollegen ein?	Ja ❑	Nein ❑
Teile ich Verhaltensweisen, die mich an meinen Kollegen stören, immer dem Betreffenden direkt mit oder spreche ich darüber mit anderen Kollegen?	Ja ❑	Nein ❑
Unterstütze ich meine Kollegen immer so, wie ich es mir von ihnen wünsche?	Ja ❑	Nein ❑

(8 × „Ja" wäre vorbildlich, 7 × „Ja" wäre sehr gut usw. 0 × „Ja" wäre mehr als entwicklungsfähig.)

Unabhängig von der Anzahl Ihrer Ja- und Nein-Antworten gibt es sicherlich auch in Bezug auf Ihre Teamarbeit nichts, was nicht zu verbessern wäre. „Nobody is perfect", oder?

Wie in dem Beispiel von Herrn Lustig bereits angedeutet, ist das Zusammentreffen von Teams eine hervorragende Gelegenheit, die anstehenden Aufgaben und Probleme zu erkennen und gegebenenfalls zu lösen. Sollten solche Teammeetings bei Ihnen bereits stattfinden, dann gratuliere ich Ihnen. Sollte dies noch nicht der Fall sein, wird es höchste Zeit, dass Sie solche regelmäßigen Teamtreffen arrangieren. Denn in der Hektik des Alltagsgeschäftes bleibt meist keine Zeit, um über persönliche Anliegen oder Wünsche zu sprechen.

Teammeetings werden effektiver, wenn sie außerhalb der Verkaufsräume stattfinden.

Ein kleiner Tipp dazu: Wenn Sie solche Teamzusammenkünfte arrangieren, ist es hilfreich, wenn Sie diese Treffen nicht im Verkaufsraum stattfinden lassen. Denn in der beruflichen Umgebung kommt in den meisten Fällen keine so entspannte Atmosphäre auf, um konstruktive Gespräche zu führen. Natürlich müssen diese Meetings nicht nur für die Problembewältigung eines Teams herhalten, sondern können vor allen Dingen auch Raum für ein positives Brainstorming geben. Allein die Tatsache, dass man sich außerhalb des Tagesgeschehens trifft, kann schon eine sehr fördernde Auswirkung auf das berufliche Miteinander haben. Sollten Sie in Ihrem Unternehmen keinen geeigneten Raum haben, reservieren Sie einen ruhigen Tisch in einem Restaurant, an dem Sie ungestört Ihre Teammeetings abhalten können.

Wichtig ist bei diesen Meetings auch, dass *alle* Teammitglieder eingeladen werden. Die Teilnahme der Führungskräfte ist genauso wichtig wie die Ihrer Dekomannschaft oder die der Damen aus dem Atelier. In größeren Häusern sollte man Teammeetings auf die jeweilige Abteilung begrenzen. Um auch wirklich Ergebnisse zu erhalten, ist es sicherlich sehr ratsam, wenn Sie für das jeweils bevorstehende Teammeeting einen kleinen Fahrplan erstellen. So sorgen Sie oder der jeweilige Teammoderator dafür, dass die anstehenden Punkte auch angesprochen werden.

Nachfolgend finden Sie einen möglichen Ablaufplan für Ihre Teammeetings.

Ablaufplan für Ihre Teammeetings

Wer soll daran teilnehmen?

____

____

____

Welcher Termin ist günstig?
(Einen Termin, an dem alle Teammitglieder teilnehmen können, werden Sie kaum finden.)

____

In welchen Abständen sollen unsere Teammeetings stattfinden?
(Einmal pro Quartal sollte der Minimumzeitraum sein.)

___

Welcher Raum bietet sich für eine ungestörte und ungezwungene Atmosphäre an?

___

Welche Themen sollen auf die Tagesordnung?
(Teammitglieder befragen, anstehende Aktionen vorstellen, neue Kollektionen präsentieren, usw.)

___

___

Wie viel Zeit sollten wir einplanen?
(Ohne Zeitvorgabe besteht die Gefahr endloser Diskussionen.)

___

Wer soll die Moderation des Meetings übernehmen?
(Das müssen nicht immer dieselben machen.)

___

___

Welche Regeln erleichtern die anstehenden Gespräche?
(Zum Beispiel: Andere immer aussprechen lassen, neue Ideen überdenken, statt gleich zu verneinen, usw.)

___

___

Was könnte die Atmosphäre etwas auflockern?
(Zuviel Alkohol kann gefährlich werden. Ein anschließender Kegelabend oder etwas Ähnliches könnte auch unwillige Teammitglieder mobilisieren.)

___

___

___

Mit diesen einfachen Vorgaben lassen sich Ihre Teammeetings erfolgreich vorbereiten und gestalten. Sollte nichts Konkretes anliegen, nutzen Sie das Meeting einfach für ein zwangloses Beisammensein. Schon das alleine fördert oft den gewünschten Teamgeist.

Nichts wie ran ans Werk! Vielleicht finden Sie ja auch Verbündete in Ihrem Team, die Sie bei der Organisation der Meetings unterstützen.

Jede Führungskraft, die an einer erfolgreichen Teamarbeit interessiert ist, sollte sich von Natur aus für solche Treffen engagieren. Sollten Sie keine Führungsaufgaben wahrnehmen, verlassen Sie sich aber nicht darauf. Die an einer optimalen Teamarbeit Interessierten werden es Ihnen danken und Sie auch unterstützen.

Einen kleinen Tipp für eine erfolgreich umgesetzte Begeisterungsstrategie in Ihrem Team habe ich noch für Sie. Sie benötigen nur einen Stift und ein Blatt Papier, oder Sie benutzen die leeren Zeilen nach jeder Frage, und schon kann es losgehen.

Denken Sie nun an einen Kollegen bzw. an eine Kollegin, mit dem/der Sie zusammenarbeiten, und schreiben Sie dessen/deren Namen oben auf das Blatt Papier. Beantworten Sie bitte folgende Fragen:

Was schätze ich an diesem Kollegen/dieser Kollegin?

____

____

____

Welche positiven Eigenschaften besitzt er/sie?

____

____

____

Welche Fähigkeiten besitzt er/sie?

____

____

____

Wofür bin ich diesem Kollegen / dieser Kollegin dankbar?

___

___

___

Wann erzähle ich diesem Kollegen / dieser Kollegin meine soeben notierten Gedanken?
Datum und Uhrzeit:

___

Bestimmt sind Ihnen einige Antworten eingefallen!

Hinter dieser Liste verbirgt sich die „Geheimwaffe" einer begeisterten Teamarbeit. Allerdings nur, wenn Sie auch die letzte Frage beantwortet haben und wirklich zu Ihrem Kollegen oder zu Ihrer Kollegin gehen. Das ist sicherlich für viele Menschen etwas ungewöhnlich. Aber Erfolg und eine hervorragende Teamarbeit sind das leider ebenfalls.

Normalerweise nutzen wir die Alltagsgespräche eher dazu, den anderen mitzuteilen, was sie nicht gut machen oder was uns an ihnen stört. Diese Übung arbeitet mit dem gegenteiligen Prinzip. Außerdem hat es noch keinem Menschen geschadet, einmal das gesagt zu bekommen, was andere an ihm persönlich schätzen.

Sehr interessant wird die Übung, wenn Sie sich einen Kollegen vornehmen, mit dem Sie sich normalerweise nicht so gut verstehen. Dafür werden Sie sich bestimmt ein wenig mehr Zeit nehmen müssen. Aber ich verspreche Ihnen, es lohnt sich für Sie und Ihren Kollegen. Denn sich mit Hilfe dieser Übung bewusst zu machen, dass letztendlich jeder Mensch positive Eigenschaften und Fähigkeiten besitzt, ist ein großer Gewinn. Und wenn Ihnen dies ein wenig schwer fällt, um so besser. Auf diese Art und Weise überwinden Sie eine innere Grenze, die Sie vielleicht schon häufiger daran gehindert hat, andere Menschen zu begeistern. Denn nur wenn wir uns ab und zu überwinden, etwas Ungewohntes und Neues auszuprobieren, erweitern wir unseren Horizont.

Die Übung eignet sich auch hervorragend dazu, Ihre Teammeetings zu starten oder zu beenden. Dabei müssten sich jeweils zwei Teammitglieder zusammensetzen und notieren, was sie an dem anderen schätzen. Nachdem beide ihre Notizen gemacht haben, teilen sie sich ihre positiven Eigenschaften mit. Zum einen wird es viel zu lachen geben, und zum anderen wird es jedem Teammitglied gut tun, einmal die Dinge und Eigenschaften zu hören, die andere an ihm schätzen. Wenn diese Übung regelmäßig mit wechselnden Partnern durchgeführt wird, verspreche ich Ihnen eine Erhöhung Ihres Teamgeistes auf ein Niveau, von dem andere Teams nur träumen können. Natürlich ist diese Übung ebenfalls bestens für Ihre privaten „Teammitglieder" wie Ehepartner, Kinder und Freunde geeignet. Auch hier verspreche ich Ihnen anregende Stunden und Gespräche.

Nachdem Sie nun einige Aspekte der eigenen Begeisterungsfähigkeit, der Kundenbegeisterung und der Teambegeisterung kennengelernt haben, können wir mit den eigentlichen Verkaufsgesprächen beginnen. Die Grundlagen für den Erfolg Ihrer Verkaufsgespräche haben Sie geschaffen. Nun geht es um die i-Tüpfelchen, die rhetorischen Feinheiten und die Überzeugungsstrategien für Ihre Kunden.

Das Wichtigste in Kürze und Ihre persönlichen Gedanken dazu:

Ein begeistertes Team ist die Grundvoraussetzung für den Verkaufserfolg.
Meine Gedanken dazu:

Jeder Einzelne trägt die Verantwortung für ein begeistertes Teamklima.
Meine Gedanken dazu:

Beantworten Sie sich regelmäßig die folgenden beiden Fragen:
Was erwarte ich von meinem Team?
Was erwartet mein Team von mir?
Meine Gedanken dazu:

Regelmäßige Teammeetings sichern den Erfolg Ihres Teams.
Meine Gedanken dazu:

Notieren Sie sich von Zeit zu Zeit die positiven Eigenschaften Ihrer Teamkollegen.
Meine Gedanken dazu:

---

4 Mein verkäuferisches Know-how

Ohne Know-how geht nun mal nichts. Unabhängig davon, ob Sie einen Garten anlegen, Kinder erziehen, einen Sport ausüben oder einen Berg besteigen wollen – Sie müssen wissen, wie Sie das Ganze anstellen können. Ist das nicht der Fall, dann machen Sie sich schlau. Entweder fragen Sie jemanden, der so etwas schon einmal gemacht hat, oder Sie kaufen sich ein Fachbuch, um sich die jeweiligen Kenntnisse anzueignen.

Ein anderer Weg, Know-how zu bekommen, besteht darin, Dinge einfach auszuprobieren und zu experimentieren. Eines haben alle Methoden gemeinsam: Ohne Training gelangt man nicht zum gewünschten Erfolg. Und genau so verhält es sich auch mit dem Verkaufen.

Jetzt ist es beim Verkaufen wahrscheinlich so, dass Sie diese Tätigkeit ja schon seit einiger Zeit ausüben und man davon ausgehen kann, dass Sie bereits verkaufen können. Wieso müssen wir uns also überhaupt noch mit dem Verkaufen beschäftigen, wenn Sie es eh schon beherrschen? Die Antwort ist ganz einfach: Es gibt nichts, was nicht zu verbessern ist! Oder, wie es die Japaner ausdrücken: „Kaizen!" Kaizen bedeutet nichts anderes, als dass es auf dieser Welt nichts gibt, was nicht zu verbessern ist.

Am Beispiel der japanischen Industrie kann man das Funktionieren dieser sich hinter diesem Schlagwort verbergenden Philosophie sehr schön beschreiben: Vor einigen Jahrzehnten kamen japanische Ingenieure nach Deutschland und kauften sich einen deutschen Fotoapparat. Sie hatten damit das beste Produkt in diesem Segment in Händen. Und was machten die japanischen Ingenieure? Sie kopierten diese Kamera und produzierten sie etwas billiger als die deutsche Firma. Nun produzierten sie nicht nur die beste Kamera, sie konnten sie sogar weltweit zu einem günstigeren Preis anbieten als die deutschen Hersteller. Damit gaben sich die Japaner damals aber nicht zufrieden. Sie untersuchten die Kamera und verbesserten diese. Jetzt produzierten sie eine neue Kamera, die der alten Leicakopie wieder ein Stück voraus war. Sie brachten also eine verbesserte Kamera zu einem immer noch günstigen

Preis auf den Markt und hatten damit ein wirklich japanisches Produkt entwickelt. Aber die Japaner waren immer noch nicht zufrieden und versuchten, dieses japanische Produkt weiter zu verbessern. Und siehe da, es gelang ihnen.

Ergebnis war, dass Japan im Kamerabereich von einem Nobody zum weltweit führenden Kamerahersteller wurde. Der Trick war ganz einfach. Sie arbeiteten nach dem Kaizen-Prinzip. Und wie Sie wahrscheinlich wissen, haben es die Japaner nicht nur im Kamerasektor zu Weltruhm gebracht. Sehr viele andere Bereiche, mit denen wir täglich umgehen, sind mittlerweile in japanischer Hand. Ob Sie das Innenleben eines deutschen oder amerikanischen Fernsehers ansehen, einen Computer von innen anschauen oder an Ihre Stereoanlage und Ihren CD-Player denken: Überall befinden sich größtenteils japanische, koreanische oder asiatische Bauteile. Fast in jedem Hightechsegment sind asiatische Länder bei den Marktführern zu finden. Und diese herausragende Stellung haben die Asiaten ihrer Kaizen-Philosophie zu verdanken.

Diese Philosophie könnte man nämlich auch ganz simpel mit dem Wort „Leben" übersetzen. Denn wenn Sie sich den Sinn eines Lebens einmal genauer betrachten, werden Sie auf ein Erfolgsgeheimnis stoßen. Und dieses Erfolgsgeheimnis heißt entwickeln. Seit es Leben auf unserem Planeten gibt, entwickelt es sich unaufhörlich. Unzählige Entwicklungsstufen haben dazu beigetragen, dass auf unserem ursprünglich mit Wasser bedeckten Planeten heute Menschen leben. Die Japaner haben nun mit ihrer Kaizen-Philosophie diese Entwicklungsgeschichte auf ihre Wirtschaft und ihre Industrie übertragen.

Es geht also um Leben, und leben bedeutet vor allen Dingen „lernen". Manche Zeitgenossen verlassen die Schule und meinen, dass sie nichts mehr lernen müssen. In diesem frühen Stadium tritt Stillstand in dieses Menschenleben ein. Manche Unternehmen haben riesige Erfolge erzielt und verfallen dem Glauben, dass sie nun nichts mehr lernen müssen. Ab diesem Moment geht es dann mit dem eigenen Unternehmen wirtschaftlich meist bergab. Leider gibt es auch Einzelhandelsunternehmen, die diesem Glauben, nichts mehr dazulernen zu müssen, verfallen sind und mittlerweile ihre Pforten geschlossen haben.

Lernfähigkeit und der Wunsch, sich weiterentwickeln zu wollen, sichern dauerhaften Erfolg im Verkauf.

Starrköpfigkeit und fehlende Lernbereitschaft haben sicherlich dazu beigetragen. Und ab und zu finden Sie auch Verkäufer und

Verkäuferinnen, die glauben, nichts mehr dazulernen zu können oder zu müssen. Auch das sind eher die traurigen Beispiele unserer Branche. Denn die meisten von diesen Kollegen haben mittlerweile keinen Arbeitsplatz mehr und sehr oft leider auch keine Zukunftsperspektive.

Wer heute seine Kunden noch mit dem hinlänglich bekannten: „Kann ich Ihnen helfen?“ begrüßt, der ist eben nicht mehr auf der Höhe der Zeit. Er weiß anscheinend auch nicht, was seine Kunden heutzutage von einem kompetenten Verkäufer erwarten. Wer heute noch Verkaufsgespräche nach dem Muster seiner Ausbildung von 1970, 1980 oder 1990 führt, der ist nicht mehr auf der Höhe der Zeit. Wie Sie wissen, sind die Kunden anspruchsvoller geworden, als dass man sie nach „Schema F“ abfertigen könnte. All diese Zeilen habe ich natürlich nicht für Sie geschrieben. Denn Sie beweisen ja mit dem Lesen dieses Buches, dass Sie an Ihrer Weiterentwicklung interessiert sind. Wir können also Folgendes festhalten:

„Entwickle dich weiter und du sicherst deinen Erfolg!“

Natürlich können wir einige früher erlernten Verhaltensweisen auch in der heutigen Zeit im Verkaufsgespräch anwenden. Verhaltensweisen wie Freundlichkeit, Höflichkeit und Aufmerksamkeit werden sicherlich nicht in der Versenkung verschwinden. Sie werden mit der Zeit immer wichtiger. Das bedeutet, dass Sie nicht alles immer neu erlernen müssen.

Wenn Sie sich heute Unternehmen oder Mitarbeiter anschauen, die Plus schreiben und höhere Umsätze tätigen, dann merken Sie, dass diese Unternehmen und diese Verkäufer nicht das Rad neu erfunden haben. Manchmal ist es nur ein kleines Lächeln mehr, ein kleines Wort wie „herzlichen“ statt „vielen“ Dank, das darüber entscheidet, ob ein Kunde sich bei Ihnen wohler fühlt. Ein paar Zentimeter zu nahe am Kunden zu sein kann eine genauso negative Auswirkung auf die Gesprächsatmosphäre haben wie eine kleine Geste in die falsche Richtung. Sie werden in den kommenden Kapiteln merken, wie viele Kleinigkeiten eine riesengroße Auswirkung auf die Gesprächsatmosphäre haben. Vieles davon wird Ihnen bekannt vorkommen, einiges wird völlig neu für Sie sein.

Wir werden uns vor allen Dingen um Ihre Verkaufsgespräche und Ihren Kundenkontakt kümmern. Was wir nicht besprechen werden, sind Ihre Waren- und Fachkenntnisse. Erstens gibt es dafür hervorragende Fachzeitschriften und zweitens gehe ich davon aus, dass Sie sich um diese fachlichen Grundlagen selbst kümmern. Wobei ich hier ganz klar und deutlich sagen möchte: Es ist unerlässlich, sich heute auch in diesen Bereichen permanent weiterzubilden.

Durch das Fortschreiten der Informationsgesellschaft können Sie heute in jeder Modezeitschrift lesen, was momentan angesagt ist und welche Fasern sich für welche Verwendungszwecke besonders eignen. Dieses Wissen der Kunden wird eher noch zunehmen als abnehmen. Computer und Internet sind Medien, die in absehbarer Zeit in fast jedem Haushalt stehen werden. Und da ist es ein Leichtes für Ihre Kunden, sich vor einem Einkaufsbummel über die gewünschten Artikel, Fasern und Formen zu informieren. Wer wissen möchte, was heute in Mailand oder Paris „in" ist, braucht nur ein- oder zweimal im Internet zu klicken, und schon ist er bestens informiert. Der Kunde weiß genau, was er oder sie sich kaufen sollte, um auf der Höhe der Zeit sein.

Es gibt noch viel zu tun, also packen wir es an und starten in die Verkaufsgespräche. In den folgenden Kapiteln lesen Sie, was zu einem erfolgreichen Verkaufsgespräch alles gehört.

4.1 Was gehört zu einem erfolgreichen Verkaufsgespräch?

„Es fehlen Kunden, die Geld haben!", erzählt Herr Frustig gerade seinem Chef auf dessen Frage, wieso er in letzter Zeit so wenig verkaufe. „Ohne Kunden kann der beste Verkäufer nichts verkaufen. Und wenn einmal ein Kunde kommt, dann hat er meist nicht das passende Kleingeld bei sich. Die meisten Kunden verlaufen sich in unserem Laden. Und das, obwohl doch schon in unseren Schaufenstern ersichtlich ist, dass wir hier nicht der billigste Anbieter in der Stadt sind. Außerdem: Was sollen wir denn heutzutage einem Mann verkaufen, dessen Kleiderschrank schon voll ist? Jedes Mal, wenn ich ein Sakko zeige, sagt der Kunde: Das habe ich schon. Die wievielte graue Hose soll ich denn noch kaufen. Nein, nein, es ist einfach nicht möglich, dass man heutzutage noch die Umsätze von vor zehn Jahren erreicht. Ich kann das auf jeden Fall nicht. Die Kunden kaufen so bewusst, dass man ihnen nichts mehr aufschwatzen kann."

„Ist das wirklich so, lieber Herr Frustig?", entgegnet der Chef. „Wie erklären Sie sich dann, dass Ihr Kollege in der gleichen Abteilung Monat für Monat höhere Umsätze macht? Hat er denn andere Kunden als Sie? Haben seine Kunden denn mehr Geld als Ihre Kunden? Haben die Kunden Ihres Kollegen leere Kleiderschränke?" „Ach, der", erwidert Herr Frustig, „der hat einfach Glück. Als ich noch neu in der Branche war, hatte ich auch so viel Glück, und außerdem war das damals eine ganz andere Zeit. Da hat der Verkauf noch Spaß gemacht. Man konnte zeigen, was man wollte: Die Kunden damals haben einfach alles gekauft. Vielleicht war ja auch das Sortiment besser. Meinem Kollegen wird der Spaß auch noch vergehen. Der soll sich erst einmal jahrelang hier in den Laden stellen. Dann wird er schon noch merken, wie schwer dieser Beruf ist und wie anspruchsvoll die Kunden mit der Zeit werden. Bis jetzt habe ich alle meine Kollegen überlebt." „Bis jetzt schon!", antwortet der Chef und verzieht sich mit sorgenvoller Miene in sein Büro.

„Kunden brauchen absolut nichts. Wenn ein Kunde heute einkaufen geht, dann nicht, weil er etwas braucht, sondern weil es ihm Spaß macht, etwas Neues zu kaufen. Und wenn er dann noch von einem Verkäufer emotional ‚richtig angepackt' wird, kann man ihn auch heute noch zum Kauf zusätzlicher Artikel verführen." Herr Lustig ist so richtig in seinem Element. Das ist heute „sein" Abend: Er hat die ganze „Mannschaft", wie er seine Kollegen nennt, zu einem Teamabend eingeladen. „Kunden kaufen in erster Linie aus emotionalen Gründen. Sie müssen an der richtigen Stelle gekitzelt werden. Der Verstand und die Logik spielen eine untergeordnete Rolle, wenn es darum geht, sich eine Hose, ein Sakko oder einen Anzug zu kaufen. Kunden wollen vielmehr ihr Selbstwertgefühl streicheln, wenn sie sich einen neuen Anzug kaufen. Manche wollen auch einfach nur besser aussehen oder ihre Chancen beim weiblichen Geschlecht durch ein neues Outfit erhöhen. Andere meinen, dass sie erst mit dem richtigen ‚Look' Karriere machen können. Und wieder andere fühlen sich bei uns irgendwie geborgen und kommen aus diesem Grund gerne zu uns. Wenn ich an manche unserer Stammkunden denke, dann haben die das Gefühl, sie wären unsere Freunde. Genau das ist der Grund, weshalb sie uns so oft besuchen und dann auch noch eine Menge einkaufen. Hier liegen unsere Chancen. Gerade auf der emotionalen Ebene können wir im Umgang mit unseren Kunden den Großvertriebsformen Paroli bieten. Denn wir als Fachhandel können unseren Kunden Gefühle vermitteln, die sonst nirgendwo geboten werden."

„Wenn das immer so leicht wäre, Herr Lustig", unterbricht jetzt ein Kollege den Redeschwall, „wenn ich da zum Beispiel an den Herrn Bank-

direktor Müller denke. Der ist ein durch und durch logisch denkender Mensch. Dem verkaufen Sie kein Blau für Schwarz. Der weiß genau, was er will. Und wenn wir das nicht haben, da können Sie mit Ihrem ganzen emotionalen Gefasel einpacken." „Das ist ein gutes Beispiel!", freut sich Herr Lustig über diesen Einwand. „Genau den können Sie emotional voll erwischen. Überlegen Sie sich doch einmal, wieso er für seinen Job immer einen dunkelgrauen Anzug sucht. Wieso kauft er sich denn jedes Jahr mindestens vier dunkelgraue Anzüge? Normalerweise könnte er doch schon längst einen eigenen Laden mit dunkelgrauen Anzügen aufmachen. Abgetragen hat Herr Müller seine in den letzten beiden Jahren gekauften Anzüge ebenfalls nicht. Denken Sie doch nur an die Krawattensammlung, die er sich im Laufe der Zeit bei uns erworben hat – das müsste Ihnen, lieber Kollege, doch schon zu denken geben. Und in seiner Freizeit macht er ganz auf locker. Lässige Sweatshirts, lässige Jeans und richtig bunte Hemden. Der könnte mittlerweile doch auch einen Sportswearladen eröffnen. Allein die vielen Jeans und Baumwollhosen, die er sich in diesem Jahr schon gekauft hat!" „Aber er kauft nur das, was er im Kopf hat", entgegnet Herr Lustigs Kollege jetzt wieder, „davon läßt er sich nicht abbringen. Das ist ein absoluter Kopfmensch!" „Ja, so wirkt er auf uns", antwortet Herr Lustig, „und genau dadurch dürfen wir uns nicht ins Bockshorn jagen lassen. Herr Müller ist eigentlich so leicht emotional zu begeistern, dass es fast schon eine Schande wäre, ihm nichts zu verkaufen. Nach außen wirkt er sehr sachlich, doch in ihm muss doch das Gefühl eine große Rolle spielen. Warum sonst gibt er so viel Geld für seine Garderobe aus? Welche, meint ihr denn, könnten die Beweggründe dieses Mannes sein?" „Also, mit den dunkelgrauen Anzügen verbindet der wahrscheinlich eine gewisse Seriosität", meldet sich jetzt ein junger Kollege von Herrn Lustig zu Wort, „der meint doch sicherlich, dass seine Kunden ihm mehr Vertrauen entgegenbringen, wenn sie ihn in diesem Outfit sehen, als wenn er in kunterbunten Klamotten durch seine Bank stolzieren würde. Wahrscheinlich fühlt er sich selbst auch sicherer in einem anthrazitfarbenen Anzug als in einem großkarierten." „Ja, genau das könnte die Lösung sein!", freut sich Herr Lustig. „Und in seiner Freizeit möchte er eben etwas legerer wirken und fühlt sich deshalb in lässigen Sachen wohler. In der Bank hingegen möchte er einfach seriös erscheinen und fühlt sich deshalb in einem dunkelgrauen Zwirn wohler als in einem karierten Sakko mit Cordhose." „Tja, wenn ich euch so zuhöre, könntet ihr doch recht haben", meint nun der anfangs etwas skeptische Kollege. „Und ob wir recht haben", entgegnet Herr Lustig, „es müsste dir nur gelingen, zum Beispiel die Farbe Marine in der Gefühlswelt dieses Kunden mit Seriosität und Vertrauen zu verbinden. Und schon hättest du die Möglichkeit, dem Herrn Bankdirektor auch einen dunkelblauen Anzug oder Blazer zu verkaufen. Es ist alles eine Frage der Emotionen."

Hat nun Herr Frustig oder Herr Lustig recht? Kaufen die Kunden mehr aus dem Gefühl heraus oder kaufen sie vorwiegend aufgrund rationaler Überlegungen, also mit Verstand? Was meinen Sie?

Ich verrate es Ihnen, wenn Sie es nicht schon selber wissen: Die Kaufentscheidung Ihrer Kunden wird größtenteils durch Emotionen bestimmt. Wenn dem nicht so wäre, gäbe es weder eine Mode- noch eine Textilbranche. Denn wenn wir Menschen wirklich so kopfgesteuert wären, würden wir nicht soviel Geld für Kostüme, Röcke, Anzüge, Hosen oder Tischdecken ausgeben. Wir würden allerhöchstens zum Schutz vor Witterungsverhältnissen ab und zu ein Kleidungsstück kaufen. Anders ausgedrückt: Wenn eine Kundin oder ein Kunde zu Ihnen in das Geschäft kommt und sagt: „Ich brauche unbedingt eine neue Hose!", könnten Sie ihr bzw. ihm getrost entgegnen: „Das stimmt nicht! Ihr Kleiderschrank ist so voll, dass Sie biologisch gesehen gar nicht so alt werden können, um die vorhandenen Kleidungsstücke aufzutragen. Ergo brauchen Sie auf keinen Fall eine Hose!" Ich bin sicher, Ihr Kunde wäre ganz schön verdutzt über so eine Antwort, aber ich verspreche Ihnen, sie entspricht der Wahrheit. Damit wäre dieses Buch über Verkaufstipps auch schon beendet. Denn mit dieser Methode komplimentieren Sie innerhalb kürzester Zeit alle Kunden aus Ihren Geschäften heraus. Nein, das war natürlich ein Scherz, der nur klarmachen sollte, dass Ihre Kunden in Wirklichkeit nichts von dem brauchen, was Sie tagtäglich verkaufen. Wer heute also mehr verkaufen möchte, der muss eben die Gefühlswelt seiner Kunden optimal ansprechen.

Die Kaufentscheidung der Kunden fällt hauptsächlich auf der Gefühlsebene.

Erklären läßt sich diese Art der Einkaufsentscheidung mit dem „Eisbergmodell". Ein Eisberg ragt nur mit einem Sechstel seiner Größe aus dem Wasser heraus; der weitaus größere Teil, also fünf Sechstel, befinden sich unterhalb der Wasseroberfläche. Übertragen auf den Kaufentscheidungsprozess bei den Kunden bedeutet dies: Eine Kaufentscheidung wird nur zu einem Sechstel aus bewussten, rationalen Erwägungen heraus getroffen; fünf Sechstel der Entscheidung finden im Unterbewusstsein, im emotionalen Bereich statt.

Wie unsere und andere Branchen deshalb versuchen, Einfluss auf das Unterbewusstsein zu nehmen, sehen wir sehr schön an der

Werbung. Wenn Sie einmal an so etwas „Lebenswichtiges" wie ein Waschmittel denken, werden Sie erkennen, dass wir permanent den Beeinflussungsversuchen der Werbeindustrie ausgesetzt sind. Oder haben Sie schon einmal folgende Waschmittelwerbung gesehen?

„Hier ist das Waschmittel XY! Es wäscht aus diesen und jenen chemischen Gründen Ihre Wäsche weiß. Das ist der Preis. Sie erhalten es in jedem Drogeriemarkt."

Wahrscheinlich nicht; mir geht es genauso. Dagegen haben Sie mit Sicherheit schon einen Fernsehspot über irgendein Waschmittel gesehen, der in etwa folgendermaßen ablief:

„Der strahlende Papa kommt mit seinem fitnessgestählten Körper aus dem Badezimmer. Er hat ein strahlend weißes Handtuch in der Hand, gibt seiner Frau einen Kuss auf die Wange und bedankt sich, dass sein Handtuch heute wieder so schön weich und weiß ist. Gleichzeitig stürmen fröhliche und dankbare Kinder in die Küche, deren T-Shirts so rein sind, dass einem fast die Augen weh tun. Zum Schluss lächelt die Hausfrau in die Kamera und erzählt uns, wie glücklich ihre Familie ist, seit sie mit XY wäscht."

Meine Frau wäscht auch mit diesem Waschmittel. Nur habe ich leider keinen fitnessgestählten Körper. Auch komme ich morgens nicht so strahlend aus dem Badezimmer, sondern eher noch müde. Und unsere Tochter bedankt sich komischerweise auch nicht tagtäglich bei uns dafür, dass wir mit diesem Waschmittel waschen. Aber wir kaufen dieses Waschmittel fleißig weiter. Vielleicht macht das Waschmittel ja doch noch irgendwann einen Bodybuilder aus mir und sorgt für ein strahlendes Lächeln am Morgen. Eines Tages bedankt sich unsere Tochter vielleicht doch dafür, dass sie immer blütenweiße T-Shirts anziehen darf. Seit wir die Margarine Z nehmen, hat sich unser Leben auch nicht schlagartig verändert. Obwohl auch hier der Werbespot eine jeden Tag im Grünen frühstückende Familie zeigt, die vor lauter Lachen kaum noch zum Essen kommt.

Wie sieht es bei Ihnen aus? Dämmert Ihnen jetzt auch etwas? Vielleicht gehören Sie ja auch zu den Anhängern bestimmter Automarken, Lebens- oder Waschmittel. Bleiben Sie ruhig dabei. Wir tun es auch. Ich wollte Ihnen mit diesen Beispielen nur verdeutlichen, wie anfällig unser Unterbewusstsein für solche Stimmungsbilder ist. Schimpfen Sie jetzt nicht auf die Werbeindustrie, sondern freuen Sie sich mit mir darüber, dass wir Menschen aus Fleisch und Blut sind. Wäre es nicht schlimm, wenn wir wirklich so kopfgesteuert wären, wie wir manchmal denken? Wir könnten uns nicht spontan verlieben, könnten nicht in Euphorie ausbrechen oder vor Glück weinen. Wir könnten nicht mehr lachen. Unser Leben wäre durchdrungen von Ernsthaftigkeit, Analysen und sachlichen Gesprächen.

Die Kaufentscheidung wird durch das Unterbewusstsein gesteuert.

Also jubilieren Sie mit Ihrem Unterbewusstsein. Denn wenn wir kein Unterbewusstsein hätten, würden wir auch alle gleich angezogen herumlaufen. Leben Sie mit Ihrem Unterbewusstsein und genießen Sie die Vielfalt der Menschen und deren Kleidungs- und Einrichtungsstile. Und vor allen Dingen freuen Sie sich über Ihr Geschäft und über Ihre vielfältigen Angebote, die Ihre Kunden im Großen und Ganzen dankbar annehmen.

Wie spricht man nun das Unterbewusstsein seiner Kunden an, werden Sie sich fragen? Da gibt es eine Unmenge von Möglichkeiten. Eine davon haben Sie ja bereits kennen gelernt. Die Werbung ist sicherlich ein enormer Faktor. „Werbung" ist ein ziemlich weitläufiger Begriff, der Fernseh- und Kinowerbung, die Radiowerbespots bis hin zu den Anzeigen in den Zeitschriften und weitere Werbeformen umfasst. Natürlich spielen auch Ihre Schaufenster und Ihre Innendekoration als Werbeträger eine große Rolle. Je nach Unternehmensgröße werden Sie bzw. Ihr Unternehmen einige der genannten Medien nutzen. Auf jeden Fall werden Sie mit Hilfe von Dekorationen Werbung für Ihr Unternehmen machen. Und das ist auch gut so. „Denn wer nicht wirbt, stirbt", lautet ein alter Spruch aus der Werbebranche. Kundenbriefe oder Telefonate mit Kunden sind ebenfalls immer wichtiger werdende Werbemaßnahmen.

Die Industrie, zumindest die Hersteller, die einen hohen Bekanntheitsgrad haben, nutzen teilweise überregionale Zeitschriften, Rundfunk- und Fernsehanstalten, um ihre Werbebotschaften an die sogenannten Endverbraucher zu senden. Der eine oder andere Kunde wird schon aus diesem Grund zu Ihnen in Ihr Geschäft kommen, um eine bestimmte Marke bzw. ein bestimmtes Label zu kaufen. Einer der wichtigsten Werbeträger für Ihr Unternehmen sind aber auf jeden Fall **Sie** selbst mit Ihrer Person. Sie sind ein größerer Imageträger als irgendeine Zeitungsanzeige oder ein Fernsehspot.

Ebenfalls kaufentscheidend ist natürlich das gesamte Umfeld Ihrer Kunden. In welchen Kreisen sich Menschen bewegen, welche Lebensumstände sie umgeben oder wie sie finanziell gestellt sind hat natürlich enormen Einfluss auf das Unterbewusstsein Ihrer Kunden. Selbst so banale Dinge wie das Wetter und der Wochentag beeinflussen die Stimmung Ihrer Kunden. Tausende von Kleinigkeiten entscheiden mit, ob ein Kunde kaufwillig ist oder nicht. Und wenn er oder sie dann in unser Geschäft kommt, geht es mit der Beeinflussung erst so richtig los. Angefangen von der bereits erwähnten Schaufensterdekoration über geputzte oder ungeputzte Eingangstüren, das Firmenschild an Ihrer Hausfassade und die Gestaltung des gesamten Eingangsbereiches. All das beeinflusst Ihre Kunden bereits vor dem Geschäft. Wie übersichtlich Ihre Sortimente erscheinen und wie appetitanregend Ihre Innendeko aufgebaut ist, all das hat Einfluss. Ist die Musik zu laut oder laufen gerade Nachrichten über das Firmenradio? Welchen Eindruck machen die Mitarbeiter und Mitarbeiterinnen auf den ersten Blick? Welche Atmosphäre herrscht in einem Geschäft, wie riecht es dort? Geht es dort locker und harmonisch zu? Sind die Kabinen zu klein oder stehen die Warenständer zu eng beieinander? Wie werden Ihre Kunden empfangen? Freundlich oder sogar herzlich? Wie empfinden Ihre Kunden Ihre Sortimentsstruktur und Ihr Warenangebot in dem gewünschten Segment? Liegt der Staub zentimeterhoch auf den Schränken oder sieht alles frisch und proper aus?

Da das Unterbewusstsein ein sehr vielfältiges „Wesen" ist, können die oben genannten Punkte nur einen kleinen Teil der Einflussmöglichkeiten abdecken. Wenn Sie allerdings wissen möchten, wie Sie mit den bis jetzt genannten Punkten das Unterbewusstsein Ihrer Kunden positiv beeinflussen können, sollten Sie folgende Fragen beantworten:

Beeinflussungsfaktoren vor und in einem Geschäft

1. Was stört mich, wenn ich ein Geschäft von außen betrachte?

   ____

   ____

   ____

2. Was beeinflusst mich positiv, wenn ich vor einem Geschäft stehe?

____

____

____

3. Wie wirkt unser Geschäft von außen?

____

____

____

4. Was stört mich, wenn ich in einem Geschäft bin?

____

____

____

5. Was empfinde ich als sehr angenehm, wenn ich in einem Geschäft bin?

____

____

____

6. Was könnte in unserem Geschäft störend wirken?

____

____

____

7. Was wirkt in unserem Geschäft sehr angenehm?

____

____

____

8. Was sollten wir auf jeden Fall ändern?

____

____

____

Sicherlich können Sie einige Punkte, die Ihnen beim Durcharbeiten der Fragen aufgefallen sind, persönlich ändern. Wenn Ihnen zum Beispiel aufgefallen ist, dass Ihr Geschäft nicht den ordentlichsten Eindruck hinterläßt, können Sie ja selbst zu etwas mehr Ordnung beitragen. Andere Punkte, wie zum Beispiel ein veraltetes Firmenschild, müssten Sie gegebenenfalls mit den zuständigen Damen und Herren in Ihrem Unternehmen besprechen. Natürlich gehen Ihre Kunden nicht mit einer Checkliste einkaufen und haken die ansprechenden Punkte und weniger ansprechenden Punkte auf einer Liste ab. Nur das Unterbewusstsein Ihrer Kunden registriert auf einer unsichtbaren Checkliste alle diese Faktoren. Und diese unsichtbare Checkliste hat enormen Einfluss auf die Kaufentscheidung Ihrer Kunden.

Kommen wir nun zu dem Faktor, der Ihre Kunden am meisten beeinflusst: Das sind nämlich Sie! Ist doch klar, oder? *Sie sind die Nummer 1*, wenn es um die Beeinflussung Ihrer Kunden geht. Oder anders ausgedrückt: *Ohne Sie läuft nichts! Mit Ihnen läuft alles!*

Schöne Grüße an Ihre Chefinnen und Chefs. Und wenn Sie selbst Unternehmer bzw. Führungskraft sind, dann klopfen Sie sich erst einmal so richtig auf die Schulter. Wenn wir vom Fachhandel sprechen, dann sprechen wir in erster Linie von den Menschen, die im Fachhandel ihre Frau oder ihren Mann stehen. Und wenn diese Menschen nicht so großen Einfluss hätten, würde sich dort wenig bewegen.

Das ist natürlich eine anspornende Feststellung. Auf der anderen Seite ist es auch eine riesengroße Herausforderung. Auf Ihnen als dem entscheidenden Faktor lastet selbstverständlich auch eine sehr große Verantwortung. Letztendlich die Verantwortung für Erfolg und Misserfolg. Diese große Last sollte Sie jetzt aber nicht erdrücken, sondern Ihnen vor allen Dingen die Gewissheit geben, dass der Fachhandel und dessen Kunden auf Sie angewiesen sind.

Und darauf können Sie schlicht und einfach stolz sein. Vielleicht machen Sie sich das viel zu wenig bewusst. Ich glaube, wenn jede Führungskraft auf der Welt jedem Mitarbeiter und jeder Mitarbeiterin täglich sagen würde, wie wichtig er oder sie für den Erfolg des Unternehmens ist, dann hätten manche Unternehmen bedeutend weniger Motivationsprobleme.

Was nützen die besten Sortimente, die beste Finanzplanung und die optimale Warenpräsentation, wenn in einem Unternehmen lustlose und unzufriedene Verkäufer und Verkäuferinnen stehen. Absolut nichts! Wenn die Kunden nicht positiv von den Mitarbeitern am „Point of Sale" gepflegt werden, dann können diese Unternehmen ihre Sortimente, ihre Finanzpläne und ihre Warenpräsentationen vergessen. Denn in absehbarer Zeit werden immer weniger Kunden deren Geschäfte betreten. So schön kann gar kein Sortiment sein, als dass sich Kunden in der heutigen Zeit mit lustlosen Mitarbeitern herumschlagen. Meist brauchen diese Kunden nur ein paar Schritte oder ein paar Kilometer weiterzufahren, um ein ähnlich professionelles Sortiment vorzufinden. Und wenn dann in diesem Unternehmen hochmotivierte Mitarbeiter stehen, kann man unschwer erraten, wohin diese Kunden beim nächsten Einkauf gehen werden.

Machen Sie sich also täglich immer wieder bewusst, wie wichtig Sie für Ihr Unternehmen und Ihren Unternehmenserfolg sind. Schluss mit den Ausreden, wenn es einmal nicht so rund läuft! Starten Sie lieber in eine neue Ära des Verkäuferberufes und machen Sie sich und am besten auch gleich Ihren Kollegen bewusst: *Wir sind die Nummer 1,* wenn es um den Erfolg unseres Unternehmens geht. *Wir* tragen die Verantwortung für die Kundengewinnung und *wir* sind stolz darauf, solch einen hohen Anteil an dem Erfolg unseres Unternehmens und der gesamten Branche zu haben.

Das Unterbewusstsein Ihrer Kunden beeinflussen Sie:

1. durch Ihren Körper,
2. durch Ihre Denkweise und
3. durch Ihre Kompetenz.

Und alle drei Antworten sind sehr eng miteinander verzahnt.

Betrachten wir nun den ersten Punkt: Ihren Körper. Wie Sie bereits in den Kapiteln über die Begeisterungsstrategien erfahren haben, strahlt Ihr Körper immer das aus, was in Ihnen vorgeht. Auch wenn Ihr Kunde noch nie ein Körpersprachenseminar besucht hat, kann er auf jeden Fall eines: Er kann Ihre Körpersprache verstehen. Zwar nicht unbedingt über seinen Verstand, aber mit seinem Unterbewusstsein. Das Unterbewusstsein Ihrer Kunden spürt immer, was Sie mit Ihrem Körper ausdrücken. Man könnte auch sagen, dass der Instinkt von uns Menschen die Körpersignale empfängt und nach einer „Beurteilung" an unseren Kopf weiterleitet.

Halten wir also fest: Mit Ihrem Körper haben Sie ein mächtiges „Beeinflussungswerkzeug" in der Hand. Wenn Sie wollen, dass man einen freundlichen Eindruck von Ihnen hat, müssen Sie also „freundliche" Körpersignale nach außen senden. Und schon sind wir beim zweiten Punkt Ihrer persönlichen Beeinflussungsinstrumente, Ihrer Denkweise.

Das Unterbewusstsein Ihrer Kunden spürt immer, welche Körpersignale Sie aussenden.

Die hängt ganz enorm mit Ihrem Körper zusammen. Sie können noch so freundlich schauen wollen, wenn Sie in Ihrem Inneren an etwas Unfreundliches denken, kommt allenfalls eine aufgesetzte Freundlichkeit zum Vorschein. Auch wenn wir meinen, dass wir im Verkauf ganz hervorragende Schauspieler sind, erkennen die meisten Menschen, die uns gegenüberstehen oder -sitzen, den Unterschied zwischen echter und unechter Freundlichkeit. Ich gebe zu, auch das geschieht meist unbewusst. Jedoch genügt dies schon, um einen Kunden in seiner Kaufentscheidung zu beeinflussen. Sicherlich kennen Sie folgende Geschichte aus Ihrem Alltag.

Schon von weitem sehen Sie Frau Nörgel auf Ihr Geschäft zugehen. Plötzlich verdrücken sich alle Kollegen in irgendwelche Ecken, legen schleunigst eine Kaffeepause ein oder haben ganz plötzlich dringende Lagerarbeiten im Keller zu verrichten. Sie stehen nun mutterseelenallein in der Abteilung und denken sich: „Die schon wieder!" Just in diesem Moment kommt Frau Nörgel auf Sie zu. Sie reißen sich zusammen, und mit Ihrem vermeintlich nettesten Tonfall begrüßen Sie Frau Nörgel mit folgenden Worten: „Schön, Sie zu sehen. Wir haben Sie schon vermisst!" Kaum haben Sie dies ausgesprochen, legt Frau Nörgel auch schon los, und wie fast immer knallt sie eine Reklamation auf Ihren Tresen. Sie denken sich: „Jetzt geht das schon wieder los!"; trotzdem reagieren Sie äußerst freundlich und gelassen. Und ich verspreche Ihnen, bereits bei der

Begrüßung hat Frau Nörgels Unterbewusstsein registriert: „Die schon wieder!" und spätestens bei der Reklamation hat Frau Nörgels Unterbewusstsein, aufmerksam wie es ist, folgende Gedanken aufgeschnappt: „Jetzt geht das schon wieder los!" Sie haben nur das Glück, dass diese Botschaft nicht immer direkt an das Bewusstsein von Frau Nörgel gesendet wird.

Genauso verhält es sich mit der Denkweise über Ihre Ware. Der beste Zeitpunkt, um den Rotstift für Preisreduzierungen zu zücken, ist der, an dem die Ware geliefert wird. Beim Auspacken des roten T-Shirts stürzen sich alle Mitarbeiter auf diesen Artikel, und drei Kollegen reservieren sich sogar das rote T-Shirt. Auch die anderen sind begeistert. Das lilablassblaue T-Shirt wird danach mit folgenden Worten ausgepackt: „Wie kann man nur so eine Farbe einkaufen! Wer soll das denn anziehen? Diese Farbe steht ja wirklich keinem. Die sollten uns mal lieber zum Einkaufen schicken. Wir verstehen wenigstens etwas davon!"

Was meinen Sie, welches T-Shirt wird besser verkauft werden? Das rote oder das lilablassblaue? Na klar, das rote. Denn die Begeisterung für das rote T-Shirt wird bei jeder Präsentation des roten T-Shirts durch die Körpersprache des Verkaufsmitarbeiters ausgestrahlt. Und die Ablehnung für das lilablassblaue T-Shirt eben auch. Manchmal deutlich, manchmal weniger deutlich.

In der Praxis klingt das meistens folgendermaßen: „Dieses T-Shirt haben wir in einem ganz tollen roten Farbton. Das müssen Sie einfach einmal anprobieren. Und außerdem gibt es das Shirt noch in so einem Blauton." Sie können sich die dazugehörigen Körpersignale aufgrund der Wortwahl sicherlich vorstellen.

Verstehen Sie jetzt, weshalb der beste Zeitpunkt zum Reduzieren die Warenanlieferung ist? Das muss allerdings nicht sein. Denn es gibt eine Reihe von Möglichkeiten, seine Denkweise und damit automatisch seine Körpersignale zu steuern. In diesem Fall könnten sich die Mitarbeiter zum Beispiel folgende Frage stellen: „Für welchen Kundentyp wäre denn der lilablassblaue Farbton genau der richtige?" Und schon würden Ihnen mit Sicherheit einige Kundinnen einfallen, die mit diesem Farbton perfekt angezogen wären. Und wenn dann diese Kundinnen auch noch in Ihr Geschäft kommen, würden Sie sich vielleicht denken: „Für diese Dame ist der lilablassblaue Farbton exakt der passende!" Nun würden Sie, ohne Ihren Körper bewusst steuern zu müssen, automatisch eine überzeugendere Körpersprache vermitteln. Lassen Sie den Rotstift beim Auspacken der Ware also lieber stecken und stellen Sie sich stattdessen die richtigen Fragen.

Nachfolgend können Sie wieder einige Fragen beantworten, die Ihnen dabei helfen:

Wie denke ich über mein Unternehmen?

Welche Gedanken sind hilfreich für meine Ausstrahlung?

Welche Gedanken sind weniger hilfreich für meine Ausstrahlung?

Wie denke ich über mein Sortiment?

Welche Gedanken sind hilfreich für meine Ausstrahlung?

Welche Gedanken sind weniger hilfreich für meine Ausstrahlung?

Wie denke ich über den Großteil meiner Kollegen?

Welche Gedanken sind hilfreich für meine Ausstrahlung?

Welche Gedanken sind weniger hilfreich für meine Ausstrahlung?

Wie denke ich über den Großteil meiner Kunden?

Welche Gedanken sind hilfreich für meine Ausstrahlung?

Welche Gedanken sind weniger hilfreich für meine Ausstrahlung?

____

____

____

Wie denke ich über mich selbst?

____

____

____

Welche Gedanken sind hilfreich für meine Ausstrahlung?

____

____

____

Welche Gedanken sind weniger hilfreich für meine Ausstrahlung?

____

____

____

Punkt 3 Ihres Beeinflussungsinstrumentariums ist *Ihre Kompetenz*. Was hat die denn mit dem Unterbewusstsein meiner Kunden zu tun, werden Sie vielleicht fragen. Eine ganze Menge, wie Sie gleich sehen werden.

Bei diesem Punkt teilen mir meist männliche Seminarteilnehmer häufig Folgendes mit: „Genau hier, lieber Herr Nemeth, greift das Eisbergmodell nämlich nicht. Denn ich kaufe nie emotional, sondern nur wohl überlegt und aufgrund logischer Überlegungen. Wenn nämlich ein Verkäufer nicht kompetent ist, dann kann er mich weder gefühlsmäßig noch emotional beeinflussen!" „Wunderbar", sage ich dann diesem Teilnehmer, „wie merken Sie denn, ob ein Verkäufer kompetent ist oder nicht?" „Also, das fühle ich sofort, ob jemand Ahnung hat oder nicht. Schon nach den ersten

Sätzen spüre ich das! Und wenn er keine Ahnung hat, dann kann er anstellen, was er will. Mein Unterbewusstsein mischt sich da überhaupt nicht ein." „Das ist doch prima!", entgegne ich nun ganz vorsichtig, „denn soeben haben Sie uns deutlich mitgeteilt, wie man Ihr Unterbewusstsein beeinflussen könnte. Wie Sie schon sagten, müsste man Ihnen nur das Gefühl geben, dass man kompetent ist, und wenn Sie das dann auch noch spüren, wird man mit Ihnen ein hervorragendes Verkaufsgespräch führen können." Neben dem erstaunten Blick des Teilnehmers fängt spätestens jetzt selbst der kritischste Teilnehmer an, über dieses Thema neu nachzudenken. Ihnen wollte ich nur deutlich machen, wie wichtig die Kompetenz, also Ihr Fachwissen ist, um Kunden ein sicheres Gefühl zu vermitteln. Denn auch Ihr Fachwissen und Ihr Know-how dienen vor allen Dingen der positiven Gefühlsvermittlung. Denn ob Sie kompetent sind oder nur so tun, auch das signalisiert Ihr Körper permanent nach außen.

Die Kompetenz der Verkaufsmitarbeiter vermittelt den Kunden ein sicheres Gefühl.

Einer der schwierigsten Momente im Verkauf besteht wahrscheinlich darin, sich bewusst zu machen, dass wir permanent auf unsere Kunden wirken. Das Schöne an dieser Botschaft ist, dass wir bewusst auf das Unterbewusstsein des Kunden wirken können, wenn wir es wollen. Sei es durch unsere positive Ausstrahlung, die wir bewusst trainieren können, sei es durch unsere Denkweise, die wir bewusst gestalten können. Und das macht die ganze Angelegenheit mit dem Unterbewusstsein der Kunden dann doch wieder einfach und spannend zugleich. Wie wir dieses Wissen im konkreten Verkaufsgespräch nutzen können, lesen Sie in den nun folgenden Kapiteln.

Das Wichtigste in Kürze und Ihre persönlichen Gedanken dazu:

Die Emotionen der Kunden sind ein wichtiger Faktor im Verkauf.
Meine Gedanken dazu:

___

Kunden verbinden mit dem Kauf von Mode und Textilien meist unbewusste Wünsche.
Meine Gedanken dazu:

___

Kunden werden durch die Ausstrahlung unseres Geschäftes beeinflusst.
Meine Gedanken dazu:

Hauptsächlich werden Kunden durch uns beeinflusst.
Meine Gedanken dazu:

Meine persönlichen Faktoren, um Kunden zu beeinflussen, sind:
Faktor Nr. 1 Mein Körper
Faktor Nr. 2 Meine Denkweise
Faktor Nr. 3 Meine Kompetenz
Meine Gedanken dazu:

4.2 Wie begrüße ich meine Kunden begeisternd?

Eine ganz entscheidende Phase im Verkaufsgespräch ist die sogenannte Kontakt- bzw. Begrüßungsphase. Hier entscheidet sich schon oft, wie erfolgreich das Verkaufsgespräch verlaufen wird. Das Unterbewusstsein der Kunden erhält in diesem Moment bereits die ersten und oft entscheidenden Impulse. Wer in dieser Phase die Emotionen und Gefühle seiner Kunden positiv stimuliert, hat schon den Grundstein für ein erfolgreiches Verkaufsgespräch gelegt. Erfolgreich ist ein Verkaufsgespräch immer dann, wenn am Ende *zwei* zufriedene Partner stehen. Der Kunde sollte möglichst glücklich, zufrieden und begeistert das Geschäft verlassen, weil er sehr gut beraten wurde. Der Verkäufer sollte ebenfalls glücklich, zufrieden und begeistert sein, weil er seinen Kunden typ- und fachgerecht beraten hat.

Erfolgreich ist ein Verkaufsgespräch immer dann, wenn am Ende *zwei* zufriedene Partner stehen.

Unabhängig davon, ob Sie etwas verkaufen konnten oder nicht, wichtig ist immer, dass ein *zufriedener* Kunde Ihr Geschäft verläßt.

Fatal wäre es, wenn Sie mit irgendwelchen Tricks Ihrem Kunden etwas verkauft hätten, dieser aber unzufrieden Ihr Geschäft verläßt. Eine schlimmere Antiwerbung kann es für Ihr Geschäft nicht geben. Das heißt im Klartext: *Lassen Sie Ihren Kunden lieber einmal ohne etwas gekauft zu haben aus dem Geschäft gehen, aber dafür mit einem positiven Gefühl wiederkommen.*

Zu Beginn eines Verkaufsgesprächs sollten Sie sich darüber klar werden, welche persönlichen Ziele Sie in diesem Gespräch verfolgen.

Wenn Sie sich über die Ziele eines Verkaufsgesprächs Gedanken machen, werden Sie sehen, dass das höchste Ziel ein zufriedener Kunde ist. Ein zufriedener Kunde wird zum Beispiel als kostenloser Werbeträger fungieren. Beraten Sie also jeden Kunden so, dass er vor lauter Begeisterung all seinen Freunden, Bekannten und Kollegen erzählt, welch tolles Unternehmen er kennengelernt hat und welch phantastische Beratung einem Kunden bei Ihnen zuteil wird. Damit haben Sie bei einem Neukunden gleich ein zweites Ziel erreicht. Sie haben aus einem Neukunden sehr wahrscheinlich einen neuen Stammkunden gemacht. Das ist doch sicherlich auch für Sie ein lohnenswertes Ziel?

Ein anderes Ziel könnte sein, dass Sie sich vornehmen, möglichst jedem Kunden mindestens einen Zusatzartikel zu verkaufen, ohne dabei aufdringlich zu wirken. Ein weiteres Ziel wäre, den Kunden so zu beraten, dass er am Ende des Verkaufsgespräches einfach nur „Dankeschön" zu Ihnen sagt. Es gibt also eine Menge Ziele, die über das ursprüngliche Ziel, Umsatz zu machen, weit hinausgehen. Und gerade diese Ziele sind es, die über den Erfolg und Misserfolg eines Unternehmens entscheiden.

Bevor Sie mit Ihren Verkaufsgesprächen beginnen, sollten Sie sich immer wieder bewusst machen, welche persönlichen Ziele Sie in diesem Verkaufsgespräch verfolgen. Damit haben Sie bei sich schon einen kleinen Motivationsfaktor mobilisiert, der besonders in relativ ruhigen Verkaufszeiten sehr hilfreich ist. Denn gerade dann, wenn in einem Geschäft nicht so viel los ist, ist es oft nicht einfach für die Mitarbeiter, voller Energie auf einen Kunden loszugehen. Wenn man stundenlang keinen Kunden bedient hat und plötzlich ein Kunde das Geschäft betritt, bedarf es oft eines großen Energieaufwandes, diesen einen Kunden zu begeistern. Und da kann es dann sehr hilfreich sein, ein klares Ziel vor Augen zu haben.

Auch um der täglichen Routine zu entfliehen, können kleine Ziele, die Sie sich vor einem Verkaufsgespräch stecken, eine sehr motivierende Wirkung haben. Dies müssen nicht immer die gleichen Ziele sein, sondern sie können – je nach Kunde – ganz verschieden sein. Beispielsweise können Sie sich bei einer Stammkundin, die sonst immer sehr klassisch einkauft, das Ziel setzen: Heute möchte ich wenigstens einen kleinen Tick Mode in ihre Garderobe bringen. Bei einer anderen Stammkundin, die sich sonst vielleicht nie bei Ihnen bedankt, können Sie sich folgendes Ziel setzen: Heute setze ich alles daran, dass sich auch diese Kundin für meine Beratung bedankt. Wie Sie dann Ihre jeweiligen Ziele erreichen, ergibt sich zum einen oft aus dem Gespräch, und zum anderen werden Sie schon durch die bewusste Zielformulierung auf Ideen gebracht. Nutzen Sie ruhig dieses kleine Motivationsinstrument der Zielformulierung. Das Wichtigste ist gerade bei der Kontaktphase, dass Sie hoch motiviert in die Verkaufsgespräche starten und jeder Kunde das Gefühl bekommt, dass Sie energiemäßig voll da sind. Nichts ist für einen Kunden schlimmer als auf einen Verkäufer zu stoßen, der einen demotivierten, energielosen und lustlosen Eindruck macht.

Diese *Kontaktphase* beginnt in dem Augenblick, in dem Ihr potentieller Kunde den Innenraum des Geschäftes oder der Abteilung sieht. Also bereits vor dem Geschäft. Genau in diesem Augenblick trifft Ihr Kunde schon eine Entscheidung. Meist ist ihm diese Entscheidung gar nicht bewusst. Aber unbewusst wird jetzt in den meisten Fällen eine sehr wichtige Entscheidung getroffen: Gehe ich in das Geschäft oder gehe ich nicht in das Geschäft?

Bei Kundenbefragungen merken wir häufig, dass dieser Zeitpunkt der Entscheidung direkte Auswirkungen auf die Kundenfrequenz in einem Haus hat. Mit einem Fragebogen stellen sich die Interviewer vor ein bestimmtes Geschäft und befragen die vorbeilaufenden Passanten über alles Mögliche: „Wie finden Sie die Mitarbeiter in diesem Haus? Wie schätzen Sie das Betriebsklima ein? Wie kompetent finden Sie die Mitarbeiter?" Usw., usw. Häufig geben die Passanten bereitwillig Auskunft. Manchmal sind die Antworten sehr positiv, manchmal aber auch eher negativ. Das klingt dann in etwa so:

„Die Mitarbeiter sind arrogant, nicht hilfsbereit und überheblich. Die Mitarbeiter haben keine Freude an ihrem Beruf. Das Betriebsklima schätzen wir als sehr schlecht ein. Die Mitarbeiter wirken nicht sehr kompetent." Usw., usw. Nachdem fast alle Fragen gestellt wurden, kommt nun die letzte Frage auf diesem Fragebogen: „Wie oft waren Sie in den letzten zwölf Monaten in diesem Haus?“ Jetzt ist die Überraschung immer wieder groß. Sehr viele Passanten antworten folgendermaßen: „Ich war noch nie in diesem Geschäft!“ Diese Menschen beurteilen ein Geschäft, und zum Schluss stellt sich heraus, dass sie noch kein einziges Mal in diesem Unternehmen gewesen sind! Das ist fast unglaublich. So haben wir anfangs auch gedacht. Mit der Zeit sind wir allerdings ein bisschen schlauer geworden. Wenn jemand ein Geschäft dermaßen negativ beurteilt, gibt es nur zwei Möglichkeiten: Entweder hat er sehr schlechte Erfahrungen in diesem Geschäft gemacht, oder sein Eindruck von diesem Unternehmen ist so schlecht, dass es ihm nicht einmal im Traum einfallen würde, dieses Geschäft zu betreten. Wie entsteht nun dieser Eindruck bei Menschen, die noch nicht in diesem Geschäft waren? Ganz einfach: Es handelt sich um Menschen, die häufig an dem betreffenden Geschäft vorbeilaufen. Und jedes Mal wenn sie vorbeigehen und in das Geschäft schauen, entsteht ein kurzer Eindruck. Mit der Zeit festigt sich dieser Eindruck. Normalerweise machen sich diese Menschen nicht unbedingt bewusst Gedanken über das Unternehmen. Ist der Eindruck allerdings positiv, dann kommt irgendwann der Impuls aus dem Unterbewusstsein: „Mensch, schau doch einmal in dieses Geschäft hinein!“ Dann bekommen Sie einen neuen Kunden. Ist der Eindruck allerdings nicht so positiv, kommt dieser Impuls eben nicht. Und somit hat dann das Geschäft einen neuen Kunden abgewehrt. Kommt jetzt ein Interviewer auf diesen Menschen zu und befragt ihn nach seinem Eindruck, beginnt dieser potentielle Kunde, sich seine unbewussten Eindrücke bewusst zu machen. So einfach ist das.

Wichtig für Sie ist: Die Kontaktphase beginnt normalerweise bereits *vor* dem Geschäft, und zwar in dem Moment, in dem ein potentieller Kunde Sie, Ihre Kollegen und Ihr Geschäft von außen wahrnimmt. Genau dieser Moment ist der entscheidende, wenn wir von Neukundengewinnung und Frequenzsteigerung reden.

Am besten begeben Sie sich nun auf einen Spaziergang durch Ihre Stadt. Und schauen Sie dann einmal von außen in die unterschiedlichsten Geschäfte. Entscheiden Sie selbst, in welches Geschäft Sie gerne gehen würden und in welches Sie weniger gerne gehen würden. Betrachten Sie bewusst die Mitarbeiter, die in diesen Geschäften stehen und bilden Sie sich Ihr eigenes Urteil. Nach diesem Rundgang wissen Sie wahrscheinlich schon, welche Verhaltensweisen die Kundenfrequenz in einem Unternehmen ansteigen und welche Verhaltensweisen die Kundenfrequenz nach unten sinken lässt.

„Wie sollte man nun am besten in seinem Geschäft stehen?“ Am besten „stehen“ Sie gar nicht in Ihrem Geschäft! Denn das erste Gebot für eine erfolgreiche Frequenzsteigerung heißt: Aktivität zieht an! Das bedeutet, dass Kunden sehr gerne in Geschäfte gehen, in denen Bewegung ist. Außerdem tun sich Kunden schwer damit, in ein Geschäft zu gehen, in dem sehr wenig los ist oder in dem Mitarbeiter nur herumstehen.

Aktivität zieht an – Kunden gehen gerne in Geschäfte, in denen Bewegung ist.

Warum das so ist, läßt sich mit Logik schlecht erklären. Sicher ist: Überall dort, wo Bewegung ist, fühlen sich Menschen meistens sehr wohl. Sie merken das an folgender Situation: Wenn in Ihrem Geschäft schon eine Menge Kunden sind, kommen noch eine Menge anderer Kunden hinzu. Die Umsätze an solchen Tagen sind meist grandios, und die Verkaufsmitarbeiter wundern sich nur darüber, dass alle auf einmal gekommen sind. Nein, die haben sich nicht abgesprochen, sondern der Rummel in Ihrem Geschäft hat viele vorbeilaufende Kunden zusätzlich animiert, bei Ihnen vorbeizuschauen.

Es gibt also zwei Möglichkeiten: Entweder Sie beschäftigen Komparsen, die den ganzen Tag für eine betriebsame Atmosphäre im Geschäft sorgen, oder Sie sorgen selbst für ständige Aktivität in Ihrem Ladenlokal. Statt also nach getaner Lagerarbeit herumzustehen und sehnsüchtig auf die Kunden zu warten, sollten Sie lieber ein bisschen räumen, Ware umhängen oder sonstige Tätigkeiten verrichten. Machen Sie auf jeden Fall irgend etwas, was nach Aktivität aussieht. Sie werden sehen, schon alleine mit diesem kleinen Kniff sorgen Sie in ruhigen Zeiten für mehr Frequenz. Und außerdem geht der Tag bedeutend schneller herum, als wenn Sie den halben Tag nur herumstehen. Aber das wissen Sie ja aus eigener Erfahrung. An Tagen, an denen Sie sehr aktiv waren, sind Sie am Abend meist nicht so kaputt gewesen wie an ruhigeren Tagen.

Eine kleine Checkliste soll Ihnen ein bisschen behilflich sein, sich diese Überlegungen noch einmal bewusst zu machen.

Checkliste 1 zur Kontaktphase

Welche persönlichen Ziele könnten mich vor einem Verkaufsgespräch motivieren?

___

___

___

Welche Verhaltensweisen der Mitarbeiter finde ich in einem Geschäft anziehend?

___

___

___

Welche Verhaltensweisen der Mitarbeiter finde ich eher hemmend?

___

___

___

Mit welchen Aktivitäten könnten wir in ruhigen Zeiten für mehr Kundenfrequenz sorgen?

___

___

___

___

Mit verschränkten Armen steht Herr Frustig in seiner Abteilung und wartet schon seit einiger Zeit auf Kunden. Doch irgendwie ist heute wieder einmal nichts los. Also schlendert Herr Frustig zu seinen ebenfalls gelangweilten Kollegen hinüber. Während man so über dieses und jenes palavert, kommt ganz unbemerkt ein Kunde in die Abteilung. Als dieser die drei Herren erblickt, geht er zielstrebig auf die Gruppe zu und sagt: „Entschuldigen Sie, wenn ich störe. Aber ich hätte mir ganz gerne einen Anzug angeschaut und wenn es möglich wäre, würde ich mich auch gern beraten lassen." Die zwei Kollegen von Herrn Frustig gehen ein paar Schritte zur Seite, und so kann Herr Frustig als dienstältester Verkäufer ans Werk gehen. „So, einen Anzug hätten Sie gerne. Na, dann wollen wir einmal schauen, was sich machen läßt. Bei Ihrer Größe ist das ja sicherlich nicht ganz so einfach", entgegnet Herr Frustig dem etwas ärgerlichen Kunden.

Auch bei Herrn Lustig im Geschäft ist heute einmal ausnahmsweise nicht sehr viel zu tun. Allerdings steht dort niemand gelangweilt herum. Stattdessen scheint jeder beschäftigt zu sein, als ein junges Pärchen die Abteilung betritt. Als Herr Lustig die beiden sieht, geht er mit einem freundlichen Lächeln auf sie zu und spricht sie folgendermaßen an: „Hallo, einen wunderschönen guten Tag. Was haben Sie denn für einen Wunsch?" „Oh, wir wollten uns nur einmal umsehen!", entgegnet der junge Mann Herrn Lustig. „Das finde ich toll, dass Sie sich ein wenig umsehen wollen. Wonach möchten Sie sich denn umsehen? Vielleicht kann ich Ihnen ja zeigen, wo wir die gewünschten Artikel hängen haben." „Nein, das ist sehr nett", antwortet der junge Mann, „aber wir möchten uns ganz allgemein ein wenig informieren." „Alles klar. Schauen Sie sich in Ruhe um. Wenn Sie Lust haben, können Sie auch gerne einen Espresso an der Espressobar trinken. Und wenn Sie sonst Fragen haben, bin ich jederzeit für Sie da", antwortet Herr Lustig. „Hier hängen übrigens die neuen Outdoor-Jacken in allen Modefarben und die passenden Baumwollhosen finden Sie gleich dort auf dem Ständer. Die Espressobar ist gleich hinter den neuen Baumwollanzügen." Mit diesen Worten zieht sich Herr Lustig mit einem sympathischen Lächeln zurück, sodass sich das Pärchen in Ruhe umsehen kann. Herr Lustig widmet sich nun wieder seinen Anzügen, die er gerade neu sortiert, nicht ohne immer wieder einen unauffälligen Blick in Richtung Pärchen zu werfen.

Zwei völlig unterschiedliche Kundenbegrüßungen, die uns Herr Frustig und Herr Lustig hier zeigen. Klar, dass Herrn Lustigs Kontaktaufnahme die bessere war. Herrn Frustigs Kontaktaufnahme hingegen war schlicht und einfach geschäftsschädigend. So etwas nenne ich aktive Arbeitsplatzvernichtung. Sie fragen, weshalb ich solche harten Worte gebrauche? Ich will es Ihnen verraten. Es könnte nämlich sein, dass in anderen Bereichen des Hauses Kollegen sind, die sich sehr viel Mühe mit ihren Kunden machen. Die alles versuchen, um Kunden glücklich, zufrieden und kauflustig zu stimmen. Das, was Herr Frustig und auch seine herumstehenden Kollegen veranstaltet haben, hat aber leider auch Auswirkungen auf die Kollegen in den anderen Abteilungen. Denn ein Kunde, der so in einem Geschäft begrüßt wird, geht nach Hause und sagt wahrscheinlich Folgendes: „Heute war ich bei XY. Ich sage euch, das ist ein Saftladen. Die haben ja null Bock. Den Laden betrete ich nie mehr." Sie wissen sicherlich, dass negative Einkaufserlebnisse viel häufiger weitererzählt werden als positive. Und das ist sehr schade. Vor allen Dingen für Herrn Frustigs Kollegen, die sich vielleicht Tag für Tag Mühe geben, um ihre Kunden zu begeistern.

Nun ist es aber so, dass die meisten Verkäufer, die sich ähnlich wie Herr Frustig verhalten, dies nicht mit Absicht tun. Das können wir diesen Kollegen zugute halten. Anders ausgedrückt: Ich glaube nicht, dass morgens irgendein Verkäufer oder eine Verkäuferin in ein Geschäft geht und sich vornimmt: „Heute will ich unsere Kunden einmal so richtig mürrisch begrüßen!" Ich mache hingegen bei Testkäufen immer wieder die Erfahrung, dass diese Menschen nicht die geringste Ahnung haben, wie sie auf ihre Kunden wirken und was sie sich und ihrem Unternehmen mit solchen Verhaltensweisen antun. Solange sie niemand darauf aufmerksam macht, wird sich daran auch nichts ändern.

Ein großes Problem ist hierbei die falsche Selbsteinschätzung. Sehr schön zu merken ist das in Seminaren. Wenn ich vor einer Seminargruppe mit den einfachen Basisthemen wie Freundlichkeit, Servicebereitschaft und so weiter beginne, habe ich immer Teilnehmer, die anfangs nicken und mir zu einem späteren Zeitpunkt erzählen: „Das ist ja alles sehr interessant. Doch das wissen wir schon." „Stimmt!", sage ich dann einfach. „Mir ist völlig klar, dass Sie das alles wissen. Mir ist klar, dass Sie wissen, wie man Kunden heutzutage begrüßt, wie freundlich man sein sollte und wie serviceorientiert sich heute ein Mitarbeiter im Textileinzelhandel verhalten sollte. Die Frage ist nur, wie konsequent setzen Sie dieses Wissen um?"

Wer wirklich für eine optimale Kontaktphase sorgen möchte, der sollte die nun folgenden Tipps nicht nur durchlesen und abnicken, sondern sich und seine Kollegen zu Folgendem ermuntern: „Sei aufmerksam dir und deinen Kollegen gegenüber. Und helfe durch positive Anregung, dass die Standards in einem Verkaufsgespräch immer wieder gelebt und praktiziert werden."

Beginnen wir mit den ersten Sekunden Ihrer Verkaufsgespräche. Überlegen Sie nun, wie Sie Ihren Kunden in Ihren Geschäften gleich von Anfang an ein angenehmes Gefühl vermitteln können. Nun kommt endlich das Objekt unserer Begierde, der Kunde. Er betritt das Geschäft. Und was erblickt er? Strahlende, aktive und locker auf ihn zugehende Mitarbeiter und Mitarbeiterinnen, die ihn mit einem natürlichen Lächeln auf den Lippen nach seinen Wünschen fragen. Damit Ihnen solch ein Auftritt auch gelingt, brauchen Sie sich nur ein paar Regeln zu merken.

Die *erste Regel* lautet:
L M A A

Nein, nicht was Sie denken. L M A A bedeutet *„Lächle Mehr Als Andere"!* Nur wer eine wirklich freundliche Ausstrahlung besitzt, hat heute überhaupt noch Chancen, Kunden zu begeistern. L M A A bedeutet nicht, dass Sie mit einer Wäscheklammer in den Mundwinkeln im Geschäft stehen sollen. L M A A bedeutet ganz einfach, für eine lockere, humorvolle Atmosphäre zu sorgen, damit Sie und auch Ihre Kollegen allen Grund haben zu lächeln. Ansonsten funktioniert diese Regel nicht. Das Problem mit der Freundlichkeit ist, wie oben bereits beschrieben, die eigene Wahrnehmung. Viele Menschen glauben wirklich, dass sie freundlich wirken und haben dabei ständig die Mundwinkel auf „halb acht" anstatt auf „halb elf". „Halb acht" bedeutet, die Mundwinkel sind nach unten gezogen. „Halb elf" bedeutet, die Mundwinkel sind ein wenig nach oben gezogen. Wer das nicht trainiert und nicht gerade von Natur aus ein freundlich dreinblickender Mensch ist, der praktiziert diese freundliche Mimik auch selten bis gar nicht.

Eine freundliche Mimik muss immer wieder trainiert werden.

Wie trainieren Sie diese Mimik am besten? Indem Sie sich jeden Tag zum Beispiel vor einen Spiegel stellen und bewusst einmal die Mundwinkel nach oben ziehen. Finden Sie das komisch? Prima, dann sollten Sie dieses kleine Training am besten jeden Tag veranstalten. Diese Übung hat nämlich weit reichende Auswirkungen. Wie in amerikanischen Untersuchungen festgestellt wurde, werden durch diese kleine Lachübung im Körper Botenstoffe freigesetzt, die für unser Wohlbefinden zuständig sind. Also probieren Sie es aus und lächeln Sie mindestens einmal täglich vor dem Spiegel. Und wenn Sie gerade keinen Spiegel zur Hand haben, dann lächeln Sie einfach so und achten dabei auf die hochgezogenen Mundwinkel. Das sieht vielleicht am Anfang ein wenig komisch aus. Macht aber nichts, wenn Sie diese Übung nicht gerade im Beisein von anderen Menschen machen. Gerade wenn es Ihnen einmal nicht so gut geht, ist diese Übung eine kleine Hilfe, das innere Wohlbefinden zu stimulieren. Sie werden nicht gleich in Euphoriestürme ausbrechen. Allerdings werden Sie spüren, dass oftmals eine kleine Stimmungsbesserung eintritt. Und auch sonst schadet das Lächeln nicht. Also achten Sie auch im privaten Bereich darauf, dass Sie möglichst häufig lächelnd durch das Leben laufen. Denn wie Sie ja bereits wissen, wechseln wir unsere Persönlichkeit nicht mit den Geschäftszeiten, sondern sind 24 Stunden am Tag immer der gleiche Mensch. Und wer privat lächelnd durch das Leben zieht, wird auch beruflich mit einem Lächeln auf den Lippen seine Frau bzw. seinen Mann stehen.

Die *zweite Regel* lautet:
Gehe locker auf deinen Kunden zu!

Das bedeutet nicht, dass Sie auf Ihre Kunden zustürzen sollen. Sondern dass Sie Ihren Körper in Richtung Kunde bewegen sollen. Es ist nämlich angenehmer, auf einen anderen Menschen zuzugehen, der sich auf uns zu bewegt, als auf einen Menschen zuzugehen, der stur an seinem Platz stehen bleibt. Und da Sie Ihren Kunden angenehme Gefühle vermitteln wollen, sollten Sie darauf achten, sich in Richtung Kunde zu bewegen. Sehr schön können Sie dies bei den Showmastern im Fernsehen beobachten. Nehmen wir zum Beispiel Thomas Gottschalk. Jedes Mal wenn er einen Gast in seiner Show begrüßt, geht er schwungvoll und gut gelaunt auf diesen Menschen zu. Achten Sie einmal bei Ihrem nächsten „Wetten dass?"-Fernsehabend auf die Hände von Thomas Gottschalk. Wenn er einen Gast begrüßt, öffnen sich seine Handflächen. Auch dieses unbewusste Signal vermittelt den meisten Menschen angenehme Gefühle, wie zum Beispiel: „Du bist herzlich willkommen." Diese Verhaltensweisen können Sie trainieren. Nur bitte trainieren Sie nicht im Geschäft, sondern lieber zu Hause im privaten Bereich. Und setzen Sie diesen kleinen Kniff erst dann ein, wenn Ihnen das Öffnen der Handflächen bei der Begrüßung wirklich in Fleisch und Blut übergegangen ist.

Die *dritte Regel* lautet:
Schau dem Kunden in die Augen!

Allerdings bitte nicht zu lange! Der *Blickkontakt* ist natürlich ein wichtiges Instrument für Ihren Kundenkontakt. Wenn dieser allerdings zu intensiv betrieben wird, hat der Blickkontakt meist verheerende Folgen. Ein Kunde, der zum ersten Mal Ihr Geschäft betritt und mit Blicken fast durchbohrt wird, hat wahrscheinlich kaum die Chance, sich bei Ihnen von Anfang an wohl zu fühlen. Ist der Kunde nicht gerade mit einem sehr gesunden Selbstbewusstsein ausgestattet, fühlt er sich vielleicht sogar von Ihren Blicken bedroht. Und das wollen Sie doch sicherlich vermeiden, oder?

Jeder Blickkontakt, der über drei Sekunden dauert, kann für den einen oder anderen Menschen zu lang sein. Natürlich ist das eine sehr individuelle Empfindung. Für den einen sind drei Sekunden schon ausreichend. Für den anderen sind sechs Sekunden immer noch nicht genug. Da wir aber nicht jeden Kunden befragen können, welche Zeitdauer des Blickkontakts ihm angenehm ist, halten Sie sich einfach an die „Drei-Sekunden-Regel“. Ich spreche hier vor allen Dingen von Neu- und Laufkunden. Bei Ihren Stammkunden ist die Länge des Blickkontakts nicht mehr so entscheidend, weil diese Kunden Ihr Geschäft und auch Sie bereits kennen.

Jeder Blickkontakt, der länger als drei Sekunden dauert, kann von dem einen oder anderen Menschen als unangenehm empfunden werden.

Nach drei Sekunden schauen Sie aber bitte nicht auf den Boden oder an die Decke, sondern lassen Ihren Blick laufen. Das bedeutet einen Wechsel von einem intensiven Blickkontakt hin zu einem im Gesicht wandernden Blickkontakt. Natürlich werden Sie immer wieder den direkten Blickkontakt suchen. Nur bitte achten Sie darauf, dass dieser am Anfang des Gespräches nicht länger als drei Sekunden dauert. Haben Sie dann ein Vertrauensverhältnis aufgebaut und das Gespräch läuft schon eine Weile, können Sie den intensiven Blickkontakt auf bis zu sechs Sekunden ausbauen.

Die *vierte Regel* lautet:
Begrüße deinen Kunden herzlich!

Das bedeutet, dass Sie eben nicht nur „Guten Tag“ sagen. Sondern Ihrem Kunden mit Worten signalisieren, dass Sie sich über ihn auch wirklich freuen. Und Sie können sich über jeden Kunden freuen, der Ihr Geschäft betritt. Egal ob er morgens um 09.30 Uhr oder um 19.57 Uhr zu Ihnen kommt. Denn jeder Kunde, der kommt, sichert Ihren Erfolg und Ihre Existenz. Auch wenn es Ihnen schwer fällt, um 19.57 Uhr noch diese Freude zu zeigen. Alle Geschäfte, die mittlerweile ihre Pforten schließen mussten, wären froh, wenn kurz vor 20.00 Uhr noch Kunden gekommen wären.

Manchmal kommen bei diesem Thema sogar von Inhabern Diskussionsbeiträge, über die man nur den Kopf schütteln kann. „Wir müssen unsere Kunden besser erziehen!" und ähnliche Sprüche erschüttern mich jedesmal aufs Neue. Natürlich können Sie Ihre Kunden erziehen. Nur glaube ich nicht, dass der Kunde von heute sich das gefallen läßt. Der „Erziehungseffekt" wird eher darin bestehen, dass der Kunde auf Dauer fröhlich bei Ihren Mitbewerbern einkauft.

Wie begrüßt man nun seine Kunden herzlich? Indem man Worte benutzt, die das klar und deutlich machen. „Schön, dass du da bist, lieber Kunde!" Sicherlich nicht mit dem Stereotyp: „Guten Tag! Kann ich Ihnen helfen?" Diese abgegriffene Begrüßungsformel hören Sie im Baumarkt und auch im Designerladen. Das hat nichts mit individueller Kundenansprache zu tun. Außerdem ist dies eine geschlossene Frage. Und wie Sie wahrscheinlich bereits wissen, sollten wir am Anfang eines Verkaufsgespräches mit offenen, also mit *„W-Fragen"* beginnen. Das sind Fragen, die mit einem W-Fragewort, wie zum Beispiel: *Wer, wie, was, wozu,* usw. starten. Soviel zum Thema: „Kann ich Ihnen helfen?"

„Hallo, einen wunderschönen guten Tag, schön, dass Sie bei uns vorbeischauen. Was haben Sie denn für einen Wunsch?", wäre zum Beispiel eine Alternative, die dem Kunden signalisiert, dass Sie ihn herzlich willkommen heißen. „Das klingt zu aufgesetzt. Das ist zu freundlich. Das mögen unsere Kunden in Hamburg, München, Düsseldorf oder Leipzig nicht", sind Aussagen von Teilnehmern und Einzelhändlern in Deutschland. Meine Antwort darauf lautet: „Setzen Sie sich abends einmal zu einem netten und guten Italiener an die Eingangstüre, egal ob Sie in Bayern, Schleswig-Holstein, Baden-Württemberg oder Sachsen leben. Beobachten Sie die Gäste, die in das Lokal kommen, und vor allen Dingen beobachten Sie den Wirt." Mit meist enormer Herzlichkeit werden Stammgäste und neue Gäste begrüßt. Zumindest wenn der Italiener sein Geschäft versteht. Und nun schauen Sie einmal in die Gesichter Ihrer Bayern, Hessen und Sachsen. Ich verspreche Ihnen schon jetzt, Sie werden bei jedem Gast zumindest ein Lächeln erblicken, wenn nicht sogar ein Strahlen. „Ciao, schön, dass Sie da sind! Wie viele Plätze brauchen Sie denn heute? Ich richte Ihnen einen ganz besonderen Tisch her. Möchten Sie einen Aperitif?" Bei solchen Begrüßungen schmelzen nicht nur die Damenherzen dahin, sondern auch „nüchterne, sachliche" Männer lassen sich zu einem Lächeln hinreißen.

Aber in Deutschland ist das ja alles nicht möglich. Hüten Sie sich vor diesem Vorurteil. Wir haben bereits jetzt die ersten ausländischen Unternehmen auf dem deutschen Mode- und Textilmarkt, die uns gerade vorexerzieren, wie man seine Kunden herzlich begrüßt. Warten Sie nicht ab, bis alle deutschen Landsleute in diese professionellen Hände abwandern. Mein Beispiel von oben lernen Sie aber bitte nicht auswendig und begrüßen Ihre Kunden bitte nicht mit genau diesen Worten. Denn das wäre auch wieder stereotyp. Überlegen Sie sich lieber selbst ein paar Begrüßungsformeln, die zu Ihrer Person passen und Ihren Kunden das „Herzlich-Willkommen"-Gefühl vermitteln. Und damit Sie es gleich üben können, nutzen Sie folgende Checkliste, um sich ein paar nette Begrüßungen aufzuschreiben. Achten Sie nur bei der Eröffnungsfrage auf die offene Frageform. Also *beginnen Sie Ihre Frage mit einem W-Fragewort!*

Überlegen Sie sich Begrüßungsformeln, die zu Ihrer Person passen und Ihren Kunden das „Herzlich-Willkommen"-Gefühl vermitteln.

Checkliste 2 zur Kontaktphase

Meine Begrüßungssätze, um Kunden herzlich willkommen zu heißen!

____

____

____

____

____

____

____

____

Sicherlich sind Ihnen einige nette Begrüßungsformeln eingefallen! Auch hier gilt: Übung macht den Meister! Also testen Sie eifrig Ihre „Herzlich-Willkommen"-Formeln an Ihren Kunden, bis diese Sätze Ihnen in „Fleisch und Blut" übergehen. Vielleicht haben Ihre Kolleginnen und Kollegen ja auch noch gute Ideen, wie man entsprechende „Willkommen-Formeln" entwickeln könnte.

Wenn Sie in einem Young-Fashion-Geschäft arbeiten, sollten Ihre Begrüßungsformeln sicherlich ein wenig anders klingen, als wenn Sie bei einem eleganten Herrenausstatter beschäftigt sind. Sie können übrigens anstatt mit einer W-Frage auch mit einer kurzen Sprechpause arbeiten. In den meisten Fällen werden Ihre Kunden von sich aus mit ihren Wünschen herausrücken.

Die *fünfte Regel* zur Begrüßungsphase lautet:
Freue dich über jeden Wunsch!

Unabhängig davon, was Ihr Kunde nun erwidert – geben Sie ihm jetzt das Gefühl: Ich freue mich über deinen Wunsch! Anstatt also gleich zu den Kostümen oder Tischdecken zu rennen, sagen Sie zum Beispiel: „Prima! Da zeige ich Ihnen gerne, was wir Ihnen an neuen, schicken Kostümen präsentieren können." Und wenn sich der Kunde nur umschauen möchte, dann signalisieren Sie ihm: „Ich freue mich, dass Sie dies bei uns tun möchten!" Das könnte beispielsweise mit folgenden Worten geschehen: „Es ist schön, dass Sie sich bei uns ein wenig informieren wollen. Sie kommen gerade richtig, denn die aktuellen Kollektionen von XY sind eben neu eingetroffen!" Das klingt einfach ein bisschen freundlicher als das obligatorische: „Ja, gerne, schauen Sie sich ruhig um!"

Das waren also die fünf goldenen Regeln für die ersten Sekunden Ihres Verkaufsgespräches. „Peanuts!", würden manche sagen. Und ich antworte Ihnen: „Richtig!" Die Frage ist nur: Wer setzt diese Peanuts in den ersten Sekunden am konsequentesten in der Praxis um? Ich kann Ihnen aus Erfahrung sagen: Wer dies mit seinem Team oder auch alleine wirklich schafft, der braucht sich über zu wenige Kunden keine Gedanken zu machen.

Neben den Standards in diesem Kapitel gibt es natürlich noch ein paar Feinheiten, die Sie bereits am Anfang Ihres Verkaufsgespräches einsetzen können. Darüber mehr im nächsten Kapitel.

Das Wichtigste in Kürze und Ihre persönlichen Gedanken dazu:

Setzen Sie sich vor jedem Verkaufsgespräch persönliche Ziele!
Meine Gedanken dazu:

____

Die Kontaktphase beginnt vor Ihrem Geschäft!
Meine Gedanken dazu:

Aktivität zieht an!
Meine Gedanken dazu:

Kontrollieren Sie Ihre Verhaltensweisen!
Meine Gedanken dazu:

Die fünf Regeln der begeisternden Kundenbegrüßung

1. Lächle Mehr Als Andere!
Meine Gedanken dazu:

---

2. Gehen Sie locker auf den Kunden zu!
Meine Gedanken dazu:

---

3. Achten Sie auf Ihren Blickkontakt!
Meine Gedanken dazu:

---

4. Begrüßen Sie Ihre Kunden herzlich!
Meine Gedanken dazu:

---

5. Freuen Sie sich über jeden Kundenwunsch!
Meine Gedanken dazu:

4.3 Wie baue ich ein Vertrauensverhältnis auf?

Nachdem Sie nun Ihre Kunden herzlich begrüßt haben, geht es jetzt im Spiel um die Gunst des Kunden darum, zu diesem von Anfang an ein starkes Vertrauensverhältnis aufzubauen.

Am besten hören wir uns auch hierzu zwei Verkaufsgespräche von Herrn Lustig und Herrn Frustig an.

„Tja, Herr Frustig, was meinen Sie, was ich gestern Tolles erlebt habe", erzählt Herr Müller, ein Kunde, gerade. „Wir waren gestern Vormittag zu einem Einkaufsbummel in Hamburg. Ich sage Ihnen, das ist schon eine tolle Stadt. Dort gibt es einen traumhaften Laden neben dem anderen. Da muss man schon mächtig aufpassen, dass man nicht zu viel Geld ausgibt. Besonders wenn man seine Frau und seine Kinder dabei hat!" „Also, ich weiß nicht, Hamburg. Für mich ist das überhaupt keine schöne Stadt. Dieser Trubel und diese Hektik, das hält ja kein Mensch aus", entgegnet Herr Frustig. „Ja, und am Nachmittag bin ich mit meinen zwei Jungs zu einem Heimspiel vom HSV gegangen. Ich sage Ihnen, da war eine Stimmung", fährt Herr Müller fort. „Die haben sogar gewonnen. Danach war der Bär los. Meine beiden Jungs, die waren völlig aus dem Häuschen!" „Also, ehrlich gesagt, ich bin ja mehr St. Pauli-Fan. Von mir aus kann der HSV ruhig absteigen. Hauptsache, St. Pauli spielt in der Bundesliga. Das ist noch so ein Verein der alten Sorte. Dort halten sie wirklich alle zusammen", fachsimpelt Herr Frustig nun. Doch in seiner Begeisterung fährt Herr Müller einfach fort: „Am Abend waren wir dann so richtig schön essen. Das war ein Italiener, also nur vom Feinsten, Herr Frustig." „Oh, hören Sie mir auf mit italienischem Essen. Damit können Sie mich jagen. Es geht meiner Meinung nach nichts über die deutsche Küche!", entgegnet Herr Frustig seinem Kunden. „Was wollten Sie eigentlich kaufen? Einen Anzug oder lieber eine Kombination?" „Oh Gott, das hätte ich vor lauter Schwärmerei fast vergessen. Einen Anzug wollte ich mir anschauen, wenn Sie noch Zeit für mich haben. Aber eigentlich muss das heute auch nicht mehr sein, so kurz vor Ihrem Feierabend. Ich glaube, ich schaue nächste Woche noch einmal vorbei!" „Ist auch recht, Herr Müller!", seufzt Herr Frustig erleichtert.

„Mensch, Herr Lustig, ich muss Ihnen was erzählen. Wir waren gestern Abend im ‚Phantom der Oper'. Ich sage Ihnen, das war ein Erlebnis! So etwas Gigantisches habe ich noch nie gesehen. Ein Aufwand, der da

betrieben wurde, einfach phantastisch. Also, so etwas habe ich noch nie erlebt!" Herr Schmidt war in seinem Element. „Oh, das ist ja toll, Herr Schmidt. Das war sicherlich ein Erlebnis. Ich bin selbst auch so ein Musicalfan. Das ‚Phantom der Oper' habe ich allerdings noch nicht gesehen. Erzählen Sie doch einmal, was die dort so alles bieten", antwortet Herr Lustig. „Oh, das ist kaum zu schildern, was es da alles zu sehen gibt! Da müssen Sie einfach hin, Herr Lustig. Und außerdem war das eh ein besonderer Tag für mich und meine Frau. Wir sind beide Bayern-München-Fans. Und wie Sie sicherlich wissen, haben die gestern auch noch gegen ihren stärksten Rivalen gewonnen. Also, irgendwie hat gestern alles gepasst!", erzählt Herr Schmidt begeistert. „Das wusste ich ja gar nicht, dass Sie so ein Fußballfan sind", schwenkt Herr Lustig gleich auf das nächste Thema ein. „Sind Sie schon immer Bayern-Fan?" „Ja, schon von Kindesbeinen an. Meine Frau habe ich übrigens in der Bayern-Fan-Kurve im Olympiastadion in München kennen gelernt. Ach, und bevor wir zum ‚Phantom der Oper' gefahren sind, waren wir bei einem Chinesen in der Hamburger Innenstadt. Ich sage Ihnen, ein Gedicht und ein Service. Erste Klasse!" „Ja, das haben die Chinesen aber auch wirklich super drauf: Service, Freundlichkeit und eine Top-Küche. Vielleicht können Sie mir die Adresse von diesem Chinesen geben. Dann kann ich bei meinem nächsten Hamburg-Ausflug auch dort essen gehen. So, jetzt zeige ich Ihnen erst einmal ein paar schicke Anzüge, damit Sie wieder top ausgestattet sind für Ihr Büro. Möchten Sie sich anschauen, was wir an interessanten Neuheiten hereinbekommen haben, Herr Schmidt?", fragt Herr Lustig. „Na klar, lassen Sie mal sehen, ob Sie wieder was Passendes für mich da haben. Die Adresse von dem Chinesen bringe ich Ihnen beim nächsten Mal mit."

Das waren zwei „Aufwärmgespräche" vor dem eigentlichen Verkaufsgespräch. In beiden Fällen handelte es sich um Stammkunden, wie Sie den Gesprächen entnehmen konnten. Doch die „Einleitung" zum eigentlichen Verkaufsgespräch war völlig unterschiedlich. Herr Frustig führte ein normales „Aufwärmgespräch", ohne die Gunst der Stunde zu nutzen, um seinen Kunden in eine Kaufstimmung zu bringen. Herr Lustig dagegen handelte wie ein Profi. Er benutzte das Privatgespräch nicht einfach für einen Smalltalk, sondern bereitete eine optimale Atmosphäre für das nun folgende Verkaufsgespräch vor. Während Herr Frustig eine Mauer nach der anderen aufbaute, erzeugte Herr Lustig einen Gleichklang nach dem anderen. Wie? Ganz einfach, mit Hilfe der Sprache seines Kunden. Vielleicht haben Sie es gemerkt: Auch

Herr Lustig ist nicht unbedingt ein Bayern-München-Fan. Doch anstatt seinen Kunden mit einer Aussage wie zum Beispiel: „Fußball interessiert mich nicht!" oder „Bayern ist nicht so unbedingt mein Verein!" gleich vor den Kopf zu stoßen, lenkte er das Gespräch geschickt über eine Frage: „Sind Sie schon immer Bayern-Fan?" auf das Interesse des Kunden. Und zwar ohne schwindeln zu müssen. Somit hat er auch bei einem Thema, das nicht seine Interessen berührt, einen sogenannten Gleichklang aufgebaut.

Ganz anders Herr Frustig. Der hat seinem Kunden eine Wahrheit nach der anderen an den Kopf geschleudert. Anders ausgedrückt, er hat einen Bruch des Gleichklangs herbeigeführt. Und jetzt stellen Sie sich auch noch die Körpersprache der beiden Herren während des Verkaufsgesprächs vor. Wer hat Ihrer Meinung nach körpersprachlich eher einen Gleichklang aufgebaut? Die Antwort ist ganz einfach. Da Sie ja schon wissen, dass der Körper nicht lügen kann, war dieser Gleichklang auch körpersprachlich sicherlich bei Herrn Lustig vorhanden. Bei Herrn Frustig eher nicht. Und genau darum geht es jetzt. Wie können Sie einen Gleichklang bei einem Kunden aufbauen, sodass Sie über diesen Gleichklang eine unsichtbare Vertrauenslinie zu Ihrem Kunden herstellen?

Wenn zwei Menschen sich sehr gut verstehen und ein interessantes Gespräch führen, werden Sie immer wieder feststellen, dass ein großer Gleichklang besteht. Wenn Sie also zum Beispiel ein Ehepaar oder Freundespaar genau betrachten, können Sie häufig Folgendes beobachten: Versteht sich dieses Paar sehr gut, dann werden die Haltung, die Gestik, die Mimik und auch der Tonfall sehr ähnlich sein. Und wenn dann noch Einigkeit über das Thema besteht, werden sich auch die Aussagen beider Gesprächspartner gleichen. Schauen Sie sich dann so eine Unterhaltung auf einem Videogerät an und lassen das Gespräch in Superzeitlupe ablaufen, werden Sie sogar feststellen, dass bis hin zum Tempo der Kopfbewegung ein ähnlicher oder sogar gleicher Rhythmus besteht.

Schauen Sie sich dagegen ein Gesprächspaar an, das sich weniger gut versteht, dann werden Sie nicht nur unterschiedliche Formulierungen bemerken, sondern auch an den verschiedenen Körpersignalen eine Disharmonie erkennen. Sehr schöne Beobachtungsobjekte sind Politiker in Fernsehdiskussionen. Je heißer das

Thema, desto unterschiedlicher sind die Sitzhaltung, die Gestik und auch das Sprechtempo. Nur der Tonfall bleibt bei allen Beteiligten ähnlich lautstark.

Was können Sie nun im Verkauf mit diesen Informationen anfangen? Sehr viel, wie Sie gleich sehen werden. Wenn Sie zu einem Kunden ein vertrauensvolles Verhältnis aufbauen möchten, brauchen Sie nur auf zwei Dinge zu achten: seine Körpersignale und seine Worte. Und schon haben Sie einen Schlüssel in der Hand, um Kontakt zu ihm aufbauen zu können. Sie müssen jetzt nur noch eine ähnliche Körperhaltung einnehmen, Ihre Gestik seiner Gestik anpassen, Ihr Tempo seinem Tempo angleichen und den Inhalt seiner Worte auf eine geschickte Art und Weise wiedergeben. Und schon bauen Sie eine unsichtbare Vertrauensebene zwischen Ihnen und dem Kunden auf. Hört sich das für Sie kompliziert an? Ich kann Sie beruhigen. Es ist ganz einfach. Und zwar aus einem ganz bestimmten Grund: Sie machen das schon ein Leben lang! Zwar nicht bei jedem Kunden, jedoch bei vielen Ihrer Kunden. Wenn man Sie und Ihre Stammkunden filmen würde, könnten Sie selbst sehen, wie häufig Sie einen Gleichklang aufbauen. Und je sympathischer Ihnen Ihr Stammkunde ist, desto mehr gleichen Sie sich diesem Kunden an.

Wenn Sie zu Ihrem Kunden ein Vertrauensverhältnis aufbauen möchten, sollten Sie auf seine Körpersignale achten und eine ähnliche Körperhaltung einnehmen.

Ähnliches gilt für den privaten Bereich. Ein typisches Beispiel ist ein Besuch bei einem Freund im Krankenhaus. Wie gehen Sie in dessen Zimmer? Reißen Sie die Türe auf und schreien in das Krankenzimmer: „Na, Junge, wie geht es dir? Sicherlich wirst du bald wieder aus dem Krankenhaus entlassen!“ Oder öffnen Sie behutsam die Türe, schauen sich Ihren Freund an, senken die Stimme etwas und fragen ganz behutsam: „Na, wie geht es dir?“ Wahrscheinlich wählen Sie in diesem Fall erst einmal die zweite Variante und stellen damit einen Gleichklang her.

Gemäß dem Sprichwort „Gleich und gleich gesellt sich gern!“ fühlen wir uns einfach wohl, wenn wir unter Menschen sind, die ähnlich denken und handeln wie wir. Und unser Unterbewusstsein fühlt sich ganz besonders wohl, wenn es Impulse erhält, die ihm zum einen sehr vertraut und zum anderen sehr angenehm sind.

Wann sollten Sie nun versuchen, diesen Gleichklang herzustellen? Am besten permanent. Denn auch hier gilt: Übung macht den Meister! Voraussetzung ist nur, dass Sie es jeweils ernst meinen.

Wirkliches Interesse an dem Menschen, der Ihnen gegenübersteht, ist eine entscheidende Grundvoraussetzung für den erfolgreichen Gleichklang. Und dann kommt noch ein weiterer Faktor hinzu, den Sie als Verkäufer ohnehin beherrschen sollten: das aufmerksame Hinhören! Bitte beachten Sie mein beliebtes Wortspiel: Hinhören statt Zu-hören! Teilnehmer meiner Seminare werden jetzt schmunzeln, denn ich sage immer wieder: „Es gibt viele Zu-hörer, die zu-machen beim Hören, jedoch wenige Hin-hörer, die wirklich aufmerksam zum Gesprächspartner Hin-hören."

Dieser Gleichklang läßt sich nun auf verschiedenen Ebenen erzeugen. Da ist zum einen die Haltung. Steht ein Kunde vor Ihnen, der eine sehr aufrechte Haltung hat, dann achten Sie darauf, dass Sie sich vielleicht ein wenig aufrechter hinstellen. Nur bitte übertreiben Sie nicht. Hat Ihr Gesprächspartner eher eine in sich versunkene Haltung, brauchen Sie nicht gleich in sich zusammenzufallen. Nehmen Sie einfach ein wenig Spannung aus Ihrer Körperhaltung heraus. Stehen Sie am besten jetzt gleich auf und üben Sie die unterschiedlichen Haltungen vor einem Spiegel.

Über die eigene Körperhaltung, die Mimik und Gestik läßt sich ein Gleichklang mit dem Kunden herstellen.

Auch über die Mimik läßt sich Gleichklang herstellen. Wenn ein Kunde sehr mürrisch schaut, dann schauen Sie auch mürrisch. – Stop! – Nein, um Gottes Willen. Sind Sie allerdings sonst ein Strahlemann oder eine Strahlefrau, dann können Sie jetzt Ihr Lächeln ein wenig reduzieren, eben ein wenig angleichen. Das muss aber nicht während des gesamten Gespräches so bleiben. Denn ein weiteres Ziel des Angleichens ist es, während des Gespräches die Führung zu übernehmen. Das können Sie immer dann tun, wenn Sie merken: „Jetzt habe ich einen guten Gleichklang aufgebaut." Sie werden mit der Zeit ein Gespür dafür entwickeln. Und dann ändern Sie zum Beispiel Ihre Mimik. Beginnen Sie zu strahlen. Wenn Sie einen optimalen Gleichklang aufgebaut haben, werden Sie feststellen, dass Ihr Gesprächspartner sich Ihnen angleicht.

Natürlich können Sie auch Ihre Gestik der Ihres Kunden angleichen. Wenn dieser eher zu einer sparsamen Gestik neigt, reduzieren Sie am Anfang des Gespräches eben auch Ihre Arm- und Handbewegungen. Neigen Sie zu eher sparsamen und Ihr Kunde zu mehr ausladenden Bewegungen, dann lassen Sie Ihre Bewegungen eben ein wenig größer werden. Auch hier gilt wieder: Übung macht den Meister. Durch dieses Anpassen an unterschiedliche Bewegungen

Ihres Gegenübers trainieren Sie übrigens auch Ihre Flexibilität. Außerdem werden Sie merken, dass Sie sich durch dieses Angleichen auch viel leichter in den anderen hineindenken können.

Was machen Sie nun, wenn Ihr Kunde mit verschränkten Armen vor Ihnen steht? Dann sehen Sie diese Situation als „Trainingseinheit" an und schließen ebenfalls Ihre Arme. Jedoch verschränken Sie Ihre Arme nicht, sondern schließen die Hände zum Beispiel in Hüfthöhe. Und wenn Sie dann wieder spüren, jetzt habe ich diesen unsichtbaren Faden zu dem Kunden aufgebaut, öffnen Sie ganz langsam Ihre Hände. Und siehe da, wie durch ein Wunder öffnet auch jetzt Ihr Kunde seine verschränkten Arme. Denken Sie sich jetzt: „Gewonnen!" Ein bisschen Motivation und Erfolgserlebnisse müssen ja sein.

Auch das Sprech- und das Bewegungstempo des Gegenübers ist geeignet, um einen Gleichklang herzustellen. Wenn ein etwas hektischer Kunde Ihr Geschäft betritt und Sie eher ein ruhigerer Vertreter sind, legen Sie einfach ein wenig Tempo zu. Ist es umgekehrt, dann drosseln Sie Ihr Tempo etwas. Auch hier können Sie nach dem Aufbau des Gleichklangs in die Führungsrolle gehen und einen Hektiker etwas ruhiger werden lassen. Und einen langsameren Kunden können Sie zu einem etwas schnelleren Tempo bewegen. Nur denken Sie stets daran: „Erst angleichen, dann führen!"

Lautstärke und Tonfall beim Sprechen sind ebenfalls Instrumente, mit denen ein Gleichklang erzeugt werden kann.

Die Lautstärke und der Tonfall sind weitere Instrumente, mit denen Sie einen Gleichklang erzeugen können. Bei einem Kunden, der schreit, sollten Sie allerdings nicht zurückschreien. Jedoch können Sie jetzt ein bisschen lauter werden. Spricht der Kunde eher etwas leise und zurückhaltend, drosseln Sie Ihre Lautstärke ein wenig.

Wie Sie gemerkt haben, zeigen diese Beispiele vor allem eines, nämlich dass Flexibilität eine entscheidende Eigenschaft des erfolgreichen Verkäufers ist. Jetzt fehlt nur noch das bewusste Angleichen der eigenen Äußerungen an die vom Kunden angesprochenen Themen. Sehr schön konnten Sie diesen Mechanismus in den Beispielen von Herrn Frustig und Herrn Lustig erkennen. Die Aufforderung heißt hier:

1. Hinhören,
2. Hinhören,
3. Hinhören und
4. bewusst sprechen.

Ohne aufmerksames Hinhören können Sie nie einen inhaltlichen Gleichklang aufbauen. Wenn Sie irgend etwas nicht mögen oder sich nicht dafür interessieren, benutzen Sie das rhetorische Mittel der Interessensfrage. Ansonsten bestätigen Sie Ihren Kunden in allen Punkten, in denen Sie ihn, ohne zu schwindeln, bestätigen können. Auch hier können Sie nach Aufbau eines optimalen Gleichklangs später in die Führungsrolle schlüpfen.

Das Ganze trainieren Sie folgendermaßen: Am besten gehen Sie morgen gleich in Ihr Geschäft, schnappen sich den ersten Kunden und stellen auf allen Ebenen einen Gleichklang her. – Stop! – Das machen Sie lieber nicht. Denn mit dieser Methode werden Sie wahrscheinlich nichts verkaufen. Das wäre mit Sicherheit zu viel für den Anfang. Denn vor lauter Konzentration auf alle möglichen Elemente wüßten Sie wahrscheinlich gar nicht mehr, was Sie dem Kunden zeigen sollen. Diese Mechanismen der Gesprächstechnik sollten Sie ganz behutsam und Stück für Stück trainieren. Ihr Trainingsplan könnte folgendermaßen aussehen:

Jedem Menschen, den Sie treffen, gleichen Sie sich nach folgendem Zeitplan an!

1. Tag: Haltung
2. Tag: Gestik
3. Tag: Tempo
4. Tag: Lautstärke, Tonfall
5. Tag: Inhalt
6. Tag: Haltung, Gestik
7. Tag: Tempo, Lautstärke und Tonfall
8. Tag: Inhalt, Haltung
9. Tag: Gestik, Tempo
10. Tag: Lautstärke, Tonfall, Inhalt, Haltung
11. Tag: Gestik, Tempo, Lautstärke, Tonfall
12. Tag: Inhalt, Haltung, Gestik, Tempo
13. Tag: Lautstärke und Tonfall, Inhalt, Haltung, Gestik
14. Tag: Tempo, Lautstärke, Tonfall, Inhalt, Haltung, Gestik

Jetzt müssten Sie fit sein!

Besonders viel Spaß macht das Herstellen des Gleichklangs bei Menschen, mit denen Sie bisher nicht so gut zurecht kamen. Denn genau da werden Sie merken, dass sich die Gesprächsatmosphäre um ein Vielfaches bessern wird. Kunden, zu denen Sie noch nicht den richtigen Draht aufbauen konnten, werden leichter und angenehmer zu beraten sein. Natürlich wird mit Hilfe dieser Methode auch die Kaufstimmung Ihrer Kunden positiv beeinflusst werden.

Eine Frage, die Ihnen vielleicht noch auf den Lippen brennt, könnte folgende sein: „Merkt denn der Kunde oder der Gesprächspartner nicht, wenn ich mich ihm angleiche?“ Im Normalfall merkt es niemand. Das hat zwei Gründe: Der erste Grund ist, dass Ihr Gegenüber ja nicht weiß, dass Sie sich ihm angleichen. Und der zweite Grund ist, dass kein Mensch bewusst seine eigene Körperhaltung wahrnimmt. Sehr schön zu merken ist das in vielen Seminaren. Wenn Teilnehmer bei einem Videotraining sehen, wie sie sich bewegen, sprechen und ihre Arme halten, sind sie meist sehr erstaunt. Nur das Unterbewusstsein kennt diese Bewegungen und Besonderheiten genau. Deshalb werden ja auch diese angenehmen Gefühle beim anderen ausgelöst.

Und noch eines sollten Sie beachten: Gleichen Sie keine Eigenarten und Gebrechen an. Denn erstens wäre das absolut fehl am Platz und zweitens würde dies Ihr Gegenüber dann doch bemerken. Wenn ich einer hübschen Frau mit wunderbaren langen Haaren gegenübersitze und durch meinen etwas zurückgegangenen Haaransatz streichen würde, nur weil sie das ebenfalls tut, würde meine Gesprächspartnerin sicherlich stutzig werden.

Das Wichtigste in Kürze und Ihre persönlichen Gedanken dazu:

Nutzen Sie den „Smalltalk“ mit Ihren Kunden zum Vertrauensaufbau.
Meine Gedanken dazu:

____

Zwei Menschen, die sich gut verstehen, bauen unbewusst Gleichklang auf.
Meine Gedanken dazu:

____

Gleich und Gleich gesellt sich gern.
Meine Gedanken dazu:

Sie bauen schon ein Leben lang unbewusst Gleichklang auf.
Meine Gedanken dazu:

Angleichen können Sie Ihre Haltung, Ihre Gestik, Ihr Tempo, Ihre Lautstärke, den Tonfall und den Gesprächsinhalt.
Meine Gedanken dazu:

Trainieren Sie den Gleichklang Stück für Stück.
Meine Gedanken dazu:

Wenn Sie einen Gleichklang aufgebaut haben, dann führen Sie Ihren Gesprächspartner, indem Sie Ihre Haltung, Ihre Gestik, Ihr Tempo, Ihre Lautstärke, den Tonfall und auch den Inhalt wechseln.
Meine Gedanken dazu:

4.4 Wie erfahre ich die Kundenwünsche?

„Ich möchte mich nur einmal umschauen!" oder „Ich suche ein Kostüm!": Das sind klare Aussagen Ihrer Kunden. Und schon wissen Sie, was Ihr Kunde wünscht. Der eine Kunde möchte anscheinend seine Ruhe haben und sich alleine umsehen. Die andere Kundin möchte hingegen ein Kostüm kaufen. So einfach ist das! Jetzt haben wir allerdings in einem der vorhergehenden Kapitel festgestellt, dass die Kunden in Wirklichkeit weder ein Kostüm noch einen Informationsbummel brauchen. Was also steckt hinter diesen Aussagen Ihrer Kunden? Und genau diese Frage ist sehr entscheidend für den Verlauf Ihrer Verkaufsgespräche.

„Wenn sich ein Kunde nur umschauen möchte, dann soll er sich umschauen. Ich werde einen Teufel tun und mich ihm aufdrängen!", philosophiert Herr Frustig gleich am frühen Morgen mit einem Auszubildenden im ersten Ausbildungsjahr. „Und wenn er einen Anzug möchte, dann zeige ich ihm unsere Anzüge. Lass dir bloß nicht von unserem Chef erzählen, dass du diesem Kunden eventuell auch ein Sakko mit einer Hose verkaufen kannst. Das ist nur die aufdringliche Methode unseres Chefs." „Ja, aber gestern ist es unserem Chef wieder einmal gelungen, statt einem Anzug zwei Sakkos, drei Hosen mit drei Hemden und drei Krawatten zu verkaufen", erwidert der Azubi etwas vorlaut. „Papperlapapp!", fährt es aus Herrn Frustig heraus. „Diesen Kunden wirst du wahrscheinlich bei uns nicht wieder sehen. Was meinst du, was los ist, wenn er zu Hause seine Sakkos auspackt? Die Frau wird einen schönen Aufstand machen, wenn er statt einem Anzug zwei Sakkos mit dem ganzen zusätzlichen Kram anschleppt. Das ist wieder einmal ein Kunde, den unser Chef aus der Stammkundenkartei vertrieben hat. Lass dir das von einem alten Hasen gesagt sein! Schließlich bin ich schon etwas länger in diesem Geschäft als unser Juniorchef."

„Wenn ein Kunde sagt, dass er sich nur einmal umschauen möchte, dann heißt das noch lange nicht, dass er von uns nichts wissen will", beginnt Herr Lustig sein morgendliches Teammeeting. „Sondern das bedeutet, er möchte sich erst einmal einen Überblick verschaffen. Wenn ich es jetzt geschickt anstelle und den Kunden in ein Gespräch verwickeln kann, dann habe ich wenigstens die Möglichkeit, ihm unsere vielseitigen Kollektionen zu präsentieren. Natürlich muss das immer sehr unaufdringlich wirken. Wichtig hierbei ist, liebe Kollegen, dass wir immer greifbar für den Kunden sind. Auch wenn wir ihn nicht gleich in ein Gespräch verwickeln können. Anstatt uns also irgendwo in eine Ecke zu verziehen, sollten wir immer in Reichweite des Kunden bleiben. Damit er, wenn er Fragen hat, jederzeit auf uns zukommen kann. Und dann müssen wir die Gunst der Stunde nutzen. Denn jetzt können wir seine wahren Wünsche entdecken. Oft sind dies Wünsche, die ihm selbst noch nicht einmal bewusst sind. Mit unserer Hilfe jedoch kann er sie entdecken. Und wir selbstverständlich auch. Das ist wahres Verkaufen. Wenn wir nämlich immer nur das machen und zeigen, was uns unsere oft wortkargen Kunden so erzählen, dann wären wir keine Verkäufer. Allenfalls wären wir ‚Präsentierer'! Und das ist mir ein bisschen zu wenig."

Sie sehen, es gibt sehr unterschiedliche Sichtweisen in Bezug auf das Thema Kundenwünsche. Die Sichtweise von Herr Frustig ist recht weit verbreitet. Und sie hat auf den ersten Blick natürlich auch ihre Berechtigung. Denn aufdringlich sollen und wollen wir nicht sein. Die Sichtweise von Herrn Lustig hat aber um so mehr ihre Berechtigung. Und wie Herr Lustig schon sagte, kommt diese Methode dem Beruf des Verkäufers deutlich näher.

Um die Wünsche des Kunden zu erfahren, gibt es zwei wichtige Grundsätze:

Stelle geschickte Fragen!
Höre aufmerksam hin!

Schauen wir uns nun den ersten Grundsatz etwas genauer an. Was genau sind geschickte Fragen? Geschickte Fragen sind Fragen, die uns helfen, die Kundenwünsche zu entdecken. Ungeschickte Fragen sind Fragen, die uns und den Kunden einengen. Zum Beispiel die Frage: „Welche Farbe haben Sie sich denn vorgestellt?" Damit fordern Sie den Kunden auf, sich und Sie einzuengen. Dazu müssen Sie Folgendes wissen: Sprache wirkt wie ein hypnotischer Befehl. Glauben Sie es nicht?

Gut, machen wir einen Versuch! Ich bitte Sie jetzt, nicht an Ihr Auto zu denken. Und wenn Sie nicht an Ihr Auto denken, schreiben Sie auf ein Blatt Papier: „Ich denke nicht an mein Auto." Lassen Sie sich dabei ruhig ein wenig Zeit.

Hat es geklappt? Wahrscheinlich haben Sie die ganze Zeit an Ihr Auto gedacht. (Vorausgesetzt, Sie besitzen ein Auto.) Dahinter steckt folgender Mechanismus: Ich habe Ihrem Gehirn einen Befehl gegeben, diesen allerdings mit einer Verneinung ausgedrückt. „Ich bitte Sie, – jetzt nicht – an Ihr Auto zu denken." Und Ihr Gehirn hat meinen Befehl genau ausgeführt. Genau so reagiert Ihr Kunde auf Ihre „Befehle". Auf die Frage: „Welche Farbe haben Sie sich denn vorgestellt?" fängt er an darüber nachzudenken, welche Farbe er denn gerne hätte. Jetzt gibt es zwei Möglichkeiten. Entweder „findet" das Gehirn des Kunden eine Farbe oder eben nicht. Wenn nicht, haben Sie Glück gehabt. Wenn ja, haben Sie vielleicht Pech gehabt. Denn jetzt sagt der Kunde zum Beispiel: „Ich hätte gerne Lilablassblau!" Und wenn Sie kein Lilablassblau haben, dann sehen Sie jetzt blass aus. Denn oft ist es nicht so einfach, den Kunden von seiner Farbvorstellung wegzubringen. Sie sehen, es ist auf der einen Seite nicht ganz einfach, die richtigen Fragen zu stellen. Auf der anderen Seite ist Ihre Sprache ein sehr mächtiges Mittel, um den Kunden zu „steuern".

Welche Fragen sind also hilfreich und welche nicht? Bei dem klassischen Beispiel des Kunden, der eine grobe Vorstellung davon hat, was er kaufen möchte, benötigen Sie natürlich schon ein wenig Informationen. Aus diesem Grund heißen die Fragen, die Sie am Anfang eines Gespräches stellen sollen, auch Informationsfragen. Diese Informationsfragen sind die bereits erwähnten W-Fragen, die mit folgenden Fragewörtern beginnen können: Wer, wie, was, wozu, woran und warum.

Zu Beginn des Gespräches mit Ihrem Kunden sollten Sie eine „Informationsfrage" stellen, die mit „Wer", „Wie", „Was" usw. beginnen könnte.

Auf die Frage: „Wozu möchten Sie denn das Sakko kombinieren?", wird Ihr Kunde irgendeine Information liefern. Vielleicht sagt er: „Zu meiner dunkelgrauen Hose." Oder er sagt eventuell: „Oh, das weiß ich noch gar nicht." Beide Antworten enthalten auf jeden Fall Informationen für Sie. Als Gegenstück zu diesen Fragen kennen Sie die geschlossenen Fragen. Das sind Fragen, die der Kunde meist mit „Ja" oder „Nein" beantworten kann; wie beispielsweise die Frage: „Gefällt Ihnen die Farbe?"

Nicht jede Informationsfrage ist jedoch eine hilfreiche Frage. In vielen Seminaren heißt es: „Wer fragt, führt!" Ich formuliere es gerne etwas anders: „Nur wer bewusst fragt, führt!" Nur wer also weiß, was er mit seiner Frage beim Kunden auslöst, führt wirklich ein Gespräch. Vielleicht erkennen Sie den Unterschied am besten am folgenden Beispiel.

Ein Kunde kommt in ein Geschäft und möchte ein Hemd kaufen. Nach der herzlichen Begrüßung entwickelt sich folgendes Gespräch.

Kunde: „Ich hätte gern ein Hemd!"

Verkäuferin: „Welche Farbe möchten Sie denn gerne haben?"

Kunde: „Hellblau wäre mir am liebsten!"

Verkäuferin: „Und welche Größe brauchen Sie?"

Kunde: „42!"

Verkäuferin: „An welche Kragenform haben Sie denn gedacht?“

Kunde: „Oh, ich hätte gerne einen Button-down-Kragen!“

Verkäuferin: „Und was für einen Stoff bevorzugen Sie? Eine Popelineware oder lieber eine Oxfordware?“

Kunde: „Eine schöne grobe Oxfordware wäre mir lieb.“

Verkäuferin: „Oh, das tut mir aber leid. Ich kann Ihnen alles zeigen, nur leider habe ich kein einziges hellblaues Hemd in Oxfordware in Ihrer Größe da.“

Kunde: „Da kann man nichts machen. Vielleicht klappt es ja beim nächsten Mal! Auf Wiedersehen und vielen Dank für die nette Beratung!“

Verkäuferin: „Oh, gern geschehen. Ich wünsche Ihnen noch einen schönen Tag!“

Diese Geschichte passiert wahrscheinlich so oder in ähnlicher Weise tagtäglich in vielen Geschäften. Die Verkäuferin hat es sicherlich sehr gut gemeint. Doch letztendlich hatte sie fast keine Chance, diesem Kunden ein Hemd zu verkaufen. An diesem Dialog konnten Sie sehr schön sehen, welche Fragen möglichst nicht gestellt werden sollen. Folgende Fragen sollten Sie meiden:

Welche Farbe?
Welche Größe?
Welche Form?
Welche Ware?
Welcher Kragen?
Welcher Fabrikant?
Usw., usw.

Wenn ein Kunde einen ganz bestimmten Wunsch hat, wird er Ihnen diesen schon mitteilen. Wenn er das nicht macht, freuen Sie sich über die diversen Möglichkeiten, die Sie nun haben. Auf der anderen Seite brauchen Sie natürlich schon ein wenig Informationen, damit Sie Ihr Verkaufsgespräch auf den Kunden abstimmen können. Dazu eignen sich am besten folgende Fragen:

Womit möchten Sie es denn kombinieren?

Zu welchen Anlässen möchten Sie es denn tragen?

Wollen Sie es eher beruflich oder lieber in Ihrer Freizeit anziehen?

Notieren Sie sich jetzt noch ein paar Fragen, die Sie Ihren Kunden am Anfang eines Gespräches stellen können, ohne sich einzuengen!

Meine Fragen am Anfang des Gespräches könnten lauten:

____

____

____

Gibt Ihnen Ihr Kunde von sich aus schon sehr präzise Vorgaben, wie zum Beispiel: „Ich suche eine Kombination, die ich sowohl beruflich als auch in der Freizeit tragen kann!", dann fragen Sie nicht mehr allzu viel, sondern signalisieren Sie Ihrem Kunden, dass Sie seine Wünsche ganz toll finden, und legen Sie jetzt einfach los. Ein solches Gespräch könnte folgendermaßen ablaufen:

Kunde: „Ich suche eine Kombination für das Geschäft und auch für die Freizeit!"

Verkäuferin: „Das ist prima! Gerade jetzt ist genau der richtige Zeitpunkt. Denn wir haben momentan eine riesige Auswahl an schicken Kombinationen, die Sie sowohl beruflich wie auch in Ihrer Freizeit hervorragend anziehen können. Ich zeige Ihnen einmal, was wir Ihnen so alles zu bieten haben."

Diese Vorgehensweise ist eine sehr geschickte Art, den Kunden neugierig zu machen. Und außerdem arbeiten Sie bei dieser Vorgehensweise mit einem kleinen Kniff, der die Kaufstimmung sofort etwas nach oben schiebt: Sie bestätigen Ihren Kunden unbewusst. Durch die Aussage: „Das ist genau der richtige Zeitpunkt!" vermitteln Sie ihm das Gefühl, dass er eine gute Entscheidung getroffen hat, gerade jetzt loszugehen und sich nach einer Kombination umzuschauen.

Notieren Sie sich jetzt ein paar Unterstützungs-Formulierungen, die Ihrem Kunden signalisieren: „Du kommst genau zum richtigen Zeitpunkt. Du hast eine gute Entscheidung getroffen!"

Meine Unterstützungs-Formulierungen:

____

____

____

____

Eine andere Situation entsteht, wenn der Kunde Ihnen nicht so detaillierte Angaben macht. Hier können Sie dann mit ein oder zwei Informationsfragen nachhaken. Das könnte dann folgendermaßen ablaufen:

Kundin: „Ich wollte mir einmal Ihre Blazer anschauen!"

Verkäuferin: „Schön, da kommen Sie genau richtig! Wir haben eine phantastische Auswahl an schicken Blazern da. Wozu möchten Sie denn den Blazer tragen?"

Kundin: „Am besten soll es ein Blazer sein, der zu allem passt!"

Verkäuferin: „Ja, prima! Da kann ich Ihnen einige Blazer zeigen, die Sie ganz hervorragend und vielseitig kombinieren können!"

Hier hat Ihnen die Kundin nur die Information „Blazer" gegeben. Das ist natürlich zu wenig für eine kundenbezogene Präsentation. Aus diesem Grund bot sich die Frage: „Wozu möchten Sie denn den Blazer kombinieren?" geradezu an. In diesem Fall ließ die Kundin der Verkäuferin auch viele Möglichkeiten offen. Und die Verkäuferin bestätigte noch einmal positiv, dass sie einiges zu bieten hat. Hätte die Kundin zum Beispiel geantwortet: „Zu einem schwarzen Rock!", hätte die Verkäuferin auch diese Aussage positiv bestätigen können. Beispielsweise folgendermaßen: „Oh, prima! Da kann ich Ihnen eine Menge interessanter Blazer zeigen, die Sie ganz individuell zu Ihren schwarzen Röcken kombinieren können."

Bemerken Sie den Unterschied zwischen der Frage: „Welche Farbe haben Sie sich denn vorgestellt?" und „Womit möchten Sie es denn kombinieren?" Als Antwort auf die erste Frage hätte die Kundin zum Beispiel sagen können: „Schwarzweiß kariert!" Und schon hätte die Verkäuferin vielleicht passen müssen. Die Frage: „Wozu möchten Sie es denn kombinieren?" läßt hingegen viel mehr Raum, um passende Farben zu zeigen. Und glauben Sie mir, wenn die Kundin von Anfang an nur die Farbe Schwarzweiß kariert im Kopf gehabt hätte, dann hätte sie dies der Verkäuferin auch sofort mitgeteilt.

Der andere *Kundentyp* ist derjenige, *der sich nur umschauen möchte*. Um an dessen Kundenwünsche heranzukommen, müssen Sie sich schon ein wenig mehr einfallen lassen. Allerdings hilft Ihnen auch bei diesem Kundentyp sein Unterbewusstsein. Sie müssen es nur richtig ansprechen, wie das folgende Beispiel zeigt:

Nach einer herzlichen Begrüßung entwickelt sich folgendes Gespräch:

Kunde: „Ich möchte mich nur einmal umschauen!"

Verkäufer: „Das ist doch wunderbar! Gerade jetzt haben wir eine große Auswahl, die Sie sich in Ruhe anschauen können. Wonach möchten Sie sich denn umschauen?"

Kunde: „Oh, das weiß ich ehrlich gesagt noch nicht. Einfach mal schauen, was Sie Schönes da haben."

Verkäufer: „Ja, gerne, schauen Sie sich ruhig alles an. Hier hängen zum Beispiel die neuen Farben für die kommende Saison. Und dahinter finden Sie die jeweils passenden Hosen."

Kunde: „Vielen Dank. Aber ich schaue mich jetzt erst einmal um."

Verkäufer: „Wenn Sie irgendwelche Fragen haben, sprechen Sie mich einfach an. Ich bin jederzeit für Sie da!" Mit diesen Worten zieht sich der Verkäufer ganz dezent zurück, bleibt allerdings in Sichtweite des Kunden.

Sehr schön können Sie hier erkennen, dass zumindest ein unaufdringlicher Versuch unternommen wurde, den Kunden in ein Gespräch zu verwickeln. Nur hat der Kunde aus irgendwelchen Gründen noch keine Lust, sich auf ein Gespräch einzulassen. Und darauf hat der Verkäufer positiv reagiert. Geschickt war auf jeden Fall, auf die neuen Farben und Ergänzungen hinzuweisen. Denn oft entsteht aus so einer netten Geste ein weiteres Gespräch. Und wenn nicht, ist das, wie eben gesehen, auch kein Beinbruch. Wichtig ist jetzt nur, dass Sie den Kunden unauffällig im Auge behalten und sofort in das Geschehen eingreifen können, sobald sich eine Möglichkeit ergibt. Das kann ein längerer Blick des Kunden auf einen bestimmten Artikel sein oder der Moment, wenn er sich etwas aus dem Regal nimmt oder sich fragend umschaut. In jedem dieser Fälle können Sie einen neuen Versuch starten, den Kunden in ein Gespräch zu verwickeln. Auch hier zum besseren Verständnis ein Beispiel:

Die Kundin holt sich gerade ein blaues T-Shirt aus dem Regal und sieht es sich an.

Verkäuferin: „Übrigens, dieses T-Shirt habe ich auch in Ihrer Größe da." Sie nimmt das entsprechende T-Shirt und hält es der Kundin hin.

Kundin: „Oh, eigentlich suche ich ein weißes T-Shirt zu meiner blauen Stretchjeans!"

Verkäuferin: „Ja, Weiß sieht auch ganz toll zu einer blauen Stretchjeans aus! Hier sehen Sie das gleiche T-Shirt in Weiß. Ziehen Sie es ruhig einmal an, damit Sie sehen, wie toll Ihnen dieses T-Shirt passen wird. Eine blaue und eine graue Hose lege ich Ihnen einfach mal dazu. Da können Sie auch gleich die Wirkung zu einer grauen Hose testen."

Und schon ist sie mitten in einem Verkaufsgespräch. Das Ganze erfordert nur zweierlei: eine hohe Aufmerksamkeit und ein bisschen Feingefühl. Die Aufmerksamkeit ist wichtig, damit Sie rechtzeitig erkennen, wann Sie eingreifen können.

Viele Kunden, die sich nur in einem Geschäft umschauen wollten, erzählen oft: „Da hat sich kein Mensch um mich gekümmert!" Dabei haben es die Mitarbeiter in diesem Geschäft nur gut gemeint und haben die Kundin in Ruhe schauen lassen. Jedoch war diese Verhaltensweise genau verkehrt. Denn an gewissen Punkten des Geschäftsrundgangs hätte die Kundin sehr gerne Hilfe gehabt. Nur hat sie niemanden in ihrer Nähe gesehen. Und da sie nicht unbedingt etwas gebraucht hat, ist sie eben auf niemanden zugegangen. Außerhalb des Geschäfts und wahrscheinlich auch schon im Geschäft fand sie dieses Verhalten nicht sehr aufmerksam.

Damit Sie Ihre Wahrnehmung ein wenig trainieren können, notieren Sie sich jetzt einfach ein paar „Eingreif-Signale".

Welche Signale kenne ich, um unaufdringlich eingreifen zu können?

____

____

____

____

Natürlich gibt es auch Kunden, die trotz Ihrer hilfreichen Gesten erst einmal weiterhin ihre Ruhe haben möchten. Dann brauchen Sie dieses Feingefühl, um sich wieder dezent zurückzuziehen. Später können Sie einen neuen vorsichtigen Versuch unternehmen.

Warum manche Kunden nicht gleich in ein Verkaufsgespräch verwickelt werden wollen, das hat vielerlei Gründe. Und diese Gründe werden wir uns im nächsten Kapitel etwas genauer ansehen. Eines werden Sie jedoch immer wieder feststellen: Je begeisterter Sie auch Ihre „Seh- und Informationskunden" begrüßen und je freundlicher und herzlicher Sie ihnen Tipps geben, desto leichter bekommen Sie auch Kontakt zu diesen Kunden. Und erst wenn Sie Kontakt haben, können Sie auch die wirklichen Wünsche der Kunden entdecken und entschlüsseln.

Das Wichtigste in Kürze und Ihre persönlichen Gedanken dazu:

Nur wer – bewusst – fragt, führt!
Meine Gedanken dazu:

____

Stellen Sie am Anfang des Gespräches offene Informationsfragen!
Meine Gedanken dazu:

____

Signalisieren Sie bei jedem Kunden: „Du kommst genau zum richtigen Zeitpunkt!"
Meine Gedanken dazu:

___

Akzeptieren Sie Ihre Seh- und Informationskunden.
Meine Gedanken dazu:

___

Suchen Sie bei Ihren Seh- und Informationskunden stets nach hilfreichen Gesprächsansätzen.
Meine Gedanken dazu:

___

4.5 Wie stelle ich mich auf die unterschiedlichen Persönlichkeiten ein?

Es gibt ca. sechs Milliarden Menschen auf dieser Welt. Jeder Mensch hat seine eigene Persönlichkeit. Das bedeutet für Sie, jeder Kunde oder jede Kundin möchte auch individuell behandelt werden. Also gibt es letztendlich nicht eine Verkaufsstrategie, sondern es müsste sechs Milliarden Verkaufsstrategien geben. Jetzt haben Sie zum einen das Glück, dass nicht alle sechs Milliarden Menschen zu Ihnen kommen und bei Ihnen einkaufen. Und zum anderen gibt es gewisse Merkmale und Wünsche, die sich bei den unterschiedlichsten Kunden wiederfinden.

So haben viele junge Menschen ähnliche Wünsche wie ihre Altersgenossen. Wenn zum Beispiel eine Jeansmarke oder ein bestimmtes Label angesagt ist, kommen viele Kids in Ihr Geschäft und kaufen diese Jeans oder dieses Label. Man möchte eben „dabei" und „in" sein. Ähnliche Verhaltensweisen finden wir natürlich auch bei Erwachsenen. Ist irgendeine Modefarbe angesagt, kommen hoffentlich viele Kundinnen zu Ihnen, die genau diese Modefarbe haben möchten.

Genauso gibt es Kunden, die ähnliche Verhaltensweisen an den Tag legen wie andere Kunden Ihres Geschäftes. Es gibt Kunden, die einfach länger für eine Kaufentscheidung brauchen als andere. Dagegen gibt es Menschen, die immer wieder Spontankäufe tätigen. Und wieder andere müssen es sich jedes Mal erst noch überlegen und eine Nacht darüber schlafen. Sie kennen aufgrund Ihrer langjährigen Erfahrung die unterschiedlichsten Verhaltensweisen der Kunden. Wichtig ist letztendlich nur zu erkennen, welcher Kunde auf welche Weise optimal beraten werden kann.

Wenn Sie tief in die Persönlichkeit oder, anders ausgedrückt, in das Unterbewusstsein Ihrer Kunden hineinschauen, finden Sie gewisse Merkmale.

Ganz tief verankert finden Sie bei jedem Menschen die größten Motivationsfaktoren, die sogenannten „Urbedürfnisse". Das sind Bedürfnisse, die uns Menschen existentiell wichtig sind: Atmen, essen, trinken, schlafen, sich schützen usw. Also Bedürfnisse, die uns am Leben erhalten. Um diese Urbedürfnisse zu stillen, machen wir logischerweise so ziemlich alles, was in unserer Macht steht. Wenn ein Mensch tagelang nichts zu trinken bekommen hätte, dann würde er alles unternehmen, um an irgend etwas Trinkbares zu gelangen. Das Gleiche gilt natürlich auch für das Essen, für das Schlafen und für andere Urbedürfnisse. Anders ausgedrückt, der Mensch wäre hochmotiviert, irgend etwas Trinkbares aufzutreiben. Und wenn Sie nun etwas verkaufen möchten, dann müssen Sie Ihre Kunden motivieren.

Verkaufen bedeutet letztendlich, Menschen zu motivieren, sich etwas Schönes, Neues zu gönnen und dafür auch noch Geld auszugeben.

Verkaufen bedeutet letztendlich nichts anderes, als Menschen zu motivieren, sich etwas Schönes, Neues zu gönnen und dafür auch noch Geld auszugeben. Somit ist ein Verkäufer ein *Motivator*. Eine einfache und doch zutreffende Erklärung für das Wort Motivation ist: „Jemanden dazu zu bringen, etwas mit Freude zu tun."
Sie bringen Ihre Kunden doch dazu, mit Freude Geld für schöne Bekleidung oder attraktive Bett- und Tischwäsche auszugeben. Also könnte Ihre neue Berufsbezeichnung auch „Motivator" bzw. „Motivatorin" sein. Hört sich doch gut an!

Wenn Sie nun einen Kunden schnellstmöglich motivieren möchten, dann brauchen Sie Ihre Verkaufsmethode nur auf die Urbedürfnisse auszurichten und schon werden Sie der erfolgreichste Verkäufer oder Motivator aller Zeiten. Nun kann es aber glücklicherweise nicht darum gehen, potentiellen Kunden ihre Urbedürfnisse zu verwehren. Denn neben den Urbedürfnissen gibt es noch weitere Bedürfnisse, die uns Menschen motivieren. Es sind die sogenannten *Grundbedürfnisse*, die ebenfalls tief in unserem Unterbewusstsein verankert sind und eine ähnliche Antriebskraft für uns Menschen haben wie die Urbedürfnisse. Allerdings müssen zuerst einmal die Urbedürfnisse befriedigt sein, bevor uns die Grundbedürfnisse motivieren können. Erst wenn wir satt sind und Luft zum Atmen haben, sind wir an anderen Dingen wie beispielsweise Selbstverwirklichung interessiert.

Welche Grundbedürfnisse gibt es nun? Und vor allen Dingen, welche dieser Grundbedürfnisse können wir im Verkauf nutzen, um unseren Kunden bei der Kaufentscheidung behilflich zu sein? Nach Werner Correll („Menschen durchschauen und richtig behandeln", MVG Verlag München, 1992) schlummern fünf Grundbedürfnisse in unserem Unterbewusstsein:

1. *Das Streben nach sozialer Anerkennung.*
   Das Streben nach Anerkennung von außen. Zum Beispiel das Streben nach Lob und Komplimenten.
2. *Das Streben nach Sicherheit und Geborgenheit.*
   Dieses Bedürfnis ist immer dann befriedigt, wenn wir uns sicher und geborgen fühlen.
3. *Das Streben nach Vertrauen.*
   Dieser Antriebsfaktor strebt nach dem Vertrauen zu anderen Menschen.
4. *Das Streben nach Selbstachtung.*
   Dieses Grundbedürfnis sorgt dafür, dass wir immer auch ein gewisses Maß an Achtung vor uns selbst haben.
5. *Das Streben nach Unabhängigkeit und Eigenverantwortung.*
   Dieses unbewusste Grundbedürfnis sorgt für eine gewisse Unabhängigkeit und für ein gewisses Maß an eigenverantwortlichem Handeln in unserem Leben.

Sie werden erkennen, dass alle fünf Bedürfnisse in Ihrem Leben eine gewisse Rolle spielen. Denn irgendwie freuen wir uns alle über Lob und Anerkennung. Ein gewisses Maß an Sicherheit und Geborgenheit in unserem Leben ist ebenfalls ein wichtiger Aspekt.

Und wenn uns andere Menschen Vertrauen entgegenbringen, sind wir sicherlich glücklich. Schauen wir in einen Spiegel und empfinden wenigstens ein klein wenig Achtung für uns selbst, geht es uns gleich besser. Völlig abhängig von anderen Menschen wollen wir auch nicht sein. Denn wir Menschen genießen es auch, Dinge unabhängig und eigenverantwortlich in unserem Leben gestalten zu können.

So weit, so gut. Wie können Sie nun diese mehr oder weniger bei allen Menschen vorhandenen Grundbedürfnisse in Ihren Verkaufsgesprächen nutzen? Alle fünf Grundbedürfnisse sind, wie Sie jetzt bereits wissen, in jedem Menschen vorhanden. Allerdings sind die einzelnen Bedürfnisse nicht für jeden Menschen gleich wichtig. Für den einen ist besonders die Anerkennung von außen wichtig, für einen anderen ist es besonders wichtig, unabhängig und frei in seinem Leben entscheiden zu können. Und genau da liegt unser Ansatzpunkt. Wenn Sie herausgefunden haben, welches Grundbedürfnis für den Kunden besonders wichtig ist, dann können Sie diesen Menschen viel leichter motivieren und überzeugen. Es geht also darum herauszufinden, welches der Grundbedürfnisse bei Ihren Kunden das vorherrschende ist. Und damit Ihnen das etwas leichter von der Hand geht, schauen wir uns einmal ein paar Merkmale an, die Ihnen bei der Suche nach dem vorherrschenden Grundbedürfnis Ihrer Kunden behilflich sind.

Entscheidend für den positiven Verlauf des Verkaufsgespräch ist, dass der Verkäufer das bei dem Kunden jeweils vorherrschende Grundbedürfnis ansprechen kann.

Ein wichtiges und hilfreiches Merkmal kann in der äußeren Erscheinung der Kunden liegen. Damit ist nicht gemeint, ob Ihnen ein Mensch sympathisch oder unsympathisch ist. Wichtig sind vielmehr beispielsweise folgende Eigenschaften: Kleidet sich der Mensch auffällig oder unauffällig? Außerdem kann die Sprache eines Menschen hilfreiche Rückschlüsse auf seine Grundbedürfnisse ermöglichen. Spricht er oft in der Ich-Form und etwas lauter als die anderen, oder spricht ein Mensch ruhiger und zurückhaltender als der Durchschnitt? Da Sie mit Ihren Kunden ja auch oft über private Dinge reden, sind auch seine Freizeitbeschäftigungen, Hobbys und Urlaubsvorlieben ein gutes Hilfsmittel. Handelt es sich bei Ihrem Kunden um einen eher skeptischen Menschen, der vorsichtig in die Zukunft blickt, oder ist er vom Typ eher ein Optimist? Auch das kann ein Kriterium sein, um den Kunden noch persönlichkeitsgerechter zu beraten. Wie verhält er sich in einer Gruppe? Ist er der Wortführer und dominiert er das Gespräch?

Oder läßt er sich gerne und bereitwillig von seiner Begleitperson oder sogar von Ihnen beeinflussen? Auch dieses sogenannte Gruppenverhalten ist ein Wegweiser zu seiner Persönlichkeit.

Herr Frustig ist heute so richtig geladen. Da kommt ihm der Stammtisch gerade recht, um sich wenigstens dort den ganzen Frust von der Seele reden zu können. Seine Frau hört ihm eh nicht mehr zu und sagt immer: „Hör endlich einmal auf mit deinem Gejammere!" „Also, ich hatte heute die unterschiedlichsten Kunden", legt Herr Frustig bei seinen Stammtischkollegen los, „wenn heute noch mehr so komische Vögel zu uns gekommen wären, hätte ich wirklich nicht mehr gewusst, was ich dann gemacht hätte. Wo das noch hinführen soll! Zuerst kam einer, der mir am liebsten seinen Porscheschlüssel unter die Nase gehalten hätte. Schon quer durch das Geschäft rief er: ‚Junger Mann, haben Sie mal Zeit für mich! Ich habe es eilig, mein Porsche steht im Halteverbot. Ich brauche dringend ein Designersakko für unseren Golfclubball.' Nichts war ihm gut genug. Und während er mir von seinen mondänen Reisen erzählte, blitzte ständig seine Rolex unter der Manschette hervor. Schließlich hat er doch nichts gekauft, mit der Bemerkung: ‚Das ist ja alles Massenware, die Sie hier so hängen haben.'

Dann kam einer, der sah aus wie ein Beamter. Der hatte einen Anzug an, der vor ca. 20 Jahren brandaktuell war. Ich konnte ihn kaum verstehen, so leise hat er gesprochen. Und der wollte sich einen Anzug kaufen. Laufend fragte er mich, wo denn das Wollsiegel sei und ob die Passform auch gut wäre. Als ob der sich einen feinen Wollanzug, womöglich noch in einer Super-100-Ware, hätte leisten können.

Na, und dann kam der Allerhöchste, mit Frau. Das war wieder einmal ein Schauspiel. Kaum im Geschäft, legte die Frau los: ‚Wir suchen einen Anzug für meinen Mann!' Wenn ich das schon höre. Eine Frau sucht einen Anzug für ihren Mann. Wenn der alleine gekommen wäre, dann hätte ich dem bestimmt zwei Anzüge verkaufen können. Nur egal welchen Anzug ich ihm gezeigt habe: Die Frau hatte permanent etwas daran auszusetzen. Ist das nicht schön, wenn man so unter dem Pantoffel steht?

Und dann kam der absolute Knaller. Wie der schon aussah. Dass der nicht noch eine Fusselbürste dabei hatte! Keine Falte, kein Knitter im Anzug. Die Haare waren wie mit einem Lineal gekämmt. Und egal was ich ihm für eine Hose zeigte, er hatte immer irgend etwas daran auszusetzen. Dass er mich nicht noch gefragt hat, wie die Näherin heißt, die diese Hose genäht hat, war alles. Mit keiner Auskunft war er zufrieden. Jedes Mal wollte er es noch genauer wissen.

Und kurz vor Feierabend, da kam dann Gott sei Dank der letzte Kunde. So ein junger Typ, mit Jeans und Blazer. Und gerade der wollte sich einen Mantel kaufen. Das ich nicht lache. Ich glaube, der wollte sich nur ein bisschen aufwärmen. ‚Haben Sie einen blauen Baumwollmantel in meiner Größe? Wenn nicht, brauchen Sie mir nichts anderes zu zeigen. Ich habe es nämlich eilig und möchte gerne noch pünktlich zu meinem Squashspiel kommen!' Mit diesen Worten kam der auf mich zugestürmt. Mit dem war ich schnell fertig. Ich hatte keinen blauen Baumwollmantel. Und außerdem meinte der bestimmt einen Popelinemantel. Der kam auf jeden Fall rechtzeitig zu seinem Squashspiel. Gott sein Dank kamen noch ein paar Stammkunden, die mir wenigstens ein paar Sachen abgekauft haben. Sonst hätte ich heute wieder keinen Umsatz gemacht. Es wird einfach immer schwieriger. Oder besser gesagt, die Kunden werden immer schwieriger. Früher waren die froh, dass wir so viel Auswahl hatten. Heutzutage glaube ich, kommen die nur, um ihre Macken bei uns auszuleben."

Herr Frustig merkte vor lauter Erzählen gar nicht, dass sich die meisten seiner Stammtischkollegen schon längst einem anderen Thema gewidmet haben. Denn diese Nörgelarie von Herrn Frustig war allen schon mehr als bekannt.

„Gestern, liebe Auszubildenden, war ein ganz interessanter Tag", beginnt Herr Lustig seine Schulung mit den Auszubildenden seines Hauses. „Ihr hattet Gelegenheit, die unterschiedlichsten Kundentypen an einem Tag kennenzulernen. Und wer genau hingesehen und hingehört hat, der konnte gestern sehr viel lernen. Vielleicht sogar mehr, als es in einer Schulung oder in der Schule möglich ist. Könnt ihr euch noch an den ersten Kunden erinnern, der morgens in die Abteilung kam? Ich meine den, der aussah, als sei er einem Hollywoodfilm entsprungen. Super angezogen und braungebrannt." „Ach, Sie meinen den, der so arrogant und überheblich aufgetreten ist. Den haben Sie schön um den Finger gewickelt", fragte ein junger Mann nach. „Oh nein! Der war nicht arrogant und überheblich. Allenfalls hat er so auf dich gewirkt. Das war ganz einfach ein Typ, der stolz auf sich war und gerne von seinen tollen Erlebnissen und Erfolgen berichten wollte. Und ich breche mir doch keinen Zacken aus der Krone, wenn ich so einem ab und zu einmal ein Kompliment mache. Auch dass er nur etwas ganz Besonderes wollte, ist doch kein Zeichen von Überheblichkeit. Er wollte eben nicht 08/15-mäßig herumlaufen. Eigentlich wollte er nur ein Hemd kaufen und ist schließ-

lich mit zwei Hemden und zwei Poloshirts wieder von dannen gezogen. Außerdem hat er sich riesig gefreut, dass ich ihn in unsere Kundenkartei aufgenommen habe. Wenn Ihr so einen Kunden hervorragend beraten möchtet, gebt ihm doch einfach das, was er verlangt: Anerkennung und Bewunderung.

So gegen Mittag war ebenfalls ein ganz interessanter Kunde bei mir. Ich meine jetzt den, der sich zuerst alleine umschauen wollte und den wir fast alle übersehen hätten." „Ach, Sie meinen den, der aussah, als ob er sich alle Schaltjahre einmal etwas Neues kauft", meinte ein junger Azubi jetzt. „Ja, genau den!", fuhr Herr Lustig fort. „Nur, junger Mann, da hast du dich etwas getäuscht. Der sah zwar nicht aus, als ob er sich permanent mit Mode beschäftigen würde. Jedoch hat er mir später erzählt, dass er sich pro Saison ein komplettes Outfit für seinen Bürojob kauft. Nur ist ihm eben die modische Aussage nicht so wichtig. Ich glaube, den habe ich auch zu einem neuen Stammkunden des Hauses gemacht. Der war ganz begeistert von unserem Klassikprogramm, mit den Top-Qualitäten und austauschbaren Größen in unserem Anzug-Baukastensystem.

Ja, und kurz darauf kam doch dieses Ehepaar." „Ja, das war doch der Kunde, der absolut nichts zu melden hatte", meldete sich wieder ein Auszubildender zu Wort. „Das weiß ich nicht unbedingt! Auf jeden Fall haben die beiden sehr gut gekauft und sich vielmals bedankt. Und das ist schließlich das Entscheidende. Das war eben ein Kunde, der sich auf seine Frau verlassen hat. Und die hatte ja auch einen guten Geschmack. In solch einem Fall müßt ihr euch ganz einfach auf die Begleitperson einstellen. Es hat gar keinen Sinn, den Mann zu bedauern. Erstens will der gar nicht bedauert werden, und zweitens entscheidet in solch einem Fall immer die Begleitperson. Das ist nicht bei allen Ehepaaren so. Ihr müßt also immer herausfinden, wer von beiden die Hosen an hat. Und auf den müßt ihr euch mit eurem Verkaufsgespräch einstellen.

Nachmittags kam dann dieser Kunde, der mir fast ein Loch in den Bauch gefragt hat." „Ah, Sie meinen den, der so völlig unnahbar gewirkt hat und am liebsten mit einem Fadenzähler bewaffnet durch das ganze Anzuglager getigert wäre?", fragte eine junge Auszubildende. „Ja, genau den meine ich", reagierte Herr Lustig ganz gelassen auf die vorwitzige Bemerkung. „Wenn ihr so einen Kunden vor euch stehen habt, ist die Strategie ganz einfach. Erklärt ihm alles ganz genau und haarklein. Das ist natürlich nicht bei jedem Kunden nötig. Sondern eben nur bei diesem speziellen Kundentyp. Zu erkennen ist er relativ einfach. Er hinterfragt am Anfang eines Gespräches fast alles, was ihr ihm erzählt. Und dieses

Signal müßt ihr aufnehmen. Wichtig bei solchen Kunden ist natürlich, dass ihr auch wirklich gut Bescheid wisst. Hier könnt ihr unsere Warenkundeschulungen perfekt an den Mann bringen.

Ja, und dann war da noch dieser eine Kunde mit Cordhose, Lederjacke und den Birkenstocksandalen." „Na, also der sah ja aus. Ich hätte mich fast kaputt gelacht!", lachte jetzt ein junger Mann in Herrn Lustigs Schulungsrunde. „Gut, dass du nicht laut gelacht hast!", erwiderte Herr Lustig. „Deine Lachnummer war nämlich der Professor für Gesichtschirurgie. Und der hätte dir gleich deine Lachmuskeln operieren können. Aber schön, dass du so ehrlich mit deiner Meinung bist. Denn dieser saloppe Herr Professor ist ein hervorragendes Beispiel, wie sehr man sich heutzutage täuschen kann. Als ich anfing zu lernen, da kam hier noch kein Professor mit Cordhose, Lederjacke und Birkenstocksandalen herein, sondern damals trugen die Herren Professoren alle einen Anzug mit Krawatte. Daran könnt ihr sehen, wie sich die Zeiten ändern! Auf jeden Fall war dieser Professor ein hervorragendes Beispiel für einen Kunden, der sich ungern in eine Schablone pressen läßt. Er wollte sich einfach einmal bei uns umschauen. Und trotzdem ist es mir gelungen, ihm eine neue Lederjacke zu verkaufen. Der hat sich riesig gefreut, als ich ihm signalisierte, dass er sich in Ruhe umsehen kann. Und im gleichen Atemzug habe ich ihn auf die neu hereingekommenen Lederjacken hingewiesen. Und siehe da, Glück muss der Mensch haben, er hat gleich angebissen." „Ja, aber Sie haben ihn doch fast gar nicht beraten, Herr Lustig. Schmücken Sie sich da nicht mit fremden Federn?", frotzelte jetzt eine junge Dame. „Ich wollte doch nicht mit meinem 1500-DM-Bon angeben. Ich wollte euch nur deutlich machen, dass es auch Kunden gibt, denen ihr nur die Freiheit der Entscheidung signalisieren müßt, damit sie sich euch gegenüber öffnen. Und der Herr Professor war genau so ein Typ. Hätte ich auf ihn eingeredet wie ein Wasserfall, dann hätte ich ihn schnellstmöglich aus dem Geschäft getrieben", antwortete Herr Lustig belustigt. „Gestern konntet ihr also eine Bandbreite der unterschiedlichsten Einkaufsgewohnheiten und Kundentypen sehen. Legt möglichst alle Vorurteile ab und stellt euch dann auf die unterschiedlichen Persönlichkeitsmerkmale eurer Kunden ein. Damit werdet ihr immer viel Spaß und Erfolg haben", beendete Herr Lustig seine Kurzschulung.

Das waren schon ein paar typische Beschreibungen der unterschiedlichen Persönlichkeitsmerkmale. Sicherlich haben Sie sowohl bei Herrn Frustigs als auch bei Herrn Lustigs Kundenbeschreibungen einige Kundentypen, die Ihnen tagtäglich über den

Weg laufen, erkannt. Deutlich wurde auch, wie man sich durch Voreingenommenheit das Leben als erfolgreicher Verkäufer erschweren kann.

Damit Ihnen das Erkennen der unterschiedlichen Persönlichkeitsmerkmale in der Praxis noch leichter fällt, sehen Sie jetzt in einer kleinen Übersicht *häufig vorkommende Merkmale der einzelnen Grundbedürfnistypen.*

Menschen, die besonders nach sozialer Anerkennung streben, können folgendermaßen auftreten:

Äußere Erscheinung: auffällig

Sprache: lauter und oft ichbezogen

Freizeit/Hobbys: Trendsportarten, Exklusivurlaube

Gruppenverhalten: Wortführer, steht gerne im Mittelpunkt

Einstellung zur Zukunft: naiv optimistisch
„Einstellung zur Zukunft" meint nicht vorrangig die ferne Zukunft, sondern die Einstellung, mit der die jeweilige Person Zukünftiges angeht oder beurteilt.

Menschen, die besonders nach Sicherheit und Geborgenheit streben, können folgendermaßen auftreten:

Äußere Erscheinung: dezent, unauffällig

Sprache: zurückhaltend

Freizeit/Hobbys: Familie, bekannte Urlaubsziele

Gruppenverhalten: gruppendienlich

Einstellung zur Zukunft: vorsichtig

Menschen, die besonders nach Vertrauen streben, können folgendermaßen auftreten:

Äußere Erscheinung: unauffällig

Sprache: Wir-Form

Freizeit/Hobbys: Vereine, Cliquen, Cluburlaube

Gruppenverhalten: angepasst

Einstellung zur Zukunft: am Umfeld orientiert

Menschen, die besonders nach Selbstachtung streben, können folgendermaßen auftreten:

Äußere Erscheinung: korrekt

Sprache: präzise

Freizeit/Hobbys: Kultur, Bildungsreisen

Gruppenverhalten: Einzelgänger

Einstellung zur Zukunft: pessimistisch, skeptisch

Menschen, die besonders nach Unabhängigkeit und Eigenverantwortung streben, können folgendermaßen auftreten:

Äußere Erscheinung: individueller Stil

Sprache: klar

Freizeit/Hobbys: Einzelsport, Individualreisen

Gruppenverhalten: Führungspersönlichkeit

Einstellung zur Zukunft: realistisch, optimistisch

Diese Merkmale sind als Anhaltspunkte gedacht. Also stufen Sie nicht jeden Kunden sofort nach dieser Liste ein, sondern betrachten Sie diese Merkmale als Orientierungshilfe.

Am besten trainieren Sie Ihre Beobachtungsgabe jetzt gleich. Nehmen Sie sich als Trainingspartner drei Menschen, die Sie gut kennen. Versuchen Sie jetzt bei diesen drei Menschen das dominante Grundbedürfnis zu entdecken.

Ihr 1. Beispiel:

Name:

____

____

Äußeres Erscheinungsbild:

____

____

Sprache:

____

____

Freizeit/Hobbys:

____

____

Gruppenverhalten:

____

____

Einstellung zur Zukunft:

____

____

Mögliches dominantes Grundbedürfnis:

____

____

Ihr 2. Beispiel

Name:

____

____

Äußeres Erscheinungsbild:

____

____

Sprache:

____

____

Freizeit/Hobbys:

____

____

Gruppenverhalten:

____

____

Einstellung zur Zukunft:

____

____

Mögliches dominantes Grundbedürfnis:

____

____

Ihr 3. Beispiel

Name:

____

____

Äußeres Erscheinungsbild:

____

____

Sprache:

____

____

Freizeit/Hobbys:

____

____

Gruppenverhalten:

____

____

Einstellung zur Zukunft:

____

____

Mögliches dominantes Grundbedürfnis:

____

____

Allerdings ist es in der Praxis nicht so wichtig, was ein Mensch tut und sagt, sondern es ist für Sie viel hilfreicher, wie ein Mensch zum Beispiel über seine Hobbys oder über seine Einstellung spricht. Viele Ihrer Kunden machen sicherlich Urlaub auf der Insel Mallorca. Was sie dort machen und wie sie es Ihnen erzählen, kann natürlich sehr unterschiedlich sein. Der *Kunde, der besonders nach sozialer Anerkennung strebt*, erzählt Ihnen vielleicht Folgendes: „Also, ich war in diesem Jahr auf Mallorca. Natürlich nicht dort, wo sich die Massentouristen aufhalten. Ich habe da ein ganz kleines, exklusives Hotel entdeckt. Ich sage Ihnen, ein Traum. Sicherlich etwas teurer als diese Betonbunker. Doch der Service war einfach einmalig."

Ihr *Kunde, der nach Sicherheit strebt*, würde Ihnen vielleicht Folgendes erzählen: „Auch in diesem Jahr waren wir wieder auf Mallorca. Wir fahren da schon seit Jahren hin. In eine kleine Pension, die ist richtig gemütlich. Man fühlt sich schon am ersten Tag wie zu Hause. Das ist Erholung vom ersten Tag an."

Der *Kunde, der besonders nach Vertrauen strebt*, berichtet Ihnen Folgendes: „Also, ich war ja noch nie auf Mallorca. In diesem Jahr haben uns unsere Freunde so lange beackert, bis wir gemeinsam mit ihnen dort eine Woche verbracht haben. Ich sage Ihnen, es war richtig nett. Wir saßen jeden Abend auf der Hotelterrasse und hatten mächtig Spaß."

Strebt Ihr Kunde mehr nach Selbstachtung, bekommen Sie eventuell folgende Urlaubsgeschichte zu hören: „Ich war zum ersten Mal auf Mallorca. Ich sage Ihnen, das ist eine wunderbare Insel. Was es dort an Kultur und Natur pur zu sehen gibt. Das müssen Sie einfach einmal gesehen haben. Für mich war es der ideale Urlaubsort. Auch wenn man mittlerweile viel Negatives über den Massentourismus liest. Ich habe dort sehr schöne Fleckchen gesehen und konnte dort mich, meinen Körper und meinen Geist mit neuen Eindrücken fit machen."

Die Urlaubsgeschichte des nach Unabhängigkeit und Eigenverantwortung strebenden Kunden könnte sich folgendermaßen anhören: „Sie werden es nicht glauben. Ich war dieses Jahr auf Mallorca. Und zwar mit einem Last-Minute-Angebot. Kurz entschlossen habe ich einen günstigen Flug nach Mallorca gebucht. Drüben angekommen, habe ich meinen Rucksack gepackt und mir gleich in einem kleinen Hotel eine Übernachtungsmöglichkeit gesucht. Vierzehn Tage lang habe ich auf eigene Faust die Insel erkundet. Ich glaube, ich kenne die Insel jetzt besser als jeder Einheimische."

Sie sehen, es sind oft Nuancen, die den Unterschied ausmachen. Deshalb ist es so immens wichtig, dass Sie aufmerksam hinhören. Und auch Ihre Beobachtungsgabe ist bei diesem Thema gefordert. Denn die äußeren Merkmale Ihrer Kunden sind nicht immer so gravierend unterschiedlich.

Nicht jeder Kunde, der nach sozialer Anerkennung strebt, zeigt Ihnen sofort seinen Porscheschlüssel oder besitzt einen Porsche bzw. ein anderes Luxusgefährt. Und nicht jeder Kunde, der nach Sicherheit strebt, ist wie eine graue Maus gekleidet. Sie dürfen schon etwas genauer hinsehen, um die kleinen und feinen Unterschiede zu entdecken. Aber auch hier gilt: Übung macht den Meister. Und wenn Sie dann erkannt haben, welches Grundbedürfnis sehr wichtig für Ihren Kunden ist, dürfen Sie zum einen *Ihre Toleranz trainieren* und zum anderen *Ihre Verkaufsstrategie auf seine Persönlichkeit abstimmen.*

Das mit der Toleranz wird Ihnen sicherlich leicht gelingen. Denn bei jedem Merkmal oder jeder Verhaltensweise, das oder die Sie nicht so gut finden, brauchen Sie sich nur an eines zu erinnern:

Jeder Mensch hat so seine Eigenarten. Und da Sie auch ein Mensch aus Fleisch und Blut sind, können Sie ganz sicher sein, dass auch Sie gewisse unbewusste Eigenarten besitzen, die nicht unbedingt jedermanns Sache sind. Wenn also jemand auf Sie arrogant und überheblich wirkt, denken Sie stets daran: „Auch ich habe irgendwelche Macken!"

Die beste Methode übrigens, um das Erkennen der unterschiedlichen Persönlichkeitsmerkmale zu trainieren, ist folgende: Egal mit wem Sie sprechen und mit wem Sie zusammen sind, achten Sie jedes Mal auf die feinen Unterschiede zwischen Personen in Bezug auf die Sprache, deren äußere Erscheinung und deren Hobbys. Beginnen Sie am besten noch heute mit Ihrem Training. Schauen Sie sich Ihre Freunde, Ihre Kollegen oder Ihren Partner an. Und versuchen Sie herauszufinden, nach welchem Grundbedürfnis dieser Mensch besonders strebt.

Auch *offene Fragen* können dabei helfen, etwas über die Grundbedürfnisse des Gegenübers zu erfahren. Wenn Ihnen jemand erzählt, dass er irgendwo Urlaub gemacht hat, fragen Sie ihn zum Beispiel, was er dort alles gemacht hat, oder wieso er sich gerade für diese Beschäftigung bzw. diesen Urlaubsort entschieden hat.

Wenn ein Kunde etwas Neues gekauft hat, dann haben Sie einen ganz hervorragenden Anhaltspunkt, um ein wenig mehr über ihn zu erfahren. Fragen Sie ihn einfach danach, wie ihm der Einkauf gefallen hat. Und jetzt hören Sie besonders gut hin! Denn das, was Ihnen Ihr Kunde jetzt erzählt, hilft Ihnen nicht nur dabei, etwas über sein dominantes Grundbedürfnis zu erfahren, sondern Sie bekommen nun auch gleich die optimale Verkaufsstrategie mitgeliefert.

Bei einem Menschen, der nach sozialer Anerkennung strebt, könnte sich die Antwort folgendermaßen anhören: „Also, ich sage Ihnen, dieses Schuhgeschäft ist Spitzenklasse. Die haben so besondere Schuhmodelle. Die finden Sie selbst in München nicht wieder. Und die Mitarbeiterinnen sind äußerst aufmerksam. Also wirklich erste Klasse. Die haben sofort erkannt, dass ich einen außergewöhnlichen Geschmack habe und haben mir gleich die wirklich schicken Schuhmodelle präsentiert."

Strebt Ihre Kundin nach Sicherheit, dann hört sich das Einkaufserlebnis vielleicht folgendermaßen an: „Wissen Sie, ich kaufe meine Schuhe vor allen Dingen nach folgenden Kriterien: Passform und

Bequemlichkeit. Und das ist ja heutzutage gar nicht mehr so einfach. Ich sage Ihnen, ich bin den ganzen Tag in der Stadt umhergelaufen, bis ich diese Schuhe gefunden habe. Das Lustige daran ist, dass ich sie schon im ersten Geschäft gesehen habe. Nur war ich mir da noch nicht sicher, ob es die richtigen sind. Und bei meinem ersten Besuch in diesem Geschäft hatte ich auch keine Verkäuferin. Manchmal sind Verkäufer ja so aufdringlich und wollen einem unbedingt etwas verkaufen. Da habe ich erst einmal alleine schauen wollen. Als ich dann noch einmal in dem Geschäft war, hatte ich Glück, und eine ganz nette Verkäuferin hatte Zeit für mich. Die wusste gut Bescheid und hat mir dann auch erzählt, dass diese Schuhe aus deutscher Produktion kommen. Das gibt einem eben doch ein gutes Gefühl. Und ich sage Ihnen, ich habe noch nie so bequeme Schuhe getragen."

Bei einer Kundin, die besonders nach Vertrauen strebt, könnte sich das Einkaufserlebnis folgendermaßen anhören: „Ich gehe ja schon seit Jahren immer in das gleiche Schuhgeschäft. Da habe ich meine Verkäuferin, die kennt sogar meinen Namen. Und die weiß vor allen Dingen genau, welche Schuhe ich brauche. Auf diese Dame kann ich mich einfach verlassen. Meistens gehe ich ja mit meiner Freundin einkaufen. Aber an diesem Tag hatte sie leider keine Zeit. Und da ist es mir um so wichtiger, eine Verkäuferin zu haben, auf die ich mich verlassen kann. In diesem Geschäft wurde ich noch nie enttäuscht."

Strebt Ihre Kundin dagegen nach Selbstachtung, dann erzählt sie Ihnen eventuell folgende Geschichte: „Ja, das kann ich Ihnen genau sagen. Das war ein Schuhgeschäft in der Müllerstraße. Ich sage Ihnen, die beraten ihre Kunden dort wirklich noch so, wie man es sich vorstellt. Dort bedienen nicht Aushilfen und Leute, die keine Ahnung haben. Sondern die Verkaufsberater erklären Ihnen jede Kleinigkeit mit solch einer Liebe zum Detail. Das ist eine wahre Freude. Die wissen noch, aus welchem Leder die Schuhe gemacht wurden. Und können Ihnen auch etwas über die verschiedenen Leisten erzählen. Wie ich schon sagte, eben top ausgebildetes Fachpersonal. Ich kann Ihnen dieses Geschäft wirklich empfehlen."

Ja, und eine nach Unabhängigkeit strebende Kundin berichtet Ihnen vielleicht Folgendes: „Oh, die Schuhe. Warten Sie mal, wo habe ich die denn gekauft? Ach ja, da war ich beruflich gerade unterwegs und habe sie in irgendeinem Laden im Schaufenster gesehen. Eine nette junge Dame hat mir dann auf Anhieb die passende Größe gebracht, und fertig war der Einkauf. Die junge Dame hat nicht viel geredet, sondern mich nur gefragt, ob die Größe in Ordnung ist und ob mir der Schuh gefällt! Beides konnte ich bejahen, und ab ging es zur Kasse. Nein, doch nicht ganz. Jetzt, wo Sie mich fragen, fällt es mir wieder ein. Diese junge Mitarbeiterin hat mir noch so im Vorbeigehen ein paar offene Schuhe gezeigt und Sie werden lachen, die habe ich auch gleich mitgenommen. Das hatte ich eigentlich gar nicht vor. Aber diese Mitarbeiterin hat das so nett und unaufdringlich gemacht. Das war o. k.!"

Die Frage nach einem Einkaufserlebnis stellt einen guten Gesprächseinstieg dar.

Sie sehen, fünf Schuhkäufe und doch war jeder anders. Wie oben bereits erwähnt, ist die Frage nach einem Einkaufserlebnis eine sehr geschickte Frage. Die meisten Kunden freuen sich über Ihre Aufmerksamkeit, wenn Sie irgend etwas Neues wie Schuhe, Tasche oder Schmuck bewundern. Und außerdem liefern Ihre Kunden frei Haus die bevorzugte Einkaufsstrategie. Und wenn Ihnen Ihre Kunden negative Einkaufserlebnisse erzählen, hören Sie auch gut hin. Denn jetzt wissen Sie, wie Sie es nicht machen dürfen. Das könnte sich dann folgendermaßen anhören:

Soziale Anerkennung:
„Die können sich bis heute nicht meinen Namen merken. Meinen Sie, die wissen, was eine Louis-Vuitton-Tasche ist? Die führen nur 08/15-Ware."

Sicherheit und Geborgenheit:
„Von Qualität halten die in diesem Unternehmen ja überhaupt nichts. Jedes Mal wenn ich dahin komme, haben die neues Personal. Die schauen einen an, als ob man nicht richtig angezogen wäre."

Vertrauen:
„Seit meine Frau Müller nicht mehr in dem Geschäft ist, gehe ich da auch nicht mehr hin. Meine Freundin meinte, dass die mich dort sehr schlecht beraten hätten."

Selbstachtung:
„Von ihren Produkten haben die ja überhaupt keine Ahnung. Fachpersonal ist für die ein Fremdwort. Wenn Sie da eine Frage haben, kann Ihnen die niemand korrekt beantworten."

Unabhängigkeit und Eigenverantwortung:
„So etwas Aufdringliches habe ich noch nie erlebt. In dem Laden ist alles schön und schick. Selbst wenn Sie aussehen wie der letzte Papagallo. Und in Ruhe umschauen kann man sich da auch nicht."

Zur besseren Umsetzung in die Praxis finden Sie jetzt die Verkaufsstrategien im Überblick.

Die Verkaufsstrategien im Überblick

Soziale Anerkennung:
Loben – „Das sind aber außergewöhnlich schicke Ohrringe, (...)."
Anerkennung vermitteln – „Bei Ihrem guten Geschmack, (...)."
Besonderes und Exklusives anbieten – „Das ist ein(e) ganz außergewöhnliche(s) Farbe, Modell usw."

Sicherheit und Geborgenheit:
Qualität herausstellen – „Sehen Sie hier das Wollsiegel, (...)."
Passform erwähnen – „Eine hervorragende Passform, (...)."
Garantie, Service anbieten – „Das können Sie jederzeit in unserem Atelier ändern lassen, (...)."
Bewährtes anbieten – „Ein seit langem bewährter Stoff, (...)."

Vertrauen:
Persönliches Verhältnis aufbauen – „Hier ist meine Visitenkarte, (...)."
Ehrlichkeit hervorheben – „Ziehen Sie zum Vergleich doch das andere Modell an."
Eigene Erfahrungen und Erfahrungen anderer erwähnen – „Das ist eine bei vielen Kunden beliebte Kombination."

Selbstachtung:
Präzises Erklären – „Das können Sie folgendermaßen waschen: (...)."
Genaue Detailkenntnisse einbringen – „Wenn Sie diese Verarbeitung einmal von innen ansehen, dann erkennen Sie (.)."
Exakt die Fragen des Kunden beantworten – „Dazu kann ich Ihnen Folgendes sagen: (...)."

Unabhängigkeit und Eigenverantwortung:
Den Kunden entscheiden lassen – „Wie gefällt es Ihnen?"
Sachlich argumentieren – „Das ist aus reiner Baumwolle und bringt Ihnen den Vorteil, (...)."
Keine unnötigen und zu allgemeinen Argumente einbringen – Also nicht: „Das ist schick", oder „Das trägt man jetzt so."

Sie sehen, es gibt eine Menge zu beachten, wenn es um die persönlichkeitsgerechte Motivation Ihrer Kunden geht! Ich verspreche Ihnen, es lohnt sich. Denn Ihre Verkaufsgespräche werden um ein Vielfaches interessanter und erfolgreicher sein.

Für alle, die jetzt meinen: „Das ist zu schwer für mich!", ein kleiner Hinweis: Eigentlich beherrschen Sie die eben dargestellte Technik schon! Denn bei all Ihren Stammkunden wenden Sie diese Strategien bereits unbewusst an. Sonst wären diese Kunden nämlich keine Stammkunden. Sie bekommen immer dann einen neuen Stammkunden, wenn es Ihnen gelingt, dessen dominantes Grundbedürfnis exakt anzusprechen. Daher erklärt sich auch, dass Sie und Ihre Kollegen oft sehr unterschiedliche Stammkundenkreise betreuen. Denn es liegt in der Natur der Sache, dass Sie mit bestimmten Grundbedürfnissen besser zurechtkommen als Ihre Kollegen und umgekehrt. Dies liegt an dem Grundbedürfnis, das bei Ihnen am stärksten ausgeprägt ist. Wenn Sie zum Beispiel sehr stark nach Anerkennung streben, kann es schon sein, dass Sie mit Kunden, die den gleichen Wunsch haben, nicht ganz so gut zurechtkommen. Dagegen tut sich ein Kollege, der stark nach Vertrauen strebt, vielleicht leichter mit diesen Kundentypen. Die Aufgabe der Zukunft lautet also, noch mehr Stammkunden zu gewinnen. Dies gelingt Ihnen mit Sicherheit mit Hilfe dieses Kapitels. Und dabei wünsche ich Ihnen jetzt schon viel Spaß!

Das Wichtigste in Kürze und Ihre persönlichen Gedanken dazu:

Verkaufen bedeutet motivieren.
Meine Gedanken dazu:

Motivieren Sie Ihre Kunden individuell und persönlichkeitsbezogen.
Meine Gedanken dazu:

Beachten Sie die fünf Grundbedürfnisse des Menschen und die daraus resultierenden Persönlichkeitsmerkmale:

1. Soziale Anerkennung
2. Sicherheit und Geborgenheit
3. Vertrauen
4. Selbstachtung
5. Unabhängigkeit und Verantwortung

Meine Gedanken dazu:

Trainieren Sie Ihre Beobachtungsgabe.
Meine Gedanken dazu:

Trainieren Sie das Hinhören.
Meine Gedanken dazu:

Akzeptieren Sie die unterschiedlichen Persönlichkeitsmerkmale.
Meine Gedanken dazu:

Stellen Sie Ihre Verkaufsstrategie auf das bei Ihrem Kunden jeweils dominante Grundbedürfnis ein.
Meine Gedanken dazu:

4.6 Wie präsentiere ich meine Ware begeisternd?

„Den haben wir dann auch noch in Marineblau." Gelangweilt zeigt Herr Frustig den blauen Blazer. „Wenn Sie wollen, können Sie den auch noch anprobieren. Ich schaue in der Zwischenzeit nach, ob wir sonst irgend etwas Passendes für Sie haben. Wobei ich nicht glaube, dass wir um diese Jahreszeit noch viel Auswahl haben." Während der Kunde den soeben anprobierten Blazer über den Stuhl legt, kommt Herr Frustig auch schon wieder von seiner Entdeckungstour zurück. „Nein, wie ich schon sagte, zur Zeit sind wir ganz schlecht sortiert. Blazer sind außerdem momentan nicht so gefragt. Man trägt doch wieder mehr Anzüge." „Na, vielleicht klappt es ja beim nächsten Mal!", verabschiedet sich der mittlerweile auch gelangweilte Kunde und ist froh, aus dem Geschäft zu kommen.

So präsentieren Sie Ihre Ware sicherlich nicht sehr begeisternd. Doch wenn Sie selbst ab und zu einmal einkaufen gehen, werden Sie Ähnliches bestimmt schon erlebt haben. Sie müssen nur am Ende der Sommersaison irgendwo nach Halbarmhemden oder leichten Sommerkleidern Ausschau halten. Sehr oft hören Sie dann Bemerkungen wie: „Oh, da sind Sie schon reichlich spät dran." oder: „Jetzt haben wir schon die ersten Wintersachen hereinbekommen." oder: „Ja, die Farbe hatten wir vor zwei Monaten noch in allen Größen vorrätig." Aussagen und Verhaltensweisen also, die wir bei Herrn Frustig lustig finden, sind in der Praxis oft gang und gäbe. Für den Kunden sind diese Aussagen allerdings meist nicht so lustig, sondern eher frustig.

Emotional empfängt der Kunde solche Botschaften oft folgendermaßen: „Du kommst zu spät. Wer trägt denn heutzutage noch Blazer? Wer zu spät kommt, den bestraft das Leben." Obwohl diese Aussagen nicht böse gemeint sind, richten sie häufig beträchtlichen Schaden an. Denn ein Kunde, der das Gefühl mit nach Hause nimmt, er sei ein Modetrottel oder ein Spätzünder, wird wahrscheinlich kein zweites Mal in dieses Geschäft gehen.

Kunden erwarten an jedem Tag des Jahres ein gut sortiertes Haus, hochmotivierte Mitarbeiter.

„Ja, was sollen wir denn sagen, wenn die Saison vorbei ist und wir nicht mehr richtig sortiert sind", fragen mich häufig meine Seminarteilnehmer. „Präsentieren Sie am letzten Tag der Saison Ihre Ware mit der gleichen Begeisterung wie am ersten Tag der Saison!", lautet dann meine Antwort. Denn auch hier haben wir es vor allen Dingen mit einem mentalen Problem zu tun. In der Regel ist man eben am Ende der Saison nicht mehr so motiviert wie zu Beginn. Die Ware kennt man bereits seit einigen Wochen bzw. Monaten. Und die Lücken im Sortiment werden von Tag zu Tag größer. Nur dem Kunden ist dies meist nicht so bewusst. Er oder sie erwartet jeden Tag im Jahr ein gut sortiertes Haus, hochmotivierte Mitarbeiter und vielleicht auch noch im August eine riesengroße Auswahl an T-Shirts.

Präsentieren Sie Ihr noch vorhandenes Sortiment mit der gleichen Begeisterung wie zu Beginn der Saison!

In solchen Situationen gibt es zwei Möglichkeiten. Die erste lautet: Wir schenken dem Kunden reinen Wein ein und sagen ihm, dass für den Kauf dieses Artikels die Saison schon zu fortgeschritten ist, oder wir präsentieren ihm das noch vorhandene Sortiment mit einer Begeisterung, dass ihm oder ihr Hören und Sehen vergeht.

Die erste Möglichkeit kennt der Kunde aus seinen jahrelangen Einkaufserfahrungen. Die zweite Möglichkeit kennt er hoffentlich von Ihnen. Wenn nicht, ist das auch nicht schlimm. Denn ab heute kann es dann nur noch besser werden. Die Frage lautet nun: „Wie schafft man es auch am Saisonende, mit der gleichen Power und Begeisterung die noch vorhandene Ware an den Mann und die Frau zu bringen?" Ganz einfach: Sie verhalten sich wie ein Profi! Ein Profi motiviert sich jeden Tag aufs Neue. Ein Profi kennt keine Lücken im Sortiment. Ein Profi hat immer die richtige Ware für seine Kunden parat. „Ja, aber das gibt es doch nicht, dass irgendein Geschäft in Deutschland am Saisonende noch ausreichend Ware hat", werden Sie jetzt vielleicht sagen. „Da haben Sie recht!", kann ich Ihnen nur antworten.

Doch eines ist auch klar. Sie sind nie komplett sortiert. Weder am Anfang der Saison noch in der Mitte und auch nicht am Saisonende. Zu Beginn der Saison treffen die ersten Warenlieferungen ein. Mitten in der Saison sind die zuerst gelieferten Artikel bereits zum großen Teil verkauft. Und am Ende fehlt hoffentlich der größte Teil der alten Ware. Und genau diesen Zustand dürfen Sie sich bewusst machen. Nur bitte nicht so, dass Sie bereits am Anfang der Saison Ihre Kunden vor den Kopf stoßen, frei nach dem Motto: „Oh, da kommen Sie noch zu früh. Die Hauptlieferungen kommen erst in ca. drei Wochen!" Sondern machen Sie sich eines immer wieder bewusst: Der Kunde kommt stets zum richtigen Zeitpunkt. Denn Ihr Sortiment ist nicht schlechter als das Ihrer Mitbewerber. Wenn Ihr Sortiment wirklich so desolat wäre, hätte Ihr Unternehmen längst schließen müssen. Die einzige Frage, deren Antwort für Sie interessant ist, lautet: „Wie präsentiere ich das jetzt schon oder noch vorhandene Sortiment am besten?"

Stellen Sie sich diese Frage tagtäglich, und Sie werden sich von Ihren Mitbewerbern abheben. Sie erhalten auf diese Frage immer konstruktive Antworten. Denn ab dem Zeitpunkt, ab dem die ersten Lücken im Sortiment entstehen, beginnen Sie mit Ihren Antworten, Ihrer Kreativität freien Lauf zu lassen. Vielleicht dekorieren Sie am Ende der Saison täglich neu, gestalten Ihre Verkaufsräume immer wieder anders oder stellen aus den noch vorhandenen Artikeln interessante Kombinationen zusammen. Verfolgen Sie diese Strategie nicht, verfallen Sie in eine Lethargie, die nicht begeisterungsfördernd ist.

Machen Sie sich täglich bewusst: „Wir haben immer ein Topsortiment! Es ist mindestens so gut wie das unserer Mitbewerber. Nur präsentieren wir es besser!" Unabhängig davon, ob Sie eine 10.000 m^2-Ladenfläche haben oder mit 30 m^2 auskommen müssen. Die Voraussetzungen sind in der Relation immer die gleichen.

Die Mitarbeiter in einem 10.000 m^2-Haus sind im Durchschnitt am Ende der Saison genauso unzufrieden mit ihrem Sortiment wie die Mitarbeiter in einem 30 m^2-Geschäft. Irgendwie ist immer zuwenig Ware da. Sie müssen Ihre Sortimente nur mit der nötigen Begeisterung präsentieren. Und wie Sie bereits in den Anfangskapiteln gelesen haben, können Sie andere Menschen eben nur begeistern, wenn Sie selbst begeistert sind. Also lassen Sie sich nicht anstecken von irgendwelchen Kollegen, die ständig am Jammern sind. Zeigen Sie lieber jeden Tag Flagge und fragen sich auch heute und morgen, wie Sie Ihre Ware am besten verkaufen können. Das zeichnet Sie als Profi aus! Und ein Profi sind Sie doch?

Es gibt natürlich noch weitere Hilfsmittel, um die Ware begeisternd zu präsentieren. Eine entscheidende Rolle spielt dabei Ihre Körpersprache. Wie Sie schon gelesen haben, strahlen Sie mit Ihrem Körper all das aus, was in Ihnen vorgeht. Zu den Körpersignalen gehören, wie schon in den vorangegangenen Kapiteln zu lesen:

1. die Haltung
2. die Mimik
3. die Gestik
4. der Abstand (zum Gegenüber)
5. der Tonfall.

Mit diesen fünf Faktoren können Sie Ihre Kunden am besten motivieren. Stehen Sie mit einer gebückten und erschlafften Haltung vor Ihrem Kunden, wird wohl kaum der Funke der Begeisterung auf den Kunden überspringen. Um sich eine aufrechte Haltung anzutrainieren, können Sie eine kleine Übung machen: Stellen Sie sich hin, legen Sie das Buch beiseite und lassen Sie sich einmal so richtig zusammenfallen. Entspannen Sie Ihre Muskulatur, lassen Sie den Kopf nach unten auf den Brustkorb fallen und die Schultern nach unten hängen. Na, wie fühlen Sie sich? Energiegeladen und topfit oder eher schlaff und träge? Wahrscheinlich eher Letzteres. Jetzt spannen Sie Ihre Muskeln ein wenig an, heben Ihren Kopf und richten Ihre Schultern auf. Spüren Sie den Unterschied?

Wenn Sie in einem Geschäft Mitarbeiter sehen, die eher etwas schlaff herumstehen, dann ist das in den meisten Fällen keine Absicht. Diese Kollegen wissen wahrscheinlich nicht, dass man über den eigenen Körper auch seinen Geist und seinen Energiepegel steuern kann. Da der Körper unweigerlich mit Ihrem Inneren verbunden ist, können Sie so Ihr inneres Wohlbefinden steuern. Und dass diese Methode funktioniert, haben Sie schon einige Male erlebt.

Wenn in Ihrem Geschäft wirklich viel Betrieb war, haben Sie sich sehr wahrscheinlich den ganzen Tag über topfit gefühlt. War dagegen einmal nicht so viel los, fühlten Sie sich sicherlich des öfteren müde und schlapp. Im ersten Fall wurden Sie durch den Hochbetrieb gezwungen, Ihren Körper aufrecht zu halten. Sie sind dabei pausenlos in Bewegung geblieben und Ihr Körper lieferte Ihnen ständig neue Energie. Ist es dagegen einmal etwas ruhiger, sinkt der Körper oft unbewusst in sich zusammen. Schließlich wird man müde und fühlt sich abgespannt. Wenn Sie diesen Zusammenhang einmal begriffen haben, können Sie Ihren Körper jederzeit dazu nutzen, um sich selbst Energie zuzuführen.

Vieles können wir hierbei von einigen asiatischen Kulturen lernen. Beispielsweise beginnen Japaner und Chinesen in den meisten Unternehmen ihren Tag mit gemeinsamen Körperübungen. Sie bringen ihren Energiepegel dadurch auf ein hohes Niveau. Wäre doch ein guter Vorschlag für Ihr Team! Jeden Morgen gemeinsam ein bisschen Aerobic oder Tai Chi zu machen. Und wenn sich die Saison dem Ende nähert oder die Stimmung ein wenig nach unten rutscht, dann verlängern Sie diese morgendliche Gymnastik, um mit Power und Begeisterung Ihre Ware zu präsentieren. Sollten Sie Ihr Team nicht überzeugen können, machen Sie die Übungen am besten für sich alleine. Dann können Sie durch Ihre Körperhaltung Ihre Kollegen wenigstens ein bisschen mitreißen. Das hört sich alles vielleicht sehr lustig an, ist jedoch wirklich ernst gemeint. Schauen Sie sich erfolgreiche und begeisterte Menschen an. Sie alle haben eines gemeinsam: eine aufrechte Körperhaltung, die andere einfach mitreißt. Und um heute erfolgreich verkaufen zu können, müssen Sie Ihre Kunden mitreißen.

Über die Mimik haben Sie schon einiges gelesen, denn wie Sie wissen, können Sie mit einem Lächeln Ihren inneren Zustand bewusst steuern. Hier möchte ich noch einmal auf das LMAA hinweisen. Viele Krankenhäuser in den USA setzen mittlerweile Clowns ein, die ihre Patienten zum Lachen bringen sollen. In Untersuchungen hat man herausgefunden, dass lachende Patienten bedeutend kürzere Liegezeiten in Krankenhäusern haben. Das Lachen wird mittlerweile sogar in der Schmerztherapie mit großem Erfolg eingesetzt. Somit müsste es für Sie ein Leichtes sein, kleinere Stimmungstiefs mit einem kleinen Lächeln zu überwinden. Auch das funktioniert, wenn Sie es bewusst steuern. Also Mundwinkel nach oben, auch, oder besser gesagt, gerade wenn es Ihnen einmal nicht so gut geht. Denn zu einer begeisternden Präsentation gehört auf jeden Fall ein Lächeln.

Kommen wir zu Ihrer *Gestik*. Wie sieht diese nun aus? Mit Sicherheit nicht folgendermaßen: Hände auf dem Rücken oder in den Hosentaschen. Sondern Hände nach vorn und am besten in Hüfthöhe. Es ist auch sehr hilfreich, wenn Sie sich mit der Zeit eine etwas ausladende Gestik angewöhnen. Sollten Sie eher zu den Menschen gehören, die eine schmale Gestik verwenden, also mehr mit angewinkelten Armen vor Ihrem Kunden stehen, dann ist das kein Beinbruch. Jedoch können auch Sie an sich arbeiten und mit der Zeit Ihre Arme ein bisschen mehr bewegen. Trainieren Sie dies allerdings nicht gleich im Geschäft. Das könnte sonst ein wenig komisch aussehen. Üben Sie zu Hause vor dem Spiegel und machen Sie in Ihren Privatgesprächen einfach etwas größere Armbewegungen.

Wie sieht es mit dem *Abstand zu Ihrem Kunden* aus? Denn mit dem falschen Abstand können Sie Ihr ganzes Verkaufsgespräch kippen. Sie müssen nur zu nah an Ihren Kunden herantreten, und schon zwingen Sie ihn aus dem Geschäft. Wenn Sie Ihre Ware begeistert präsentieren möchten, sollten Sie auf den richtigen Abstand achten. Den bestimmt Ihr Kunde. In dem Moment, in dem dieser einen kleinen Schritt zurückweicht, heißt das für Sie: „Stop! Jetzt kommst du mir zu nahe." Wenn Sie dieses Signal übersehen und Ihrem Kunden hinterherlaufen, haben Sie keine Chance mehr, ihn zu begeistern. Denn er wird sich nun bedrängt fühlen und schnellstmöglich versuchen, elegant aus Ihrem Geschäft zu gelangen. In der Praxis hört sich das folgendermaßen an: „Oh, ich muss jetzt doch ganz schnell meine Kinder abholen." oder „Oh, schon so spät. Ich muss ganz schnell zur Parkuhr." Also achten Sie auf die Abstandssignale Ihres Kunden.

Allerdings sollte der Abstand auch nicht zu groß sein. Denn um begeistert präsentieren zu können, brauchen Sie auch eine gewisse Nähe zu Ihrem Kunden. Ganz hervorragend schaffen Sie diese Nähe mit Hilfe Ihrer Ware. Wann immer es möglich ist, geben Sie Ihrem Kunden die Ware in die Hand. Dadurch schaffen Sie auf eine natürliche Art und Weise einen sehr engen Kontakt. Sollte es ihm nicht angenehm sein, dann signalisiert es Ihnen der Kunde. Er wird dann die Ware nehmen und sich wieder einen Schritt zurückziehen. Geht er diesen Schritt allerdings nicht zurück, halten Sie die Ware ruhig gemeinsam mit Ihrem Kunden fest. Wenn zwei Menschen das gleiche Stück gemeinsam halten, entsteht eine sehr enge Verbindung zwischen diesen beiden Menschen. Nutzen Sie diesen engen Kontakt und bringen Sie jetzt Ihre wichtigen Botschaften an den Mann oder die Frau. Generell ist es gut, wenn Ihr Kunde die Weichheit, Geschmeidigkeit oder das angenehme Gefühl der Ware ertasten kann. Dadurch beziehen Sie den Tastsinn in das Verkaufsgespräch mit ein. Und jeden Sinneskanal, den Sie bei Ihrem Kunden aktivieren können, erleichtert Ihnen Ihre Überzeugungsarbeit.

Zum *Tonfall* ist Folgendes zu sagen: Wenn Sie wirklich selbst von Ihrer Ware begeistert sind, ist Ihr Tonfall mit Sicherheit auch überzeugend. Fehlt Ihnen diese Begeisterung, hört man das auch an Ihrem Tonfall. Möchten Sie es testen? Dann machen Sie einmal Folgendes: Rufen Sie bei irgendwelchen Leuten oder Firmen an, die einen Anrufbeantworter haben. Achten Sie nun darauf, ob Sie anhand der Ansage folgende Unterschiede feststellen können: War derjenige, der den Anrufbeantworter besprochen hat, „gut" oder „weniger gut" gestimmt? Ich bin sicher, Sie hören es sofort. Auch wenn Ihr Kunde nicht so bewusst auf Ihren Tonfall reagiert, unbewusst nimmt er Ihre innere Befindlichkeit auf jeden Fall wahr. Und wenn Sie begeisternd präsentieren wollen, brauchen Sie eben einen begeisternden Tonfall.

Wenn Sie beispielsweise Folgendes sagen: „Da habe ich auch noch einen in Blau", werden Ihre Stimme und Ihr Tonfall sicherlich nicht sehr enthusiastisch klingen. Wenn Sie dagegen zu Ihrem Kunden sagen: „Da kann ich Ihnen noch einen ganz außergewöhnlichen und topmodischen Blazer zeigen", wird Ihr Tonfall automatisch ansteckender klingen. Und da sind wir schon bei den Worten, die eine begeisternde Präsentation ausmachen. Je stärker Ihre Worte, desto begeisternder wirkt Ihre Präsentation.

„Hier zeige ich Ihnen einmal eine ganz außergewöhnliche Kombination. So etwas haben Sie bestimmt noch nirgendwo gesehen. Wir sind selber ganz stolz auf diese Kollektion. Was sagen Sie dazu?" Mit diesen Worten präsentiert Herr Lustig die Kollektion des neu aufgenommenen Lieferanten. „Ja, sieht wirklich ganz gut aus!", antwortet der Kunde noch etwas verhalten. „Wenn Sie sich einmal die phantastischen Farben und vielfältigen Kombinationsmöglichkeiten ansehen, erkennen Sie sofort die Kreativität der gesamten Kollektion dieses Herstellers," fährt Herr Lustig fort. „Fühlen Sie nur, wie herrlich weich und geschmeidig dieser Stoff ist!" Mit diesen Worten legt Herr Lustig den feinen Sakkostoff in die Hände des Kunden. „Fühlt sich das nicht traumhaft an? Ist es nicht eine wahre Wonne, so einen edlen Stoff in Händen zu haben?"

Ist ein Verkäufer von seiner Ware wirklich begeistert, benutzt er gegenüber den Kunden auch begeisternde Worte.

„Oh, das ist aber dick aufgetragen!", werden Sie jetzt vielleicht sagen. „Ja, stimmt!", kann ich Ihnen da nur antworten. Und genau so dick sollten Sie auch auftragen. Verstehen Sie mich nicht falsch. Sie sollen nicht Herrn Lustigs Worte übernehmen. Ich möchte Ihnen lediglich deutlich machen, dass alle begeisterten Verkäuferinnen und Verkäufer dieser Welt eine andere Sprache sprechen als der Durchschnitt. „Das ist aber schick. Das steht Ihnen gut. Das trägt man jetzt so. Das sind die neuen Modefarben." All das sind Worte, die Sie überall hören können. Wirkliche Begeisterung drückt sich in jedem Falle in der Wortwahl aus. Demnach gilt folgende Regel: „Ist ein Verkäufer von seiner Ware wirklich begeistert, benutzt er auch begeisternde Worte!"

Sollte Ihnen ein begeisternder Wortschatz noch nicht so vertraut sein, dann nehmen Sie ein Wörterbuch zur Hilfe und suchen Sie sich einige Worte heraus, die Sie in Ihren Verkaufsgesprächen nutzen können. Wählen Sie ruhig ausdrucksstarke Worte. Es ist völlig natürlich, dass diese Worte für Sie ungewöhnlich klingen, da Sie damit bisher noch nicht gearbeitet haben. Bauen Sie diese Worte in Ihre Sprache ein, und zwar so lange, bis Ihnen diese „neuen" Worte in Fleisch und Blut übergegangen sind. Sie können jetzt schon damit beginnen, Ihre (Verkaufs-)Sprache ein wenig zu trainieren. Nutzen Sie dazu einfach die nächste Übung.

Begeisternd formulieren!

Formulieren Sie die folgenden Sätze so um, dass diese richtig begeistert klingen. Natürlich dürfen Sie, wenn Sie möchten, ein Wörterbuch zur Hilfe nehmen.

Ein Beispiel:

Hier sehen Sie ein schickes T-Shirt!

Hier sehen Sie ein topmodisches T-Shirt aus der brandaktuellen Kollektion von XY!
Schauen Sie! Dieses traumhafte T-Shirt. Ist es nicht eine phantastische Ergänzung zu Ihrem bezaubernden Outfit.

Ich zeige Ihnen hier ein neues Anzugsmodell!

____

____

____

Dieses Kostüm ist schon in der neuen Modefarbe erhältlich!

____

____

____

Hier zeige ich Ihnen eine Alternative zu dem anderen Sakko!

____

____

____

Diese grüne Bettwäsche ist sanforisiert!

____

____

____

Diese Jeans gibt es auch in Black Denim!

____

____

____

Das blaue Hemd passt ganz gut zu diesem Pullover!

____

____

____

Neben den begeisternden Worten, die Sie für Ihre Warenpräsentation nutzen können, gibt es noch einen weiteren Trick. „Formuliere positiv!“, nenne ich diesen kleinen Kniff mit großartiger Wirkung.

„Dieser Rock steht Ihnen ja überhaupt nicht!“, ist ein oft gutgemeinter Ratschlag ehrlicher Verkäuferinnen und Verkäufer. Manchmal ist es sogar taktisch klug, von dem einen oder anderen Artikel abzuraten. Doch muss das mit dieser Wortwahl geschehen? Wenn Sie sich daran gewöhnen, positiv zu formulieren, wird Ihnen solch ein Satz in Zukunft gar nicht mehr über die Lippen kommen. Das bedeutet, dass Sie Ihre Sprache nicht nur bewusst begeisternd, sondern auch für ein gezieltes positives Stimulans Ihrer Kunden einsetzen. In der Praxis heißt das ganz einfach Folgendes: *Formuliere möglichst jede Aussage, die du sagst, positiv.* Durch diese Methode trainieren Sie zum einen Ihre geistige Flexibilität, und zum anderen stimulieren Sie Ihren Kunden vorteilhaft, ohne dass er es merkt.

Ein Beispiel:
Statt zu sagen: „Dieser Rock steht Ihnen nicht! Der andere war viel besser für Sie.“, können Sie diese Aussage folgendermaßen formulieren: „Wissen Sie was? Probieren Sie doch den anderen, weich fließenden Rock noch einmal an. Dann sehen Sie selbst, welcher Rock Ihnen besser gefällt.“

Mit dieser Formulierung schlagen Sie drei Fliegen mit einer Klappe. Zum einen gehen Sie der Gefahr aus dem Weg, dass Sie die Kundin beleidigen. Denn in der Kabine hat sich diese vielleicht noch gedacht, dass der Rock, den Sie ihr gerade ausreden wollen, ihr ganz phantastisch steht. Zum anderen benutzen Sie jetzt eine günstigere Formulierung. Und drittens geben Sie der Kundin die Entscheidung wieder in die Hand. Was im Normalfall die bessere Strategie ist. Denn unser Geschmack muss ja nicht unbedingt der Geschmack der Kundin sein.

Jedoch gilt auch hier: Übung macht den Meister. Nutzen Sie die folgende Übung und bleiben Sie auch in Ihren privaten Gesprächen am Ball.

Formuliere positiv!

Formulieren Sie die unten stehenden Sätze so um, dass diese positiver klingen oder auf eine positiv formulierte Alternative hinweisen!

Beispiel:

Diesen Anzug finde ich nicht gut für Sie!

Probieren Sie doch einmal diesen modischen Anzug als Alternative!

Abendgarderobe führen wir leider nicht!

____

____

In Gelb haben wir kein einziges Stück mehr am Lager!

___

___

Die Änderung schaffen wir bis heute Abend bestimmt nicht.

___

___

Da sehe ich keine Möglichkeit mehr.

___

___

Also, Rot ist überhaupt nicht mehr in Mode.

___

___

Diese Übung war nicht ganz so leicht, oder? Das liegt daran, dass wir von klein auf gewohnt sind, eher negativ als positiv zu formulieren. Achten Sie einmal darauf, ob die meisten Menschen in Ihrer Umgebung mehr positive oder mehr negative Formulierungen benutzen.

Auf jeden Fall können Sie sich auch hier umtrainieren. Auf diese Art und Weise halten Sie dann ein weiteres Instrument in der Hand, mit dem Sie begeisternd präsentieren können.

Nun haben Sie einige Instrumente einer erfolgreichen Präsentation kennen gelernt. Auch hier gilt: Lieber Stück für Stück vorgehen als alles auf einmal umsetzen. Beginnen Sie zum Beispiel morgen mit der Frage: Wie präsentiere ich heute meine Ware begeisternd? Und überlegen Sie sich, womit Sie beginnen möchten. Achten Sie beispielsweise auf Ihre Haltung. Übermorgen achten Sie bewusst auf Ihre Mimik und trainieren vielleicht auch schon ein bisschen die abwechslungsreiche Gestik. Und so fahren Sie einfach fort mit Ihrem Trainingsprogramm.

Das Wichtigste in Kürze und Ihre persönlichen Gedanken dazu:

Fragen Sie sich täglich: „Wie präsentiere ich meine Ware begeisternd?"
Meine Gedanken dazu:

Setzen Sie Ihren Körper bewusst ein!
Meine Gedanken dazu:

Achten Sie auf eine energiegeladene Haltung!
Meine Gedanken dazu:

Setzten Sie Ihre Mimik gekonnt ein!
Meine Gedanken dazu:

Trainieren Sie Ihre abwechslungsreiche Gestik!
Meine Gedanken dazu:

Achten Sie auf den nötigen Abstand zu Ihren Kunden!
Meine Gedanken dazu:

Geben Sie Ihren Kunden die Ware möglichst häufig in die Hand!
Meine Gedanken dazu:

Trainieren Sie Ihr begeisterndes Sprachpotential!
Meine Gedanken dazu:

Formulieren Sie möglichst oft positiv!
Meine Gedanken dazu:

4.7 Wie argumentiere ich kundenbezogen?

„Der Anzug ist aus reiner Schurwolle und das Hemd aus reiner Baumwolle!", startet Herr Frustig seine Argumentation. „Ja, was meinen Sie? Kann ich den Anzug auch auf meinen langen Geschäftsreisen im Auto tragen?", fragt der Kunde nach. „Ja, auf jeden Fall! Wie schon gesagt, das ist reine Schurwolle!" Irgendwie ist der Kunde noch nicht zufrieden. Aber er sagt jetzt nichts mehr, sondern steht zweifelnd vor dem Spiegel. „Wie schon gesagt, eine sehr gute Qualität", murmelt Herr Frustig, mittlerweile etwas ungeduldig über die Unentschlossenheit seines Kunden. „Steht Ihnen wirklich sehr gut!" „Ja, schon. Nur, ich glaube, ich muss es mir doch noch überlegen. Wissen Sie was? Ich komme morgen noch einmal mit meiner Frau vorbei. Haben Sie erst einmal vielen Dank für Ihre Bemühungen!", erwidert der Kunde jetzt. „Kein Problem", antwortet Herr Frustig und denkt sich: „Wenn ich noch mehr solcher Kunden bekomme, kann ich am besten gleich wieder nach Hause gehen."

„Schauen Sie sich einmal diese traumhafte Kombination an. Das modische Sakko aus feinster, elastischer Wolle ist doch genau das Richtige für Ihre langen Bürotage. Mit dieser Qualität spüren Sie überhaupt nicht, dass Sie ein Sakko anhaben. Bei jeder Bewegung gibt der Stoff nach und das ist doch genau das, was Sie suchen?"

Herr Lustig ist in seinem Element. „Ja, darauf lege ich wirklich großen Wert. Es gibt nichts Schlimmeres für mich als unbequeme Kleidung in meinem Job. Schlimm genug, dass ich mit Sakko und Krawatte im Büro sitzen muss. Wenn ich da noch irgend etwas Einengendes tragen müsste, wäre das eine Katastrophe für mich", seufzt der Kunde. „Und deshalb zeige ich Ihnen hier die passende modische Hose aus Baumwollstretch. Die ist ebenfalls längs- und querelastisch. Dadurch erhalten Sie eine Bewegungsfreiheit, die Sie den ganzen Tag, auch am Abend beim Autofahren, sehr schätzen werden. Und lange Autofahrten sind bei Ihnen ja auch an der Tagesordnung, oder, Herr Müller?" „Leider ja! Ich sitze oft vier Stunden im Auto, um einen Kundenbesuch zu machen. Und wenn man dann aus dem Auto aussteigt und ausschaut wie eine Ziehharmonika, ist das ja auch nicht der Hit! Manche Kunden denken sicherlich, ich würde bei der Altkleidersammlung einkaufen." „Na, das wollen wir auf jeden Fall vermeiden. Also probieren Sie die bequeme Kombination einmal an und Sie werden sehen, wie angenehm das Tragegefühl dieser beiden Stretchartikel ist. Und außerdem können Sie gleich fühlen, wie angenehm weich der Sakkostoff ist. Greifen Sie ruhig einmal in den Stoff hi-

nein. Hier, bitte!" Mit diesen Worten überreicht Herr Lustig dem Kunden Hose und Sakko.

Zwei unterschiedliche Argumentationen, die uns Herr Frustig und Herr Lustig hier präsentiert haben. Herrn Frustigs Argumentation bezog sich mehr auf die Ware, Herrn Lustigs Argumente bezogen sich mehr auf die Wünsche des Kunden. Hierin liegt der Unterschied zwischen einer erfolgreichen Argumentation und einer meist erfolglosen. Wenn der Kunde selbst nicht genau weiß, was er möchte, ist es meist sehr schwierig, mit einer warenbezogenen Argumentation zum Verkaufserfolg zu kommen. Ist sich der Kunde selbst schon sicher, dann richten die warenbezogenen Argumente meist keinen Schaden an. Eines ist auf jeden Fall sicher. Egal wer vor Ihnen steht: Er oder sie möchte seine eigenen Wünsche und Bedürfnisse befriedigen. Und dieses Gefühl vermitteln Sie ihm oder ihr mit Hilfe einer kundenbezogenen Argumentation. Herrn Lustigs Verkaufsgespräch hat Ihnen deutlich gezeigt, dass es nur auf die Wünsche des Kunden ankommt.

Der Kunde wird häufig mit produktbezogenen Informationen überladen, auch wenn er an Detailinformationen nicht immer interessiert ist.

Diese Art der Argumentation ist leider selten vertreten. Sehr oft wird der Kunde mit produktbezogenen Informationen überladen. Besonders dann, wenn ein übereifriger Verkäufer am Werke ist, der sein Fachwissen an den Mann bzw. an die Frau bringen möchte. Häufig ist das in Sortimentsbereichen zu beobachten, wo viele Produktschulungen stattfinden, beispielsweise in Sportgeschäften oder in Hi-Fi-Fachgeschäften. Fachkompetenz ist natürlich sehr wichtig, nur sollte sie gezielt und bewusst eingesetzt werden.

Folgende Geschichte ist mir selbst passiert, als ich vor einiger Zeit eine Musikanlage zum Einsatz bei meinen Seminaren suchte.

„Mir ist wichtig, dass es eine kleine und sehr gut transportable Anlage ist. Und außerdem sollte sie einen sehr guten Klang haben, da ich ab und zu auch größere Seminarräume beschallen muss", erzählte ich dem netten jungen Mann. „Also, das kann ich Ihnen gleich sagen. So eine Anlage gibt es nicht. Denn entweder haben Sie eine kleine transportable Anlage, die Sie sehr gut in einer Tasche verstauen können, oder Sie haben eine Anlage, die einen sehr guten Klang hat", begann der junge Mann seine Argumentationsphase. „Denn es ist technisch nicht lösbar, einen vollen Sound zu erzeugen und gleichzeitig diesen Sound in einem kleinen Gehäuse unterzubringen!" „Ja, aber die Anlage, die ich hatte, war ziemlich handlich und klein. Und trotzdem hatte sie einen relativ guten Klang, sodass ich auch größere Räume gut füllen konnte, ohne dass es gleich schepperte", entgegnete ich. Von Technik verstehe ich wenig, und das merkte der Verkäufer gleich.

Vielleicht hielt er mir deshalb einen Vortrag über technische Daten, Wattzahlen, Ohmstärken, Eingangs- und Ausgangsleistungen. Nicht ohne mir immer wieder die eine oder andere Anlage zu zeigen. Die eine Anlage war ziemlich groß, sodass ich sie nicht einmal in meinem Kofferraum untergebracht hätte. Sie hatte aber einen guten Sound, wie mir der junge Mann versicherte. Andere Anlagen waren eher klein und entsprachen meinen Transportvorstellungen. Diese waren aber nach Aussagen des Verkäufers völlig unbrauchbar, um ein Seminar mit „Powermusik" zu versorgen. Auch für Entspannungsklänge waren diese Anlagen nach Aussage meines Hi-Fi-Freaks überhaupt nicht zu gebrauchen. „Denn wissen Sie, gerade wenn Sie ruhige Musik laufen lassen, ist die Ausgangsleistung enorm wichtig!", meinte er mittlerweile mitleidig zu mir. Denn er war sich ziemlich sicher, dass es für meine Ansprüche keine Anlage in seinem Riesensortiment geben würde. Und er hatte Recht. Egal welche Anlage ich nehmen wollte – der junge Mann riet mir aus oben erwähnten Gründen von jedem Modell ab.

Ich treffe zwar sehr oft auf hochqualifizierte Hi-Fi-Fachverkäufer, aber glücklicherweise auch auf Verkäufer, die sich mein Problem anhören und mir dann eine Lösung anbieten. Diesen Verkäufern ist nämlich der Umsatz wichtig und sie möchten deshalb die Rolle des Problemlösers spielen. Verstehen Sie mich nicht falsch, ich finde es ganz toll, wenn jemand eine hohe Fachkompetenz besitzt. Und ich freue mich auch, wenn mich jemand über technische Dinge aufklärt. Allerdings freue ich mich noch mehr, wenn er mit seinem technischen Know-how meine Wünsche erfüllt.

Im erstgenannten Fall kann mir der Verkäufer gar keine Anlage verkaufen, denn er konzentriert sich ausschließlich auf die technischen Daten der Geräte. Er setzt sein Fachwissen ein, ohne auf die Wünsche des – in diesem Falle technisch nicht sonderlich beschlagenen – Kunden einzugehen.

Der zweite Verkäufer ist hingegen in der Lage, die unterschiedlichsten Kunden zu beraten. Er wird in den meisten Fällen erfolgreich einen Verkauf abschließen. Denn er „denkt" durch die Kundenbrille. Anders ausgedrückt: „Er läuft in den Schuhen des Kunden!" Seine Argumente sind immer kundenorientiert. Und genauso bietet er seine Produkte an. Er wird automatisch die für den Kunden interessanten Produkte präsentieren. Darin begründet liegt ein weiteres Geheimnis erfolgreicher Verkäuferinnen und Verkäufer: Sie denken wie der Kunde.

Und wie gelingt einem dies?

Die Voraussetzung hierfür lautet: „Hören Sie gut hin!" Hier taucht wieder einmal mein Lieblingswort auf, denn ohne Hinhören werden Sie es kaum schaffen, die wirklichen Kundenwünsche zu ermitteln und zu verstehen.

Darüber hinaus müssen Sie sich vom rein warenbezogenen Denken lösen. Das bedeutet in der Praxis, dass Sie sich vor allen Dingen eine Frage stellen müssen: „Welche Kundenwünsche kann ich mit diesem oder jenem Artikel zufriedenstellen?"

Und da es nicht nur konkret benennbare, sondern auch mindestens genauso viele unbewusste Wünsche gibt, die Ihre Kunden mit dem Kauf eines – um wieder in Ihrem Sortiment zu bleiben – Kleidungsstücks befriedigen will, lautet die zu Beginn eines jeden Gesprächs zu beantwortende Frage: „Was möchte dieser Kunde mit dem gewünschten Kleidungsstück erreichen?"

„Welche Kundenwünsche kann ich mit diesem oder jenem Artikel zufriedenstellen?", lautet die für den Gesprächsverlauf entscheidende Frage.

Möchte er „nur" seine Garderobe ergänzen? Oder möchte er durch das Tragen dieses Kleidungsstücks Komplimente erhaschen? Möchte er damit Karriere machen? Möchte er damit endlich den richtigen Partner kennen lernen? Möchte die Kundin mit der Pflege des Kleides wenig Arbeit haben und damit Zeit sparen? Oder möchte sie oder er ganz einfach Spaß damit haben? Erst wenn Sie das herausgefunden haben, können Sie kundenorientiert argumentieren.

Sie werden sicherlich in fast jedem Verkaufsgespräch feststellen, dass nicht nur ein Kriterium erfüllt sein muss, damit ein Kunde kauft. Allerdings werden Sie auch feststellen, dass es pro Kunde nicht unzählige Kriterien sind, wie folgende Übung verdeutlicht:

Suchen Sie sich jetzt irgendein Kleidungsstück aus, das Sie momentan tragen. Entweder Ihre Hose, Ihr T-Shirt oder Ihren Pullover. Jetzt stellen Sie sich folgende Frage: „Warum habe ich mir dieses Kleidungsstück gekauft?!" Schreiben Sie anschließend Ihre Antworten auf.

Stop!

Bevor Sie weiterlesen, schreiben Sie erst einmal Ihre Kaufgründe auf!

Haben Sie alles aufgeschrieben? Gut, dann dürfen Sie jetzt weiterlesen.

Wie viele Punkte haben Sie aufgeschrieben? 20, 30 oder 40? Wie, Sie haben nicht so viele aufgeschrieben? Machen Sie sich nichts daraus. Ich habe bei dieser Übung auch nicht mehr notiert als Sie. Und fast alle Teilnehmer in meinen Seminaren notieren sich bei dieser Übung nicht mehr als maximal fünf Gründe. Im Durchschnitt sind es sogar nur drei Kaufgründe. Sie sehen auf jeden Fall, dass es nicht unzählige Gründe sind, die den Kaufimpuls geben. Einige uns nicht so bewusste Gründe kommen noch dazu, wie zum Beispiel: „Ich habe diesen Pullover gekauft, damit ich mir sicher bin, auch in meiner Freizeit richtig angezogen zu sein." Oder: „Mit diesem T-Shirt möchte ich ein bisschen sexy wirken." oder: „Ja, so ein bisschen auffallen möchte ich schon mit dieser Bluse bzw. dieser Krawatte." Ich glaube allerdings nicht, dass Sie solche Gründe tatsächlich aufgeschrieben haben. Denn es sind unbewusste Gründe. Wären sie uns bewusst, hätten wir sie auch notiert.

Mit dieser Übung wollte ich Ihnen auf jeden Fall Folgendes verdeutlichen: Entscheidend für den Kaufentschluss sind nur relativ wenige Kriterien. Wenn Sie jetzt daran denken, wie zeitaufwendig so manches Verkaufsgespräch ist, werden Sie sich vielleicht wundern. Worin liegt der Grund für die so oft endlosen Verkaufsgespräche?

Die Antwort ist relativ einfach. *Wenn ein Verkaufsgespräch lange dauert, dann ist es dem Verkäufer anscheinend nicht schnell genug gelungen, die dem Kunden wichtigen Kaufgründe zu erkennen und zu erfüllen.* Entweder hat er den falschen Artikel gezeigt oder falsch argumentiert.

Ihre Aufgabe als Verkäufer ist es herauszufinden, welche Kriterien für Ihre Kunden wichtig sind. Und erst dann können Sie Ihre Argumente und Ihre Präsentation auf den Kunden abstimmen. Tun Sie das, dann haben Sie wieder das „Heft in der Hand".

Sie sehen, auch bei diesem Thema sind Sie nicht machtlos Ihren Kunden ausgeliefert. Auch hier können Sie eigenverantwortlich handeln und damit Ihre Kunden begeistern. Zum einen bedeutet diese Erkenntnis eine riesengroße Chance für alle Verkaufsgespräche. Und zum anderen gibt es dadurch immer weniger Ausreden für nicht erfolgreiche Verkaufsgespräche.

Es ist nicht so entscheidend, wie Ihr Sortiment bestückt ist. Sondern es ist viel entscheidender, was Ihr Kunde mit der Ware verbindet und verbinden möchte. Dass ein Kostüm aus reiner Schurwolle ist, kann wunderbar sein. Nur letztendlich ist entscheidend, was Ihre Kundin mit diesem Kostüm plant. Machen wir auch dazu eine kleine Übung.

Stellen Sie sich irgendeinen Artikel aus Ihrem Sortiment vor. Je nachdem, in welchem Geschäft Sie arbeiten, kann das ein bestimmtes Kostüm, ein bestimmtes Sakko, eine gewisse Tischdecke oder eine spezielle Jeans sein. Und jetzt schreiben Sie auf, welche Eigenschaften dieser Artikel besitzt. Das könnte zum Beispiel folgendermaßen aussehen:

Artikel: schwarzer Anzug von XYZ

Eigenschaften: reine Schurwolle, elegante Optik, modischer Schnitt, Pattentasche, ein Rückenschlitz, sehr gute Passform, Sakko- und Hosengröße im Baukastensystem untereinander austauschbar, Hose mit Bundfalten, Gesäßtaschen, Umschlag, usw.

Jetzt sind Sie an der Reihe!

Liste 1:

Ihr Artikel:

___

Eigenschaften des Artikels:

____

____

____

____

Jetzt notieren Sie sich die möglichen Kundenwünsche, die dieser Artikel erfüllen kann:

____

____

____

____

Auch hier ein Beispiel:

Artikel: schwarzer Anzug

Mögliche Kundenwünsche: eleganter Abendanzug, modischer Businessanzug, flotter Partyanzug, seriöser Beerdigungsanzug, zeitlos, trendig, vielseitig zu kombinieren, seriös wirkend.

Liste 2:

Ihr Artikel:

____

Mögliche Kundenwünsche:

____

____

____

____

Und jetzt verbinden Sie die jeweils passende Eigenschaft des Artikels mit den möglichen Kundenwünschen.

Beispiel:

Artikel: schwarzer Anzug

Kundenwunsch: eleganter Abendanzug

Passende Eigenschaften: elegante Optik, Pattentasche, sehr gute Passform, Hose mit Bundfalten, schwarz

Liste 3:

Ihr Artikel:

____

____

Möglicher Kundenwunsch:

____

____

Passende Eigenschaften:

____

____

Wie Sie an diesem Beispiel gesehen haben, kann eine Eigenschaft den unterschiedlichsten Kundenanforderungen zugeordnet werden. Auch die Farbe eines Artikels kann man durchaus den unterschiedlichen Kundenwünschen zuordnen. Jetzt haben Sie die Grundlage für eine kundenbezogene Argumentation geschaffen. Nun verbinden Sie in Ihren Argumenten die Eigenschaften der Ware mit der geäußerten Kundenvorstellung.

Der Kundenwunsch wird eventuell folgendermaßen mitgeteilt: „Also, ich suche ein Kostüm, das ich sowohl im Büro als auch im Theater anziehen kann. Wissen Sie, ich lege schon sehr großen Wert darauf, zu jedem Anlass korrekt angezogen zu sein."

Hier kommt deutlich ein Stück Selbstachtung zum Vorschein, auf das Sie in Ihrer Argumentation natürlich eingehen sollten. Sie müssten sich also fragen, welche Produkteigenschaften Sie nutzen können, um diesen unbewussten Wunsch der Kundin zufriedenzustellen. Das könnte sich folgendermaßen anhören: „Wenn Sie sich den zeitlosen Schnitt und die edle feine Schurwolle betrachten, dann sehen Sie selbst, dass Sie mit diesem attraktiven Businesskostüm auch im Theater perfekt angezogen sind."

Damit Ihnen dies in der Praxis noch besser gelingt, können Sie mit folgendem Kniff arbeiten: Sie brauchen sich nur ein gewisses Schema bei Ihrer Argumentation anzugewöhnen. Ich meine jetzt nicht Schema F! Dieses Argumentationsmodell soll Ihnen hilfreich zur Seite stehen, wenn es darum geht, kundenbezogen zu argumentieren.

Das *Argumentationsmodell* besteht aus drei Schritten.

Der *erste Schritt* ist die Benennung der Wareneigenschaften.
Also zum Beispiel: „Diese attraktive Bluse ist aus reiner Baumwolle!"

Der *zweite Schritt* ist eine sogenannte „Überleitung".
Diese Überleitung besteht aus einem Verb, wie zum Beispiel „bringen", „garantieren" oder „erhöhen". Dann ergänzen Sie das Verb mit folgenden Wörtern: „Sie", „Ihnen" und „Ihren". Das klingt beispielsweise folgendermaßen: „Diese attraktive Bluse ist aus reiner Baumwolle und das garantiert Ihnen ...!"

Jetzt folgt der *dritte Schritt*, bei dem es um den speziellen Kundenwunsch oder den Kundenvorteil geht.
„Diese attraktive Bluse ist aus reiner Baumwolle und das garantiert Ihnen, dass Sie auch an heißen Sommertagen korrekt und doch luftig angezogen sind."
Wenn Sie sich diese drei Schritte angewöhnen, haben Sie die Garantie, jederzeit die Kundenbedürfnisse voll zu treffen.

Noch ein Beispiel zum besseren Verständnis. „Dieser klassisch elegante Anzug hat noch eine zweite Hose und damit ergeben sich für Sie auch sportliche Kombinationsmöglichkeiten." Und damit das Ganze perfekt funktioniert, setzen Sie hinter den dritten Schritt noch eine *Kontrollfrage*, wie etwa folgende: „Ist das interessant für Sie?"

Diese Kontrollfrage hat zwei Auswirkungen. Zum einen kontrollieren Sie, ob Ihr Argument eines der vorherrschenden Kundenbedürfnisse zufriedengestellt hat. Und zum anderen geben Sie dem Kunden das Gefühl, dass er derjenige ist, der entscheidet. Wenn

Sie einmal nicht so genau hingehört haben und ein Argument bringen, das den Kunden nicht so interessiert, wird er es spätestens nach der Kontrollfrage richtig stellen.

Auf die Frage: „Ist das wichtig für Sie?", käme dann vielleicht: „Nein, das ist nicht so wichtig für mich!" Jetzt können Sie jubilieren. Denn jetzt wissen Sie schon einmal, was den Kunden nicht interessiert. Und das ist eine ganz wichtige Information. Denn das Schlimmste, was in einem Verkaufsgespräch passieren kann, ist, dass Sie an dem Kunden vorbei argumentieren, während Ihr Kunde bereits abschaltet und sich nach einer Weile verabschiedet.

Entgegnet Ihr Kunde Ihnen allerdings auf die Kontrollfrage: „Ja, das ist mir sehr wichtig!", wissen Sie: „Ich bin auf dem richtigen Weg!" Sie sehen, es ist ganz einfach, kundenbezogen zu argumentieren. Sie müssen nur ein paar Fakten beachten.

Üben Sie die drei Schritte doch am besten gleich! Suchen Sie sich drei Kleidungsstücke aus Ihrem Sortiment oder Ihrem Kleiderschrank. Halt, Sie brauchen nicht aufzustehen. Sie sollen nur an diese drei Artikel denken. Überlegen Sie sich für jedes Kleidungsstück einen möglichen Kundenwunsch. Sie können natürlich auch Ihre eigenen Wünsche nehmen. Wählen Sie eine Eigenschaft des Artikels und formulieren Sie eine Argumentationsfolge nach dem gerade dargestellten Modell. Und zum Schluss überlegen Sie sich noch eine nette Kontrollfrage.

Auf geht's! Nutzen Sie für diese Übung am besten folgendes Schema:

Beispiel:

Artikel und Eigenschaft: Das T-Shirt ist aus reiner Baumwolle,

---

Umsetzung: das garantiert Ihnen

Kundenvorteil: auch an heißen Sommertagen ein angenehmes Tragegefühl!

Kontrollfrage: Und das ist Ihnen doch wichtig?

Artikel und Eigenschaft:

Umsetzung:

Kundenvorteil:

Kontrollfrage:

Artikel und Eigenschaft:

Umsetzung:

Kundenvorteil:

Kontrollfrage:

Artikel und Eigenschaft:

Umsetzung:

Kundenvorteil:

Kontrollfrage:

Damit das Ganze nicht zu stereotyp wird, können Sie auch gerne mit dem Kundenwunsch beginnen und die Wareneigenschaft an das Ende Ihrer Argumentation setzen. Das Ganze klingt dann so:

„Damit Sie auch im Büro perfekt angezogen sind, zeige ich Ihnen hier ein exklusives Sakko aus einer ganz feinfädigen italienischen Wollware. Ist die Ware für Sie angenehm?"

Achten Sie in Zukunft einmal darauf, wie selten diese Kundenvorteile in einem Verkaufsgespräch hervorgehoben werden. Sie werden erkennen, dass sich die meisten Argumente Ihrer Kolleginnen und Kollegen um die Wareneigenschaft drehen. Das klingt dann häufig folgendermaßen: „Die Bluse ist pflegeleicht! Die Hose ist aus reiner Schurwolle. Dieses T-Shirt gibt es auch in Rot. Diese Tischdecke ist aus reinem Leinen."

Machen Sie es in Zukunft bewusst besser und fügen Sie immer einen speziellen Kundenvorteil an Ihre Argumente. Lassen Sie daraus eine neue Gewohnheit werden, und Sie bekommen noch kauffreudigere Kunden. Und das ist doch sicherlich interessant für Sie!?

Das Wichtigste in Kürze und Ihre persönlichen Gedanken dazu:

Erschlagen Sie Ihre Kunden nicht mit Fachwissen!
Meine Gedanken dazu:

Argumentieren Sie durch die Kundenbrille!
Meine Gedanken dazu:

Fragen Sie sich stets: Was will der Kunde mit der Kleidung erreichen?
Meine Gedanken dazu:

Meist sind es nur drei bis fünf Argumente, welche die Kaufentscheidung herbeiführen!
Meine Gedanken dazu:

Verbinden Sie stets die Wareneigenschaften mit den Kundenwünschen!
Meine Gedanken dazu:

Verfahren Sie bei Ihrer Argumentation nach dem Drei-Schritte-Modell!
Meine Gedanken dazu:

___

Stellen Sie möglichst häufig eine Kontrollfrage!
Meine Gedanken dazu:

___

4.8 Wie begeistere ich meine Kunden in Problemsituationen?

„Tja, eindeutig falsch gewaschen. Da kann man nichts machen. Also packen Sie Ihren Pullover wieder ein und sagen Sie Ihrer Frau einen schönen Gruß. Beim nächsten Mal soll sie einfach ein bisschen besser aufpassen. Eine genaue Pflegeanleitung findet sie in jedem Pullover", erklärt Herr Frustig süffisant lächelnd dem etwas verdutzt schauenden Kunden. Wortlos packt der seinen Pullover wieder ein und verschwindet schnell aus dem Geschäft.

„Da siehst du, wie schnell man mit solchen Pappenheimern fertig wird. Die glauben doch tatsächlich, sie können uns verkohlen. Erst waschen die gnädigen Frauen die Pullis verkehrt, und dann knallen sie uns die Ware hier auf den Tresen. Also, merke dir eines! Lass dich von den Kunden nicht einschüchtern, sondern zeige ihnen immer gleich, wo es langgeht. Sonst wirst du diese ewigen Reklamierer überhaupt nicht mehr los!" erklärte Herr Frustig dem neben ihm stehenden Auszubildenden.

Schauen wir uns nun an, wie Herr Lustig eine Reklamation bearbeitet.

„Erst einmal herzlichen Dank, dass Sie gleich zu uns gekommen sind. Ehrlich gesagt, das machen viel zu wenige Kunden. Denn nur so haben wir die Möglichkeit, den Schaden zu beheben. Da haben Sie sich sicherlich ganz schön geärgert, als Sie den Pullover aus der Waschmaschine geholt haben und sahen, dass Sie fast einen Kinderpullover in der Hand hielten?" beginnt Herr Lustig den verdutzten Kunden zu beruhigen. „Na, so schlimm war es auch wieder nicht, Herr Lustig", entgegnet der

Kunde. „Doch, doch, ich kann mir das sehr gut vorstellen. Also ich hätte mich da auch ganz schön geärgert. Wissen Sie was? Jetzt lade ich Sie erst einmal zu einem Glas Sekt ein und in der Zwischenzeit zeige ich Ihnen ein paar Alternativen zu Ihrem kaputten Pullover. Sind Sie damit einverstanden?" fragt Herr Lustig seinen immer noch verdutzten Kunden. „Sagen Sie mal, Herr Lustig, so etwas habe ich ja noch gar nicht erlebt. Es könnte doch auch sein, dass meine Frau den Pullover falsch behandelt hat, und Sie laden mich noch zu einem Sekt ein. Ich wollte doch nur einmal nachfragen, ob man den Pullover vielleicht noch retten kann", erwidert der Kunde. „Na, also hören Sie mal. Ihre Frau und Pullover verwaschen. Das ist doch eigentlich undenkbar. Und selbst wenn es der Fall wäre, könnten wir den Pullover auch nicht mehr retten. Und Sie wollen doch bestimmt am Wochenende wieder einen schönen warmen Pullover anziehen, wenn Sie auf den Golfplatz gehen? Also suchen Sie sich in aller Ruhe einen neuen Pullover aus und genießen Sie das Glas Sekt. Ich werde alles tun, dass Sie mehr als zufrieden sind. Bei dem neuen Pullover achten wir darauf, dass er nicht die gleiche Warenzusammensetzung hat. Auf jeden Fall würde ich den neuen Pullover nur mit der Hand waschen. Denn Sie haben ja gesehen, obwohl Waschmaschinenwäsche angegeben war, sind diese Wollmischungen häufig doch zu empfindlich. Und so genau kann man die Temperatur anscheinend doch nicht an der Waschmaschine regeln", beendet Herr Lustig die Debatte mit seinem Kunden, schenkt ihm ein Glas Sekt ein und zeigt die neu eingetroffenen Pullover.

Das ist natürlich auch eine Methode der Reklamationsbearbeitung.

„Um Gottes willen! Das ist ja absolut tödlich für den Handel. Erst bedanken, sich womöglich auch noch entschuldigen. Und schließlich noch ein Glas Sekt anbieten. Unterwürfiger geht es ja gar nicht mehr", höre ich schon die ersten Leser rufen. Habe ich recht? Denn mit dieser Geschichte wollte ich Sie auch schockieren. Ich hoffe, es ist mir gelungen. Und jetzt kommt das Allerschönste: Ich meine das Ganze auch noch ernst. Genau so sollten Sie in Zukunft Ihre Reklamationen behandeln. Ich hoffe, Sie lesen trotzdem weiter. Denn wenn Sie jetzt weiterlesen, erfahren Sie, wie Sie sich wirklich Kunden erhalten können.

Herrn Frustigs Methode könnte unter diesem Motto stehen: „Kurz und schmerzlos." Schmerzlos allerdings nur für Herrn Frustig, nicht für den Kunden. Aber sie kann Herrn Frustig noch Schmerzen bereiten, wenn der Kunde so reagiert, wie die meisten Kunden es tun würden: Dann hat Herr Frustig soeben einen Kunden verloren. Das wollen wir natürlich nicht hoffen. Die Wahrscheinlichkeit ist aber sehr groß. Besonders wenn alle Kollegen von Herrn Frustig auf diese Art und Weise ihre Reklamationen behandeln.

Sie fragen, wieso? Als Antwort schicke ich Sie zu *dem* Lebensmitteldiscounter der untersten Preiskategorie. Reklamieren Sie dort irgendein Produkt, das Sie zu einem absoluten Dumpingpreis gekauft haben. Ich verspreche Ihnen, es wird Ihnen Hören und Sehen vergehen. Nicht dass man Ihnen den Artikel sofort umtauscht, wird Sie überraschen. Sondern dass man Ihnen als Entschädigung noch einen Blumenstrauß schenkt, das wird Ihnen unglaublich erscheinen. So lautete zumindest noch vor kurzem die Anweisung.

Es gibt keine kostengünstigere Methode, um Kunden an sich zu binden und neue Kunden zu gewinnen, als Reklamationen großzügig zu behandeln.

Dieses Beispiel soll Ihnen zeigen, was in Deutschland und in Europa mittlerweile passiert. Bei Reklamationen ist der Kunde in den meisten Fällen König. Ein weiteres gutes Beispiel ist der Slogan des amerikanischen Versenders Land's End: „Egal was Sie bei uns kaufen, Sie haben eine lebenslange Garantie auf diesen Artikel." In diesem Fall handelt es sich nicht um Lebensmittel, sondern um Textilien. Mit dieser Werbebotschaft wollte der Versender auf dem deutschen Markt antreten. Da hat er sich aber mächtig verkalkuliert. Der deutsche Handel klagte erst einmal gegen die unverschämte Garantie. Und genau dies ist das Problem vieler Unternehmen, nicht nur in Deutschland. Anstatt sich zu fragen: „Wieso garantiert einer der größten Versender auf der Welt seinen Kunden so etwas?", klagt man lieber. Glauben diese Unternehmen allen Ernstes, dass ein amerikanisches Unternehmen Geld zu verschenken hat? Ich sage Ihnen, gerade amerikanische Unternehmen haben genauso wenig Geld zu verschenken wie deutsche Lebensmitteldiscounter. Nur diese und mittlerweile viele europäische und deutsche Unternehmen haben eines begriffen: Es gibt keine günstigere Methode, Kunden an sich zu binden und neue Kunden zu gewinnen, als Reklamationen großzügig zu behandeln. Ein Glas Sekt oder vielleicht sogar ein Blumenstrauß sollte Ihnen das in jedem Fall wert sein.

Was erschwert nun diese Art und Weise der Reklamationsbearbeitung? Zum einen die negativen Gedanken mancher Einzelhändler. „Kunden wollen uns nur über den Tisch ziehen!" Da haben Sie recht. Solche Kunden gibt es tatsächlich. Doch diese Kunden versuchen ihr Glück auch, wenn Sie sehr restriktive Reklamationsanweisungen haben. Glücklicherweise sind diese Kunden weder in Deutschland noch sonst wo auf der Welt in der Überzahl. Sie gehören Gott sei Dank zu einer Minderheit. Diese Minderheit wird allerdings immer wieder gerne als Alibi für eine kundenunfreundliche Reklamationspolitik herangezogen.

Ein weiteres Problem sind die Mitarbeiter. Wer läßt sich denn schon gerne vom Kunden auf den Arm nehmen. In jedem Unternehmen, in dem wir eine großzügige Reklamationsbearbeitung eingeführt haben, sind wir immer wieder auf die gleichen Argumente gestoßen. „Ich lasse mich doch nicht auf den Arm nehmen. Wer bin ich denn, dass ich jede unberechtigte Reklamation annehme?“ usw. Dabei ist es doch gerade für die Mitarbeiter von allergrößtem Vorteil, wenn sie sich nicht mehr mit den Kunden herumärgern müssen.

Doch da haben wir uns bis jetzt immer wieder getäuscht. Ganz wenige Mitarbeiter denken so. Die meisten fühlen sich in ihrer Ehre gekränkt und ärgern sich lieber über ihren Kunden. Wenn man ihnen allerdings klar macht, welche Vorteile eine großzügige Reklamationsbehandlung für sie persönlich hat und welche Auswirkung diese auf die Kundenfrequenz und Kundenbindung hat, zeigen sich die Mitarbeiter letztendlich doch aufgeschlossener.

Ein weiteres Problem ist der vermeintliche Kostenfaktor. „Manche reklamierten Artikel werden von den Fabrikanten nicht zurückgenommen. Und außerdem steigt bei einer solch großzügigen Vorgehensweise die Reklamationsquote erheblich an. Und schließlich, wer soll den Sekt für die Kunden bezahlen?“ Das sind Argumente, die immer wieder vorgebracht werden. In keinem Unternehmen, das die Reklamationsbearbeitung auf Großzügigkeit umgestellt hat, ist die Reklamationsquote in die Höhe geschnellt. Die wenigen Kunden, die permanent reklamieren, gibt es so oder so. Und die lassen sich durch nichts abschrecken.

Zum Thema *Fabrikantenretouren* kann ich Ihnen nur sagen, dass die Großzügigkeit der Fabrikanten, die erfolgreich am Markt sind, täglich zunimmt. Und wenn Sie tatsächlich einige Reklamationen übrig haben, dann spenden Sie diese karitativen Organisationen, die sich über jedes Kleidungsstück freuen. Neben dem guten Zweck, den Sie hiermit erfüllen, bekommen Sie auch noch eine

Spendenquittung für das Finanzamt, sodass sich der vermeintliche „Schaden" in Grenzen hält.

Und den Sekt bzw. den Blumenstrauß bezahlen Sie am besten selbst. Denn eine günstigere Werbung haben Sie noch nie in Ihrem Leben für Ihr Unternehmen gemacht. Jeder Kunde, der derart großzügig von Ihnen behandelt wird, verläßt Ihr Unternehmen mit offenem Mund. Und nachdem er oder sie sich wieder gefangen hat, wird er zu einem Werbeträger, den Sie mit Geld gar nicht bezahlen können. So viel Werbung wurde für Ihr Unternehmen noch nie gemacht. Und vor allen Dingen war Ihre Werbung noch nie so wirksam. Denn ich verspreche Ihnen, dieses Unternehmen schaut sich jeder an. Ein Unternehmen, das sich für eine Reklamation bedankt und seinen Kunden auch noch ein Geschenk macht, das muss man einfach gesehen haben. Wie wird dieses Unternehmen erst sein, wenn man dort etwas kauft? Sie merken jetzt natürlich eines. Der Anspruch an Ihr Unternehmen, liebe Chefs, und an Sie, liebe Mitarbeiter, wird dadurch auch im normalen Verkaufsgespräch immer größer. Aber Sie wollen ja auch in Zukunft Pluszahlen schreiben!

Ja, das sind dann schon die Barrieren, die Sie zu überwinden haben, wenn es um reklamierende Kunden geht. Fassen wir noch einmal zusammen, worauf Sie zu achten haben, wenn Sie dieses Spezialthema wirklich zu einem Kundenbindungsthema machen möchten.

1. Schritt: Sie bedanken sich bei jedem Kunden für die Reklamation.
2. Schritt: Sie entschuldigen sich für die Umstände, die die Reklamation Ihrem Kunden verursacht hat.
3. Schritt: Sie laden Ihren Kunden zu irgend etwas Nettem ein oder schenken ihm eine Kleinigkeit als Entschädigung.
4. Schritt: Sie sorgen für einen problemlosen Umtausch, Gutschein oder sogar für das Bargeld.

Ergebnis: Sie haben einen glücklichen Kunden und einen aktiven Werbeträger für Ihr Unternehmen.

Zum Thema „Geld zurück" noch ein kleiner Tipp: Versuchen Sie vorher immer, mit Hilfe Ihrer Ware den Kunden zufrieden zu stellen. Denn damit beweisen Sie, dass Ihre Ware einem hohen Qualitätsanspruch Rechnung trägt. Außerdem erhöhen Sie dadurch die Kundenbindung nachhaltiger als durch einen Gutschein oder durch Bargeld. Herr Lustig hat dies sehr geschickt eingefädelt. Fragen Sie Ihren Kunden nicht gleich nach seinem Lösungswunsch, sondern bieten Sie von sich aus eine Alternative an. Wenn der Kunde allerdings nicht darauf eingeht und auf einem Gutschein oder Bargeld besteht, dann diskutieren Sie nicht mit ihm. Entsprechen Sie seinem Wunsch und denken Sie, dass er auch jetzt mit Ihrem kleinen Versöhnungsgeschenk der preiswerteste und beste Werbeträger ist.

Nun sollten Sie sich ein paar Formulierungen notieren, die Sie als Dankeschön (= D) und auch zur Entschuldigung (= E) einsetzen können.

Meine Entschuldigungs- und Dankeschönformulierungen:

Beispiel:

Kunde: Ein Knopf ist beim ersten Tragen abgerissen.

E: Das tut mir sehr leid, dass Sie so ein Pech mit Ihrem Sakko hatten.

D: Prima, dass Sie gleich zu uns gekommen sind. Denn jetzt können wir den Schaden gleich beheben.

Kunde: „Der Pullover filzt ja total!“

E:

____

____

____

D:

____

____

____

Kunde: „Die Seitennaht des Hemdes hat sich zum Teil aufgetrennt."

E:

____

____

____

D:

____

____

____

Kunde: „So einen Mist habe ich ja noch nie gesehen. Dieses Sweatshirt kann ja mein Sohn anziehen!"

E:

____

____

____

D:

____

____

____

Bestimmt sind Ihnen einige gute Formulierungen eingefallen. Ich wünsche Ihnen zwar möglichst wenige Reklamationen, aber dennoch ein paar gute Trainingspartner, mit denen Sie Ihre Formulierungen üben können. Und dazu brauchen Sie wenigstens ein paar Reklamationen und vielleicht auch ein paar Umtausche.

Die gleichen Tipps gelten natürlich auch für *Situationen, in denen Kunden Waren umtauschen wollen*. Auch hier können Sie Ihrem Kunden ein Dankeschön sagen. Denn auch ein Umtausch ist für ihn bzw. für sie mit Aufwand verbunden. Wieder in die Stadt fahren, der lästige Gedanke an die Erklärungen im Geschäft und das erneute Heraussuchen eines Artikels. Das Schlimmste, was Ihnen passieren kann, ist, dass der Kunde nicht umtauscht, obwohl ihm der Artikel nicht gefällt oder nicht richtig passt. Denn jedes Mal wenn er in seinen Schrank schaut, sieht er diesen Fehlkauf und denkt nicht sonderlich positiv an Ihr Unternehmen. Auch hier ist Ihr Dankeschön nicht übertrieben. Handeln Sie, bevor Ihr Mitbewerber handelt.

„Was, dieses knallrote T-Shirt ist Ihnen zu langweilig? Also, das ist die absolut kräftigste Farbe, die ich Ihnen zeigen kann. Sie wollen doch nicht herumlaufen wie ein Papagei?" schnauzt Herr Frustig seinen Kunden an. „Doch, sonst trage ich noch kräftigere Farben! Aber wenn Sie nichts Kräftigeres haben, dann schaue ich eben noch mal woanders", entgegnet der Kunde Herrn Frustig seelenruhig. „Also, das gibt es doch gar nicht. Einen Geschmack haben die Leute, da kann einem ja ganz schlecht werden", denkt sich Herr Frustig, während sein Kunde das Geschäft verlässt.

Und schon wieder ist ein Kunde aus dem Unternehmen getrieben worden. Ich hoffe, Sie haben keinen Herrn Frustig in Ihrem Team, der so fleißig die Kunden vertreibt. Doch wir sind Herrn Frustig sehr dankbar für seine Beispiele. Würde er nicht so viel verkehrt machen, könnten wir gar nichts von ihm lernen.

Herrn Frustigs Kunde hatte nur einen Einwand. Und der genügte Herrn Frustig schon, seine Kundenabwehrstrategie einzusetzen. Wie sieht es da bei Ihnen im Geschäft aus? Wie reagieren Sie, wenn ein Kunde zu Ihrer kräftigsten Farbe sagt: „Die ist mir zu langweilig"? Wie reagieren Sie, wenn eine Kundin im Schlussverkauf zu einem um 70% reduzierten Kostüm sagt: „Oh, das ist aber immer noch teuer"?
Jubilieren Sie und sagen Sie dann sofort: „Stimmt, das ist wirklich noch ein stolzer Preis"? Oder weisen Sie Ihre Kundin oft darauf hin, dass es sich hier um ein stark reduziertes Kostüm handelt? Wie schnell sagt man, dass es sich bei diesem T-Shirt um die kräftigste Farbe handelt. „Ja, was soll ich denn sonst sagen? Es ist doch auch so!", denken Sie jetzt vielleicht. Stimmt! Sie haben Recht! Sie müssen die Kundin schon auf die wirklichen Fakten hinweisen.

Sagen Sie der Kundin nämlich gleich, dass dies die kräftigste Farbe ist, dann kann sie leicht bis mittelschwer verstimmt sein. Das

Unterbewusstsein der Kundin könnte folgende Botschaft verstehen: „Ich glaube, du bist farbenblind!" Und welche Gefühle in so einem Fall ausgelöst werden, brauche ich Ihnen sicherlich nicht zu sagen. Die Kundin fühlt sich nicht zum Kauf ermuntert.

Und zwar deshalb, weil alles das, was sie Ihnen erzählt, richtig ist. Zumindest empfindet es Ihre Kundin so. Und jetzt kommen Sie und sagen ihr mehr oder weniger deutlich, dass sie nicht Recht hat. Wie würden Sie reagieren?

Damit Ihnen das Ganze noch verständlicher wird, machen Sie einfach einmal folgendes Spiel: Setzen Sie sich mit ein paar Freunden oder Kollegen zusammen und betrachten Sie gemeinsam ein bestimmtes Bild. Jetzt lassen Sie dieses Gemälde von allen Anwesenden beschreiben. Wie viele Beschreibungen bekommen Sie? Ganz klar! Sie erhalten genau so viele Beschreibungen, wie Personen anwesend sind. Und welche Beschreibung ist nun am zutreffendsten? Sie meinen, dass jede Beschreibung zutreffend ist? Stimmt! Nun wählen Sie sich einen Mitspieler aus, und sagen Sie ihm, dass er völlig falsch liegt mit seiner Beschreibung. Hat er das Bild als sehr schön und farbenfroh beschrieben, dann sagen Sie ihm, dass das Bild häßlich und trist ist. Was, meinen Sie, wird jetzt passieren? Richtig, Ihr Mitspieler wird nicht sehr erfreut sein. Er wird seine Bildbeschreibung verteidigen oder vielleicht sogar mit Ihnen streiten, je nachdem, welches Temperament er hat. Jetzt erleben Sie genau das, was bei einem unprofessionellen Reklamations- und Umtauschgespräch abläuft. Ihr Mitspieler fühlt sich falsch verstanden oder sogar beleidigt.

Den gleichen Effekt erzielen Sie, wenn Sie einer Kundin sagen, dass dieses Kostüm bereits um 70% reduziert ist oder dass diese Farbe doch mit Abstand die kräftigste Farbe ist, die man sich vorstellen kann. Gehen Sie davon aus, dass die Kundin Recht hat, wenn sie sagt: „Dieses Knallrot ist aber trist" oder wenn sie sagt: „Das Kostüm ist aber teuer". Und wenn Sie auf jeden Fall etwas Positives bei Ihrer Kundin erreichen wollen, dann müssen Sie ihr zunächst zustimmen. Dieses einfache Prinzip können Sie permanent trainieren und üben. Gleichgültig was Ihnen ein Mensch sagt, er hat immer das Gefühl: „Ich habe Recht!" Hätte er dieses Gefühl nicht, würde er es Ihnen nicht sagen. Ist also jemand der Meinung, trotz strahlenden Sonnenscheins sei das Wetter schlecht, ist er auch davon überzeugt. Und wenn Sie ihm entgegnen, dass das

Wetter wundervoll ist, wird er Ihnen das Gegenteil beweisen wollen. Haben Sie das System verstanden? Erst dann, wenn Sie jemandem das Gefühl geben: „Ich kann dich verstehen und von deinem Standpunkt aus hast du auch recht“, haben Sie die Möglichkeit, ihn vom Gegenteil zu überzeugen. Das könnte dann folgendermaßen klingen: „Wenn Sie sonst noch kräftigere Farben tragen, dann ist dieses Rot im Vergleich dazu sicherlich etwas trister.“ Bei dem reduzierten Kostüm könnte Ihre erste Reaktion in etwa so klingen: „Ja, das ist im Verhältnis zu anderen Kostümen immer noch eine etwas höhere Preislage.“ Und jetzt können Sie Ihre Argumente, die eventuell für das Knallrot oder das Kostüm sprechen, anschließen.

Mit dieser Methode erreichen Sie einen enormen Effekt. Erstens überraschen Sie Ihren Kunden und zweitens fördern Sie seine Bereitschaft, Ihren nun folgenden Argumenten zuzuhören. Ihr Kunde wird überrascht sein, weil er so etwas in seinem Leben sehr selten erfährt. Es ist nämlich ungewöhnlich, von Menschen, die anderer Meinung sind, Recht zu bekommen. Und durch diese Bestätigung beeinflussen Sie gezielt das Unterbewusstsein und die Denkweise Ihres Kunden. Denn in dem Moment, in dem uns ein anderer Mensch signalisiert: „Ich verstehe dich!“, sind wir alle bedeutend zugänglicher für seine Sichtweise und seine Argumente. Das krasse Gegenteil dieser Methode können Sie bei Politikerdebatten im Fernsehen hervorragend beobachten. Gleichgültig was der politische Gegner sagt, es wird sofort vehement dagegen argumentiert. Auf diese Art und Weise debattieren alle Politiker dieser Erde über das Wohl ihrer Bürger, ohne sich in wichtigen Aspekten auch nur ein Stück näher zu kommen.

Erst dann, wenn Sie Ihrem Gegenüber das Gefühl signalisieren: „Ja, ich verstehe dich“, haben Sie die Möglichkeit, ihn von einer anderen Meinung zu überzeugen.

Trainieren Sie diese Methode am besten in Ihrem Privatleben und beginnen Sie noch heute damit. Achten Sie einfach darauf, dass Sie zunächst Ihren Gesprächspartnern das Gefühl geben können: „Ich verstehe dich und von deiner Seite aus gesehen hast du auch Recht!“

Damit Sie das gleich üben können, nutzen Sie die Beispiele auf der nächsten Seite und formulieren Sie Zustimmungen, die dem anderen dieses Verständnisgefühl vermitteln und Ihnen die Möglichkeit offen lassen, Ihre Argumente dennoch erfolgreich ins Spiel zu bringen. Es ist natürlich nicht ratsam, folgende Formulierungen zu verwenden: „Da haben Sie zu 100% Recht! Das Kostüm ist viel zu teuer!“ Dann dürfte es selbst Ihnen als Profi schwer fallen, Ihre

Argumente, die für das Kostüm sprechen, noch glaubwürdig ins Spiel zu bringen.
Finden Sie Formulierungen, die Ihrem Kunden während des Verkaufsgesprächs ein angenehmes und verständnisvolles Gefühl vermitteln:

Beispiel:

Kunde: „Das ist mir zu trist!"
Sie: „Ja, im Vergleich zu noch kräftigeren Farben wirkt diese Farbe sicherlich ein wenig ruhiger."

Das ist mir zu modisch!

____

____

Das ist mir nicht bequem genug!

____

____

Die Jacke sieht aber sehr damenhaft aus!

____

____

Der Rock ist mir viel zu kurz!

____

____

So etwas Buntes kann doch kein Mensch tragen!

____

____

Kommen wir nun zu dem zweiten Schritt. Nachdem Sie Ihrem Kunden Verständnis entgegengebracht haben, bringen Sie ihm jetzt Ihre Argumente und Ihre Sichtweise näher. Versuchen Sie also jetzt, die Argumente, die für das Knallrot aus unserem Beispiel sprechen, Ihrem Kunden zu vermitteln. Das könnte folgendermaßen klingen:

„Auf der anderen Seite können Sie dieses T-Shirt wunderbar mit Ihrer kräftig blauen Jacke kombinieren, und schon haben Sie den gewünschten farbenfrohen Effekt. Und das ist doch genau das, was Sie wollen, oder?"

Sie sehen an diesem Beispiel, dass Sie beim Umgang mit Einwänden auch wieder mit der Argumentationstechnik in drei Schritten arbeiten können. Eine abschließende Kontrollfrage bietet sich ebenfalls an. Die Frage gibt Ihrem Kunden nämlich das Gefühl, letztendlich selbst zu entscheiden.

Beim Umgang mit Einwänden müssen Sie Ihren Kunden Verständnis signalisieren, möchten Sie ihnen Ihre Argumente und Sichtweise näher bringen.

Bei dem reduzierten Kostüm könnten Sie folgendermaßen fortfahren:
„Andererseits sind Ihnen doch auch eine außergewöhnliche Qualität und hervorragende Passform sehr wichtig. Und genau das kann ich Ihnen bei diesem edlen Kostüm garantieren. Probieren Sie es doch einfach einmal an!"

Bitte lernen Sie diese Formulierungen nicht auswendig. Denn erstens ist das trotz salopper Schreibweise dennoch Schriftdeutsch. Und zweitens sollen Sie möglichst so reden, wie es zu Ihnen und Ihrer Persönlichkeit passt. Diese Beispiele sollen Ihnen nur die Methode erklären.

Vermeiden Sie bei der Umwandlung des Einwandes das Wort „aber". Obwohl die „Ja, aber"-Methode immer noch gelehrt wird, ist sie selten wirklich erfolgreich. Wenn ein Mensch „ja, aber" zu Ihnen sagt, dann wissen und spüren Sie sofort, er ist dagegen. Und genau das wollen wir ja in unseren Gesprächen vermeiden. Argumentieren Sie daher lieber mit folgenden Worten:

Andererseits ist Ihnen doch auch wichtig (...).

Auf der anderen Seite können Sie hiermit auch (...).

Jedoch ist mit dieser Kombination auch dieses und jenes anzufangen.

Und die Kombinationsmöglichkeiten sind (...).

Bedenken Sie, dass Sie auch (...).

Um diese Formulierungen zu üben, vervollständigen Sie bitte die unten stehenden Sätze mit Hilfe einer möglichen Umwandlung (= U) und formulieren Sie gleich eine passende Kontrollfrage (= K):

Beispiel:

Ja, Rot ist sicherlich eine etwas kräftigere Farbe (...).

(U) Andererseits wollten Sie ja auch Ihre Garderobe ein wenig aufpeppen.

(K) Das ist ihnen doch nach wie vor wichtig?

Sicher, wenn Sie sonst eher klassischere Röcke tragen, ist dieser schon einen Tick modischer, (...)

(U)

(K)

Das Hemd ist schon etwas dezenter in der Farbgebung, (...)

(U)

(K)

Die Tischdecke ist sicherlich schon etwas rustikaler, (...)

(U)

(K)

Bitten denken Sie jetzt nicht, dass Sie alle Einwände Ihrer Kunden entkräften und umwandeln müssen. Denn eine Methode, die das vollbringt, gibt es noch nicht, und sie wäre auch völlig unsinnig. Meistens haben Sie in Ihren Sortimenten ausreichend Alternativartikel, die Sie Ihren Kunden anbieten können. Einwände brauchen Sie nur umzuwandeln und zu entkräften, wenn Sie damit Ihre Erfolgsquote erhöhen und dem Kunden dadurch neue Perspektiven und Möglichkeiten eröffnen können. Manchmal beharren wir aus unerklärlichen Gründen stur auf unserer Meinung. Wenn es aber jemandem gelingt, uns für eine andere Sichtweise zu öffnen, sind wir oft positiv überrascht. Dazu eignet sich der dargestellte Umgang mit Einwänden. Sie sollen natürlich keinem Kunden ein Blau für ein Rot verkaufen.

Es gibt natürlich auch Kunden, denen man auf den ersten Blick gar nichts recht machen kann. Denen gefällt nichts, und sie sind mit dem vorhandenen Sortiment überhaupt nicht zufrieden. Diese Kunden stellen nicht nur eine Wand auf (denn um diese geht es ja bei deren Ein-wänden), sondern bauen in Sekundenschnelle eine ganze Mauer auf. Das klingt dann in etwa so: „Ist das etwa alles?" oder vielleicht so: „Also, da ist überhaupt nichts für mich dabei" oder eventuell so: „Wer soll denn diese Farben tragen? Damit sieht man ja unmöglich aus!"

Wie soll man mit diesen Kunden am besten umgehen? Herr Frustig würde bestimmt sagen: „Rauswerfen!" Und trotzdem haben auch diese Kunden im Laufe der Jahre schon das eine oder andere Kleidungsstück gekauft. Das bedeutet, irgendwann müssen sich auch diese Kunden in einer Kaufstimmung befunden haben. Diese gute Stimmung fehlt ihnen anscheinend, wenn sie uns gegenüber eine Mauer aufbauen. Vielleicht kennen Sie selber solche Tage. Tage, an denen einem überhaupt nichts gefällt und vielleicht sogar keiner einem etwas recht machen kann. Wenn jemand in so einer Stimmung unser Geschäft betritt, haben wir einen schwierigen Fall vor uns.

Die beste Möglichkeit wäre, den Kunden von seiner negativen Stimmung zu befreien. Und das ist oft leichter gesagt als getan. Auf jeden Fall ist eines klar: Wenn Sie einen Kunden vor sich haben, dem nichts gefällt und der an allem etwas auszusetzen hat, unterbrechen Sie Ihr Verkaufsgespräch. Denn Sie können jetzt noch weitere zwei Stunden mit ihm reden, er oder sie wird sehr wahrscheinlich nichts kaufen. Er oder sie *kann* nichts kaufen. Seine oder ihre innere Verfassung läßt das nicht zu. Sie kennen solche Verkaufsgespräche sicherlich. Man zeigt und zeigt und zeigt. Und nach einer Stunde sagt der Kunde: „Ist das alles?" Mit Mühe und Not hält man sich auf den Beinen und ist froh, wenn man nun nicht völlig zusammenbricht! Und jetzt soll man auch noch gute Miene zum bösen Spiel machen.

Ein mißgelaunter Kunde *kann* nichts kaufen.

Am nächsten Tag erscheint die gleiche Kundin schon wieder. Man verdrückt sich selbst in die letzte Ecke des Geschäftes, um den netten Kollegen auch einmal eine Chance zu geben. Nach ca. 15 Minuten steht die Kundin mit der Kollegin an der Kasse und bezahlt Ware im Wert von ca. DM 1000.– . Man traut seinen Augen nicht und kommt neugierig aus der Ecke hervor. Man begrüßt die Kundin freundlich und diese erwidert: „Ja, warum haben Sie mir denn nicht gestern diese tolle Kombination gezeigt? Da hätte ich doch gleich zugegriffen!" Man schnappt nach Luft, lächelt und denkt sich: „Das gibt es doch nicht! Spinne ich jetzt? Genau diese Kombination habe ich gleich als erste Möglichkeit präsentiert. Nur hat die Kundin sie gestern mit folgenden Worten abgelehnt: „Also, hören Sie mal. So etwas Geschmackloses würde ich ja nicht einmal im Traum anziehen." Was ist passiert? Die Kundin hatte gestern schlechte Laune. Und heute hat sie einfach eine bessere Stimmung mitgebracht. Das ist das ganze Geheimnis.

Damit Ihnen solche Erlebnisse in Zukunft erspart bleiben, brauchen Sie nur einen Grundsatz zu beherzigen:

„Bringe den Kunden in eine bessere Stimmung!"

Und auch das ist Ihnen schon häufig gelungen. Manchmal haben Sie nur eine Tasse Kaffee angeboten. Ein anderes Mal haben Sie einfach irgend etwas Nettes erzählt. Oder Sie haben die schlechte Stimmung des Kunden genutzt und einen erfolgreichen Frustkauf hingezaubert. Immer wenn es Ihnen gelungen ist, den Kunden in eine Kaufstimmung zu bringen, hatten Sie Erfolg.

Wie sieht es nun in den Fällen aus, bei denen keine Tasse Kaffee Abhilfe und auch keine nette Geschichte hilft? Kann man da überhaupt etwas tun? Ja, man kann, oder, besser ausgedrückt, Sie können etwas tun. Mit Hilfe eines kleinen rhetorischen Tricks kann es Ihnen nämlich gelingen, die Minusstimmung in eine Plusstimmung umzuwandeln. Das Kostüm, das soeben noch abgelehnt wurde, könnte mit ein wenig Glück ein paar Minuten später zum absoluten Hit avancieren.

Da es sich also bei diesen Kunden in den meisten Fällen um eine momentane Unluststimmung handelt, wandeln Sie diese Stimmung. Handelt es sich um eine chronische Unluststimmung, dann wandeln Sie diese permanente Unlust wenigstens für einen kurzen Augenblick. Damit Sie erkennen, wie das Ganze funktionieren kann, hören wir einfach unserem Herrn Lustig in einer solchen Situation zu:

Kunde: „Also, wissen Sie was, Herr Lustig, Ihr Sakkoangebot ist ja in dieser Saison wirklich unter aller Kanone. Da ist absolut nichts für mich dabei. Das sind ja alles Sakkos, die ich als Opa noch anziehen könnte!"

Herr Lustig: „Oh, das kann ich gut verstehen. So auf den ersten Blick wirken die Farben sicherlich nicht ganz so attraktiv wie in der vergangenen Saison. Welche Art von Sakkos tragen Sie denn sonst gerne?"

Kunde: „Ja, also auf jeden Fall topmodische und ein bisschen hellere Farben!"

Herr Lustig: „Und welche Richtung mögen Sie nicht so gerne?"

Kunde: „Also, auf keinen Fall möchte ich irgend etwas Langweiliges anhaben. Sie wissen, ich übe einen kreativen Beruf aus. Da möchte ich mich auch dementsprechend kleiden!"

Herr Lustig: „Ja, das ist auch wichtig, dass man etwas anhat, worin man sich so richtig wohl fühlt. Was für ein Sakko suchen Sie denn heute?"

Kunde: „So genau kann ich Ihnen das gar nicht sagen. Aber jedenfalls soll es eine freundliche Farbe sein und nach Möglichkeit soll es auch zu meinen hellbeigen Hosen passen!"

Herr Lustig: „Und wenn ich Ihnen so etwas zeigen könnte, wären Sie dann zufrieden?"

Kunde: „Ja, auf jeden Fall!"

Herr Lustig: „Na prima, dann zeige ich Ihnen ein paar Sakkos, die Ihren Vorstellungen entsprechen. Schauen Sie einfach mit!"

Ich weiß nicht, wie erfolgreich dieses Gespräch letztendlich verlaufen ist. Auf jeden Fall ist es Herrn Lustig gelungen, die anfangs vorherrschende ablehnende Haltung des Kunden in eine bessere Grundstimmung umzuwandeln. Haben Sie gemerkt, was Herr Lustig mit dem Kunden veranstaltet hat? Er hat den Kunden an der Stelle „abgeholt", an der sich der Kunde am Anfang des Gespräches „aufhielt". Anstatt gleich loszulegen, wie toll und modisch das Sortiment doch ist, hat Herr Lustig zuerst Verständnis für die Aussage des Kunden signalisiert. Anschließend hat Herr Lustig den Kunden ganz vorsichtig und dezent von dieser Stelle „weggezogen". Und zwar ohne dass es der Kunde merken konnte. Dafür hat Herr Lustig eine ganz simple Methode benutzt, die sogenannte „Umpolung". Und die funktioniert in sechs Schritten.

1. Pol des Kunden – Zustimmung!

   „Oh, das kann ich gut verstehen. So auf den ersten Blick wirken die Farben sicherlich nicht ganz so attraktiv wie in der vergangenen Saison."

2. Pluspol des Kunden – Frage nach bevorzugter Kleidung

   „Welche Art von Sakkos tragen Sie denn sonst gerne?"

3. Minuspol des Kunden – Frage nach niemals in Frage kommender Kleidung

   „Und welche Richtung mögen Sie nicht so gerne?"

4. Gewünschter Pluspol des Kunden – Frage nach aktuellem Wunsch

   „Was für ein Sakko suchen Sie denn heute?"

5. Verdeutlichen des Wunsch-Pluspoles – Verdeutlichen des Kundenwunsches

   „Und wenn ich Ihnen so etwas zeigen könnte, wären Sie dann zufrieden?"

6. Wunsch-Pluspol zur Präsentation nutzen – Überleiten auf erneute Präsentation

   „Na prima, dann zeige ich Ihnen ein paar Sakkos, die Ihren Vorstellungen entsprechen. Schauen Sie einfach mit!"

Sie werden mit dieser Methode so manch „unlustigen" Kunden in eine Kauflust-Stimmung bringen. Der Trick ist ganz einfach und bedarf nur ein wenig Übung.

1. Sie schieben sich auf den Kundenpol,
2. dann führen Sie den Kunden zum ersten Mal auf einen ihm bekannten Pluspol. Seine Lieblingskleidung.

3. Jetzt schieben Sie ihn noch einmal kurz auf einen Minuspol. Kleidung, die er ablehnt.
4. Nun schieben Sie ihn wieder auf einen ihm wichtigen Pluspol. Kleidung, die er sich wünscht.
5. Diesen Pluspol beim Kunden verstärken Sie jetzt. Mit Hilfe einer Kontrollfrage.
6. Und diese „Pluspolverstärkung" nutzen Sie für einen neuen erfolgreichen Start. Sie starten mit einer neuen Präsentation.

Das beste Trainingsfeld ist auch hier, wie soll es anders sein, Ihr Privatbereich. Denn auch dort soll es vorkommen, dass so mancher Zeitgenosse in einer Unluststimmung ist, wenn Sie zum Beispiel irgend etwas mit ihm oder ihr planen möchten. Das Beispiel eines Ehepaares während der Urlaubsplanung hilft Ihnen da sicher weiter:

Er: „Irgendwie habe ich gar keine Lust mehr, in den Urlaub zu fahren!"

Sie: „Das kann ich verstehen. Bei den vielen unübersichtlichen Angeboten kann es einem ja auch vergehen. Was war denn bisher dein schönster Urlaub?"

Er: „Als ich mit dir alleine auf der Insel Rügen war. Das war traumhaft!"

Sie: „Und wohin möchtest du auf keinen Fall mehr hinfahren?"

Er: „Also, nach Spanien bringen mich keine zehn Pferde mehr!"

Sie: „Und wohin würdest du dieses Jahr gerne mal fahren?"

Er: „Ja, so eine Insel wäre wirklich nicht schlecht!"

Sie: „Also, wenn wir eine schöne Insel finden würden, dann hättest du auch Spaß am Urlaub?"

Er: „Ja, dann schon!"

Sie: „Prima! Dann lass uns doch einfach noch einmal unter diesem Aspekt den einen Katalog durchsehen."

Vielleicht kennen Sie solche Diskussionen. Und dann wissen Sie

auch, dass solche kleinen Missstimmungen oft einen ganzen Urlaub oder einen ganzen Abend verderben können. Mit Hilfe des „Umpolens" können Sie in Zukunft so manchen Abend und so manches Wochenende retten. Zusätzlich trainieren Sie sich gleichzeitig für Ihre etwas schwierigeren Verkaufsgespräche.
Und damit Sie diese erfolgreich führen können, finden Sie anschließend eine weitere Übung.

Die Antworten der Kundin sind schon vorgegeben. Sie brauchen sich nur noch ein paar passende Fragen einfallen zu lassen. Viel Spaß dabei!

Kundin: Also, Ihre Kostüme gefallen mir ja überhaupt nicht!

1. Schritt – Pol des Kunden und
2. Schritt – Pluspol des Kunden:

1. ______________________________

2. ______________________________

Kundin: Ich liebe Blazerkostüme über alles!

3. Schritt – Minuspol des Kunden:

3. ______________________________

Kundin: Also Jacken ohne Revers finde ich grauenhaft.

4. Schritt – Gewünschter Pluspol des Kunden:

4. ______________________________

Kundin: Ein flottes Blazerkostüm mit einem modischen Rock und der passenden Hose oder sonst irgend etwas Schickem.

5. Schritt – Verdeutlichen des Wunsch-Pluspoles:

5. ______________________________

Kundin: Ja, dann wäre ich mehr als zufrieden!

6. Schritt – Wunsch-Pluspol zur Präsentation nutzen:

6. ______________________________

Kundin: Gut, lassen Sie einmal sehen, was Sie mir noch bieten können.

Haben Sie gemerkt, wie einfach dieses Prinzip anzuwenden ist? Also nichts wie ran an die Unlustkunden! Ab morgen gibt es dann nur noch kauffreudige Kunden. Doch das wäre Ihnen sicherlich auch zu langweilig. Ein paar Ausnahmen muss es ja schließlich auch noch geben.

Das Wichtigste in Kürze und Ihre persönlichen Gedanken dazu:

Freuen Sie sich über jeden reklamierenden Kunden!
Meine Gedanken dazu:

____

Seien Sie so großzügig wie möglich!
Meine Gedanken dazu:

____

Bedanken Sie sich für jede Reklamation!
Meine Gedanken dazu:

____

Ein zufriedener Reklamationskunde ist Ihr bester Werbeträger!
Meine Gedanken dazu:

____

Denken Sie stets daran: Jeder Kunde fühlt sich mit seinem Einwand im Recht!
Meine Gedanken dazu:

____

Vermitteln Sie jedem Kunden das Gefühl: Ich kann dich verstehen!
Meine Gedanken dazu:

Meiden Sie das Wort „aber" beim Umgang mit Einwänden.
Meine Gedanken dazu:

Schließen Sie Ihre Umwandlung möglichst mit einer Kontrollfrage ab!
Meine Gedanken dazu:

Nutzen Sie das Umpolen für Ihre Unlustkunden!
Meine Gedanken dazu:

4.9 Wie wecke ich neue Kundenwünsche?

„Wenn ein Kunde einen Anzug haben will, dann bekommt er einen Anzug und keinen Mantel. Wenn ein Kunde ein Hemd möchte, dann bekommt er ein Hemd und keinen Pullover. Denn das Schlimmste, was Kunden von uns sagen können, ist, dass wir aufdringlich wären!"

Herr Frustig hält wieder einmal einen seiner berüchtigten Vorträge in der Mittagspause. „Möchte der Kunde zusätzlich einen Pullover, dann wird er mir das schon mitteilen." „Ja, aber der Chef hat uns gesagt, dass wir immer zusätzliche Artikel anbieten sollen", erwidert eine junge Auszubildende. „Zu jeder Hose muss ein Gürtel gezeigt werden. Und zu jedem Anzug das passende Hemd und die passende Krawatte!" – „Typisch Chef! Sind wir hier auf einem türkischen Basar oder in einem der führenden Fachgeschäfte? Was sollen denn die Kunden von uns denken. Vielleicht denken die, dass wir es bitter nötig haben. Na, das wäre ja noch schöner", entrüstet sich Herr Frustig.

Hat unser lieber Herr Frustig nun Recht oder nicht? Selbstverständlich nicht, werden Sie sagen. Und damit haben Sie Recht. Denn Sie wissen ja selbst, wie wichtig es ist, passende Ergänzungsartikel zu zeigen. Die Frage ist nur, wie man dabei vorgeht, ohne dass der Kunde oder die Kundin sich bedrängt fühlt. Aufdringlich darf das Zusatzangebot nicht wirken. Das Image der Aufdringlichkeit wäre fatal und würde die Kundenfrequenz in einem Unternehmen erheblich schmälern.

Das erste Problem, welches es hier zu überwinden gilt, ist Ihre eigene Einstellung. Sollten Sie ähnlich wie Herr Frustig denken, dann haben Sie ein großes Problem. Wie Sie wissen, kann Ihr Körper nicht lügen. Wenn ein Verkäufer denkt: „Bei jedem Zusatzangebot wirke ich aufdringlich!", dann strahlt er diese Gedanken auch aus und wirkt auch aufdringlich.

Sollten Sie zu diesen Menschen gehören, dann dürfen Sie sich erst einmal von diesem Gedanken befreien. Und wie? Das können Sie jetzt gleich nachlesen. Es ist nämlich Ihre Pflicht, einen oder sogar mehrere Ergänzungsartikel zu zeigen. Ja, Sie haben richtig gelesen: Es ist Ihre Pflicht. Nein, keine Pflicht aus Ihrem Arbeitsvertrag. Sondern die Pflicht Ihren Kunden gegenüber.

Jeder Kunde hat das Recht, wenn er ein Fachgeschäft betritt, über die unterschiedlichen Möglichkeiten aufgeklärt zu werden. Wenn ein Kunde also einen Anzug kauft, sollten ihm zumindest die Ergänzungsmöglichkeiten durch ein Hemd und eine Krawatte präsentiert werden. Dass man zu einem Anzug sowohl eine Outdoorjacke als auch einen Mantel tragen kann, sollte man ihm erzählen und vor allen Dingen zeigen. Dass ein Anzug mit dem passenden Gürtel gleich noch wertvoller aussieht, versteht sich von selbst. Das passende Strickhemd als sportliche Ergänzung ist sicherlich auch ein wertvoller Tipp, den Ihr Kunde dankbar entgegennimmt.

Würde er diese Informationen nicht haben wollen, könnte er auch in einem Discountmarkt einkaufen. Ob er letztendlich den einen oder anderen Artikel auch kauft, bleibt natürlich ihm überlassen. Sehen Sie das klassische Zusatzangebot nicht so sehr unter dem Aspekt „Zusatzverkauf", sondern vielmehr unter dem Aspekt „Zusatzservice". Und wer seinem Kunden diesen Service nicht bietet, der braucht sich auch nicht Fachverkäufer zu nennen.

Zusatzverkäufe sollten als *Zusatzservice* verstanden werden.

Deutliche Worte zu einem beliebten Thema. Immer noch gehen zu viele Kunden aus den sogenannten Fachhandelsgeschäften heraus, ohne umfassend beraten worden zu sein. Wird ein Kunde nicht ausreichend beraten, darf man sich nicht wundern, dass immer mehr Kunden den Discountmarkt oder den Fabrikverkauf vorziehen. In diesen Vertriebsformen bekommt er auch nur das zu sehen, was er verlangt hat.

Ihr Ziel ist es, Ihren Kunden mit Hilfe passender Ergänzungsartikel zu verdeutlichen, dass Sie als Fachhandel allen anderen Vertriebsformen überlegen sind. Dafür gibt es keine bessere Methode als durch Informationen zu überzeugen. Nutzen Sie wirklich bei jedem Kunden diese Möglichkeit, dann erhöht sich zwangsläufig Ihr Durchschnittsbon. Das Unterbewusstsein Ihrer Kunden reagiert auf die unterschiedlichsten Impulse, und Zusatzangebote sind phänomenale Impulse für das Unterbewusstsein Ihrer Kunden. Unterschlagen Sie allerdings dem Kunden Zusatzangebote in Form von Ergänzungsartikeln, dann erfährt er auch keine neuen Impulse. Er geht dann bestenfalls mit seinem Wunschartikel aus Ihrem Geschäft. Zu Hause merkt er dann oft, dass er keine passende Krawatte, keinen passenden Gürtel und vielleicht sogar keinen passenden Mantel hat. Und das ist zu spät. Jetzt hat Ihr Kunde keine Lust mehr, in die Stadt zu gehen und sich wieder auf die Suche nach einem passenden Hemd zu machen. Vielleicht hat er sich auch so im Vorbeigehen bei Ihrem Mitbewerber die fehlenden Ergänzungsartikel schon mitgenommen.

Durch die Präsentation von Ergänzungsartikeln zeigen Sie dem Kunden, daß Sie als Fachhändler allen anderen Vertriebsformen überlegen sind.

Wenn Sie allerdings Ihre Zusatzangebote auch noch mit geschickten Formulierungen präsentieren, dann ist Ihr Verkaufserfolg gar nicht mehr aufzuhalten. Benutzen Sie daher möglichst Formulierungen, die Ihrem Kunden das Gefühl geben: „Dieser nette Mann oder diese aufmerksame Frau möchte mir nur weitere Möglichkeiten zeigen!" Das bedeutet: Meiden Sie Formulierungen, bei denen der Kunde sofort merkt, dass Sie Umsatz machen wollen. Vermeiden Sie zum Beispiel Sätze wie diesen: „Diese Bluse würde ich auf jeden Fall mitnehmen!" Zumindest am Anfang eines Verkaufsgespräches sollten Sie solche Bemerkungen unterlassen. Sie haben es in der Regel mit Kunden zu tun, die schon einige Erfahrungen mit Verkäufern gemacht haben.

Jede Erfahrung sorgt für ein unterbewusstes Urteil Ihrer Kunden. Und das Urteil vieler Kunden über Verkäufer lautet: „Pass auf!

Verkäufer wollen dir gerne etwas andrehen!" Solange dieses Vorurteil nicht ausgeschaltet ist, haben Sie es oft schwer, zusätzlichen Umsatz zu machen. Wählen Sie statt dessen lieber Formulierungen wie zum Beispiel: „Damit Sie einmal sehen, wie der ganze Look komplett aussieht, können Sie diese Bluse dazu anprobieren!" Merken Sie den Unterschied?

Das zweite Beispiel bringt dem Kunden den Servicegedanken näher. Und dieser Servicegedanke öffnet sein Unterbewusstsein, im Gegenteil zu dem entstehenden Kaufdruck im ersten Beispiel. Damit Sie ein Gefühl für diese Art der Formulierungen bekommen, nutzen Sie die nun folgenden Beispiele:

Formulieren Sie die Sätze so um, dass der Kaufzwang herausgenommen wird!

Beispiel: Die Krawatte müssen Sie einfach dazu nehmen.
Ihre Formulierung: Mit dieser Krawatte bekommt der Anzug einen etwas eleganteren Touch.

Das Tuch ist ein absolutes Muss zu diesem Kostüm!
Ihre Formulierung:

____

____

Ohne die passenden Stoffservietten wirkt das ganze Tischtuch nicht mehr so gut!
Ihre Formulierung:

____

____

Also, den Gürtel müssen Sie einfach noch mitnehmen!
Ihre Formulierung:

____

____

Der Pullover ist wie für Sie gemacht!
Ihre Formulierung:

____

____

Nehmen Sie die Bluse unbedingt dazu!
Ihre Formulierung:

____

____

Die Hose gehört einfach zu diesem Blazer!
Ihre Formulierung:

____

____

Nachdem Sie nun elegantere Formulierungen gefunden haben, brauchen Sie sich nur noch zu überlegen, welche Zusatzartikel am besten zu Ihren jeweiligen Hauptartikeln passen. Die Krawatte zum Anzug oder das Tuch und die Bluse zum Kostüm sind für jeden selbstverständlich. Interessant wird das Ganze, wenn Sie darüber hinaus weitere Zusatzangebote entwickeln. Denn Sie heben sich mit etwas kreativeren Zusatzartikeln von Ihren „08/15-Mitbewerbern" ab und schaffen so neue Umsatzchancen.

Wenn Sie zum Beispiel zu einem Kostüm den passenden Mantel präsentieren. Oder zu einem Sakko die ergänzende Outdoorjacke und zur Bettwäsche die attraktive Tagesdecke, dann starten Sie wirklich interessante Umsatzchancen. „Das geht doch nicht, dass ich zu einem Hauptartikel einen noch größeren Zusatzartikel anbiete!", höre ich jetzt schon die ersten Leser sagen. „Doch, es funktioniert!" Probieren Sie es aus und Sie werden sehen, wie gut das funktioniert. In vielen erfolgreichen Geschäften wird dies schon seit Jahren mit großer Begeisterung praktiziert. Die Angst, dass das Ganze aufdringlich wirken könnte, brauchen Sie ja ab heute nicht mehr zu haben. Denn mittlerweile wissen Sie ja, wie Sie die Lederjacke, die Outdoorjacke oder den passenden Mantel unaufdringlich und unter Servicegesichtspunkten präsentieren können.

Wenn nur jeder zehnte Kunde auf Ihr Zusatzangebot eingeht, haben Sie bereits eine Umsatzerhöhung von zehn Prozent.

Scheuen Sie sich nicht, zu einem Hemd auch das passende Sakko, zu einem T-Shirt das passende Kostüm und zu ein paar Servietten die ergänzende Tischdekoration anzubieten. Der Serviceanspruch Ihrer Kunden verlangt einfach danach. Oder anders ausgedrückt:

Ihre Kunden haben es einfach verdient.

Bei dieser Gelegenheit möchte ich auch auf eine immer noch weit verbreitete Zusatzverkaufsmethode eingehen. Die Frage am Schluss des Verkaufsgespräches: „Haben Sie noch einen Wunsch?" Bevor ich dazu viel erkläre, machen Sie einfach Folgendes: Gehen Sie einkaufen und warten Sie den Schluss des Verkaufsgespräches ab.

Mit großer Wahrscheinlichkeit kommt jetzt die Frage: „Haben Sie noch einen Wunsch?" Reagieren Sie folgendermaßen darauf: Lächeln Sie den Verkäufer freundlich an, gehen Sie einen Schritt auf ihn zu und sagen Sie ganz freundlich und bestimmt: „Ja!" Ich verspreche Ihnen, in 90% aller Fälle schauen Sie in ein verdutztes Gesicht. Denn damit hat er beim besten Willen nicht gerechnet. Ein Kunde, der wirklich noch einen Wunsch hat! Nachdem der Verkäufer sich von seinem Schreck erholt hat, sagen Sie ihm Ihren Wunsch, damit er sein Verkaufsgespräch endlich beginnen kann. Spaß beiseite! Sie sollen natürlich niemanden so erschrecken. Ich wollte Ihnen hiermit nur sagen, dass Sie diese Frage unter der Rubrik „Höflichkeit" abhaken können. Verwenden Sie diese Methode nicht, um Ihre Umsätze anzukurbeln, denn das funktioniert in den allermeisten Fällen nicht.

Der Verkauf ist am Ende des Verkaufsgespräches abgeschlossen, und auch der Kunde hat innerlich schon abgeschlossen. Nur wenn er einen ganz dringenden Wunsch hat, der noch nicht zur Sprache gekommen ist, wird er auf die Frage: „Haben Sie noch einen Wunsch?" eingehen. Doch meistens hat er diesen dringenden Wunsch schon während des Verkaufsgespräches geäußert.

Sie können diese Frage ruhig weiterhin stellen. Denn sie ist zumindest höflich. Besser wäre allerdings auch hier eine offene Informationsfrage, wie zum Beispiel: „Was haben Sie denn noch für einen Wunsch?" Doch rechnen Sie nicht mit zusätzlichem Umsatz und denken Sie stets daran: Der erfolgreiche Zusatzverkauf findet immer während des Hauptverkaufes statt.

Natürlich gibt es auch noch den „echten" Zusatzverkauf. Damit meine ich Artikel aus Ihrem Sortiment, die in keinem Zusammenhang zu dem Wunschartikel Ihres Kunden stehen. Wenn Sie beispielsweise zu einer Tischdecke Bettwäsche verkaufen oder zu einem Hemd eine Badehose oder zu einem Kostüm ein zweites Kostüm, sind das wirkliche Zusatzverkäufe. Die jeweils passenden Ergänzungsartikel sind nach dieser Definition „normale" Zusatzartikel, also fast schon ein Muss. Die „ungewöhnlichen" Zusatzartikel sind die echten Zusatzverkäufe. Doch auch hier gilt die Devise: *„Auf jeden Fall nicht aufdringlich werden!"* Schauen wir uns daher an, wie Herr Lustig seine Zusatzverkäufe ankurbelt.

Herr Lustig zeigt gerade einen Anzug, mit passendem Hemd und einer schicken Krawatte. Während der Kunde den feinen Anzugstoff befühlt, nimmt Herr Lustig einen Mantel, der zufällig in der Anzugabteilung hängt, in die Hand und hängt ihn ein Stück weiter auf die nächste Stange. „Oh, den neuen modischen Mantel muss ich nachher noch im Fenster dekorieren", murmelt Herr Lustig halblaut vor sich hin. Sofort widmet er sich wieder seinem Kunden und zählt die Vorzüge des Anzuges und die Vorteile der gesamten Kombination auf. Das Verkaufsgespräch läuft ziemlich schnell über die Bühne und der Kunde entscheidet sich für den Anzug, zwei Hemden und eine Krawatte.

Während Herr Lustig die Teile zusammen auf den Tisch legt, wendet sich der Kunde nun dem Mantel zu, den Herr Lustig vorher umgehängt hat. „Haben Sie so etwas auch in meiner Größe?" fragt der Kunde Herrn Lustig, der gerade mit dem Zusammenlegen des Anzuges beschäftigt ist. „Oh, ja klar. Ich glaube, das ist sogar Ihre Größe. Schlüpfen Sie doch schnell hinein. Dann sehen Sie gleich, ob er Ihnen passt." Und siehe da, der Mantel passt auf Anhieb.

Wie das Gespräch nun weitergeht, wissen wir nicht. Nur eines weiß ich! So zufällig, wie die Reaktion des Kunden in Bezug auf den Mantel schien, war sie nicht. Denn Herr Lustig hat auf eine sehr feinsinnige Weise den Kunden dazu animiert. Durch das Bewegen des Mantels hat Herr Lustig einen visuellen Reiz bei dem Kunden ausgelöst. Und durch seine halblaut vor sich hin gemurmelten Worte hat Herr Lustig einen zusätzlichen akustischen Reiz ausgelöst. Und genau das war beabsichtigt und hat seine Wirkung auch nicht verfehlt.

Weshalb hat dieser Impuls funktioniert? Stellen Sie sich das Ganze folgendermaßen vor. Im Unterbewusstsein des Kunden wurde ein Funke gezündet, und zwar durch die aktive Bewegung des Mantels und durch die dazugehörenden Worte. Während des Verkaufsgesprächs hat nun dieser Funke im Unterbewusstsein des Kunden die gewünschte Reaktion hervorgerufen. Der Kunde hat einen neuen Kaufwunsch entwickelt. Da der Mantel auch noch seinen Vorstellungen entsprach, hat er auch angebissen. So viel Glück haben Herr Lustig und Sie natürlich nicht jeden Tag. Allerdings erhöht diese Vorgehensweise enorm Ihre Verkaufschancen. Auch wenn der Kunde nicht angebissen hätte, wäre für Herrn Lustig der Fall noch nicht erledigt gewesen. Herr Lustig hätte dann einen weiteren Versuch unternommen. Wie dieser Versuch ausgesehen hätte, dazu später mehr.

Für Sie ist zunächst von Bedeutung, diese eben beschriebene Methode zu verinnerlichen. Damit können Sie wieder einen Umsatzzuwachs verzeichnen. Sie brauchen sich nur anzugewöhnen, in jedem Verkaufsgespräch bestimmte Artikel von A nach B zu rücken. Damit setzen Sie den visuellen Anreiz. Und während Sie dies machen, ergänzen Sie die Aktion beispielsweise mit folgenden Sätzen: „Oh, die neuen modischen Jacken von XY muss ich später noch auszeichnen", oder „Ich darf nicht vergessen, dieses Kaschmir-Sakko für Herrn Müller zu reservieren." Sie sehen, dies können durchaus Sätze sein, die in keinem Zusammenhang mit Ihrem Verkaufsgespräch stehen. Wichtig ist nur, dass Sie diese Sätze und die Bewegung so zufällig wie möglich machen. Denn der Kunde darf auf keinen Fall bewusst merken, was Sie vorhaben. Nach dieser Aktion wenden Sie sich sofort wieder Ihrem Kunden zu und führen Ihr Verkaufsgespräch fort. Jetzt warten Sie einfach ab, was passiert. Und in sehr vielen Fällen wird Ihr Kunde von ganz alleine anfangen, Sie auf den bewegten Artikel anzusprechen. Das muss nicht immer so gezielt sein wie in unserem Beispiel. Es können auch folgende Äußerungen sein: „Der Mantel sieht aber gut aus!" oder: „Einen Mantel kann man bei diesem Wetter auch wieder anziehen." Das kann allerdings auch eine Bewegung des Kunden sein. Beispielsweise wenn der Kunde von sich aus den Stoff oder den Artikel anfühlt. Das können alles Signale sein, die Sie nur aufzugreifen brauchen, um mit Ihrem Kunden in ein neues Verkaufsgespräch zu starten. Wenn der Kunde dann wirklich diesen Artikel kauft, hat er nie das Gefühl, dass er dazu

Achten Sie auf alle Signale Ihres Kunden, um darauf aufbauend möglicherweise ein neues Verkaufsgespräch starten zu können.

bedrängt worden ist. Denn der Kunde hat Sie schließlich aufgefordert, über diesen Artikel zu sprechen.

Mit Ihrer Innendekoration hat diese Form der Impulsgebung nichts zu tun. Ihre Innendekoration setzt zwar auch Impulse, allerdings passiver Natur. Hier hingegen steuern Sie durch die aktive Bewegung von A nach B die Aufmerksamkeit Ihres Kunden ganz bewusst. Bei der statischen Innendekoration ist es mehr oder weniger Zufall, ob Ihr Kunde darauf reagiert oder nicht. Hilfreich für diese Aktion ist auch, dass „rein zufällig" einzelne Artikel aus Ihrem Sortiment in den unterschiedlichen Verkaufsbereichen hängen. Wunderbare Erfolge haben zum Beispiel viele Unternehmen erzielt, die in der Damenwäscheabteilung „zufällig" ein paar Herren-Boxershorts deponiert hatten. Sehr erfolgreich sind auch Großkonfektionsteile in den Herrenartikel- und Damenchosenabteilungen. Das Ganze funktioniert natürlich auch umgekehrt. Ihrer Phantasie sind da keine Grenzen gesetzt.

Am besten probieren Sie das Ganze eine Woche lang aus. Sie werden sehen, dass sehr viele Kunden darauf anspringen. Und jedes Mal wenn ein Kunde darauf reagiert, können Sie innerlich jubilieren und leise zu sich sagen: „Yippieh, es hat wieder geklappt!" Auch hier ist eine Erfolgsquote von 10% sehr realistisch. Damit hätten wir mit beiden Zusatzverkaufstipps schon 20% mehr Umsatz!

Was machen Sie, wenn der Kunde nicht auf Ihren Impuls reagiert? Seien Sie auf keinen Fall traurig, sondern sagen Sie sich: „Jetzt erst recht!" Denn Herr Lustig hätte auch nicht aufgegeben. Herr Lustig hätte nun seinem Kunden so ganz nebenbei eine Frage gestellt, vielleicht die folgende: „Haben Sie Ihren Wintermantel schon wieder ausgepackt?" Je nachdem, wie der Kunde geantwortet hätte, hätte Herr Lustig das Gespräch auf den „bewegten" Mantel oder auf irgendwelche anderen Wintermäntel gelenkt. Der Rest hätte sich dann schon ergeben. Entweder wäre der Kunde jetzt auf das Thema Mantel angesprungen oder eben nicht. Wenn nicht, wäre das für Herrn Lustig kein Beinbruch gewesen. Denn er hätte sich auf jeden Fall sagen können: „Ich habe wirklich alles versucht und mein Bestes gegeben." Wenn Sie nach jedem Verkaufsgespräch sagen können: „Ich habe alles versucht und mein Bestes gegeben!", dann sind Ihnen erfolgreiche Verkaufsgespräche absolut sicher.

Eine kleine Frage, die die Urlaubsbekleidung anspricht, kann ebenfalls ein hilfreicher Impuls sein, damit sich Ihre Kunden nicht erst in letzter Sekunde noch einen Bikini, ein Top oder ein T-Shirt kaufen müssen. Das Einzige, was Sie zu diesen beiden Tipps brauchen, ist Ware, die Sie sich bereithängen oder -legen und ein paar überleitende Fragen, die Sie geschickt einsetzen können.

Folgende Fragen können Sie in abgewandelter Form immer wieder einsetzen:

Wie sieht denn Ihre Urlaubsplanung aus?

Tragen Sie in Ihrer Freizeit gerne Jeans oder Baumwollhosen?

Was tragen Sie denn am liebsten in Ihrem Büro?

Welchen Kleidungsstil bevorzugen Sie in Ihrer Freizeit?

Tragen Sie im Sommer lieber T-Shirts oder Poloshirts?

Usw., usw.

Alles klar? Damit das Ganze auch funktioniert, machen Sie sich anschließend am besten ein paar Gedanken über diese Art der Impuls-Zusatzverkäufe.

Welche artfremden Artikel kann ich in welchen Bereichen wie platzieren?

Beispiel:
Welchen Artikel? Kostüm von XYZ.
In welchen Verkaufsbereich? Bei den Tüchern.
Wie? Täglich ein neues Kostüm an den Tuchständer hängen.

Welchen Artikel?

____

____

In welchen Verkaufsbereich?

____

____

Wie?

____

____

Welchen Artikel?

____

____

In welchen Verkaufsbereich?

____

____

Wie?

____

____

Welchen Artikel?

____

____

In welchen Verkaufsbereich?

____

____

Wie?

____

____

Und, hatten Sie ein paar gute Ideen? Jetzt geht es nur noch darum, Ihre guten Ideen auch wirklich konsequent in die Tat umsetzen. Denn nur dann erfahren Sie, wie viel zusätzlichen Spaß es macht, seine Kunden zu aktivieren und sich zusätzliche Umsatzchancen zu eröffnen.

Das Wichtigste in Kürze und Ihre persönlichen Gedanken dazu:

Zusatzangebote sind eine Serviceleistung, die Ihre Kunden mit Recht erwarten.
Meine Gedanken dazu:

Formulieren Sie Ihre ergänzenden Zusatzangebote möglichst unaufdringlich.
Meine Gedanken dazu:

Setzen Sie zusätzliche Impulse mit artfremden Artikeln.
Meine Gedanken dazu:

Bewegen Sie die Impuls-Zusatzartikel und geben Sie einen akustischen Hinweis auf diese Artikel.
Meine Gedanken dazu:

Nutzen Sie Überleitungsfragen, um bei Ihren Kunden zusätzliche Kaufimpulse auszulösen.
Meine Gedanken dazu:

4.10 Wie erziele ich eine hohe Kundenbindung?

„Na, ich muss es mir noch einmal in aller Ruhe überlegen. Auf jeden Fall vielen Dank für Ihre Mühe!" sagt der Kunde zu Herrn Lustig. „Ja, überlegen Sie es sich noch einmal in aller Ruhe", antwortet Herr Lustig freundlich, „die Farbe des Anzuges hat Ihnen doch gut gefallen?" „Mhm", murmelt der Kunde, während Herr Lustig ihm in den Mantel hilft. „Und die Passform war auch perfekt?" fragt Herr Lustig so nebenbei. „Ja", antwortet der Kunde. „Und für Ihre Geschäftsreisen war Ihnen

ja auch die strapazierfähige Ware sehr wichtig?", erwähnt Herr Lustig, während er mit dem Kunden langsam in Richtung Ausgang geht. „Ach, wissen Sie was, packen Sie mir den Anzug doch gleich ein. Ich glaube, dass es doch der richtige ist", sagt der Kunde plötzlich zu Herrn Lustig. „Auf jeden Fall ist das ein herrlicher Anzug, an dem Sie viel Freude haben werden und mit dem Sie auch zu Ihren geschäftlichen Meetings perfekt angezogen sind. Und mit dem sportlichen Poloshirt können Sie ihn auch am Abend im Hotel ein bisschen legerer kombinieren", erklärt Herr Lustig nun. „Ach ja, das Poloshirt können Sie auch gleich mit einpacken. Vielen Dank, dass Sie mich daran noch erinnert haben!" Der Kunde zückt nun seinen Geldbeutel und geht mit Herrn Lustig in Richtung Kasse.

Bei diesem Gespräch hat Herr Lustig eine enge Kundenbindung erzielt. Und dabei hat er den Kunden in keinster Weise bedrängen müssen.

„Wieso Kundenbindung?", werden Sie jetzt fragen. „Herr Lustig hatte einfach Glück, dass der Kunde es sich noch einmal anders überlegt hatte." Nein, das war kein Glück. Das war der geglückte Versuch, die Kundenbindung rapide zu erhöhen. Denn wäre der Kunde ohne Anzug aus dem Geschäft gegangen, wäre es mit der Kundenbindung vielleicht sehr schnell vorbei gewesen.

Natürlich hätte die Möglichkeit bestanden, dass der Kunde wiedergekommen wäre. In der Praxis passiert das auch oft. Allerdings hätte Herr Lustig keinen Einfluss mehr auf die Kundenentscheidung gehabt. Diese wäre dann mehr oder weniger zufällig gefallen. Doch bei Herrn Lustigs Vorgehensweise war dies anders. Er hat sich bis zum Schluss die Möglichkeit erhalten, auf den Kunden einzuwirken. Der Umsatz war in dem Fall gar nicht so wichtig.
Was hat Herr Lustig nun mit seinem Kunden angestellt? War er aufdringlich? Auf keinen Fall! Hat er ihn zu irgend etwas gezwungen? Nein! Herr Lustig hat seinen Kunden sogar ermuntert, es sich noch einmal in aller Ruhe zu überlegen. Und trotzdem ist es ihm gelungen, einen sofortigen Kaufentschluss herbeizuführen. Herr Lustig hat das Gespräch nach einem ganz einfachen Motto geführt. Es heißt:

Den Weg frei machen!

Herr Lustig hat dem Kunden das Gefühl vermittelt: Du kannst jederzeit und gerne ohne Anzug aus dem Geschäft gehen. Dazu hat Herr Lustig nur die Worte des Kunden wiederholt: „Ja, überlegen Sie es sich noch einmal in aller Ruhe.“ In diesem Moment hatte der Kunde das Gefühl: „Ich bin frei. Keiner will mich bedrängen. Keiner will mir etwas aufschwatzen. Man akzeptiert meine Entscheidung.“ Jetzt war der Weg frei für Herrn Lustigs nächsten Schritt. „Die Farbe des Anzuges hat Ihnen doch gut gefallen. Und die Passform war auch perfekt? Und für Ihre Geschäftsreisen war Ihnen ja auch die strapazierfähige Ware sehr wichtig?“ All diese harmlos gestellten Fragen haben den Kunden nun veranlasst, eine neue Entscheidung zu treffen. Und zwar ohne dass ihm der dieser Entscheidung zugrunde liegende Prozess bewusst wurde.

Der Kunde braucht das Gefühl, dass ihn niemand zu einer Kaufentscheidung drängen will.

Herr Lustig unterstützte diese geschickte Methode mit aktiven Handlungen: Er half dem Kunden in seinen Mantel und ging sogar mit ihm in Richtung Ausgang. Alles Signale, die dem Kunden wiederum das Gefühl gaben: Ich bin frei! Nachdem der Kunde nun dreimal hintereinander zustimmen musste, hat sein Unterbewusstsein einen neuen Entscheidungsprozess eingeleitet. In diesem Fall wurde die Entscheidung getroffen: „Ich nehme den Anzug doch gleich mit!“ Das muss nicht immer der Fall sein. Doch in sehr vielen Fällen passiert es genau so. Wichtig ist nur, dass Sie in dieser Situation des Verkaufsgespräches ausschließlich Fragen stellen, die der Kunde bereits während des Verkaufsgespräches mit „ja“ beantwortet hat.

Erstens sind Ihnen die vielen unentschlossenen Kunden häufig dankbar für diese elegante Entscheidungshilfe. Ihnen ist es sicherlich auch schon passiert, dass Sie nach einem Einkaufsbummel zu Hause ankamen und sich Folgendes gedacht haben: „Mensch, hätte ich doch bloß diesen einen Artikel gleich mitgenommen. Er war doch wirklich perfekt für mich!“ Sehen Sie, genau diesen Gedanken ersparen Sie durch diese Methode so manchem Kunden.

Zweitens erhöhen Sie Ihren Umsatz. Denn leider kommen doch nicht alle Kunden wieder zurück, die Ihnen vorher noch gesagt haben: „Ich muss es mir noch einmal überlegen!“ Und Sie haben außerhalb des Geschäftes keinen Zugriff mehr auf Ihre Kunden.

Und drittens erhöhen Sie Ihre Kundenbindung. Denn jeder Kunde, der doch etwas in Ihrem Geschäft kauft, hat natürlicherweise eine höhere Bindung an Ihr Unternehmen als ein Kunde, der keine Ware mit nach Hause nimmt.

Es gibt noch eine weitere Möglichkeit, diese Methode des „freien Weges“ zu nutzen. Und zwar mit Hilfe der *Alternativfrage*. Das Ganze könnte dann folgendermaßen ablaufen:

Kundin: „Also, ich weiß nicht so recht. Irgendwie kann ich mich doch nicht zwischen dem blauen und dem weißen Kleid entscheiden. Ich glaube, ich trinke erst einmal eine Tasse Kaffee und überlege es mir in aller Ruhe.“

Verkäuferin: „Ja, überlegen Sie es sich in aller Ruhe und trinken Sie erst einmal eine Tasse Kaffee. Würde denn das weiße oder das blaue Kleid besser zu Ihrer anderen Garderobe passen?“

Was könnte nun passieren? Ich glaube, Sie wissen es schon. Denn wie Sie ja mittlerweile erfahren haben, ist die Kundin unbewusst veranlasst worden, einen Entscheidungsprozess einzuleiten. Sie erinnern sich noch an das Kapitel, in dem die fast hypnotische Wirkung Ihrer Worte erklärt wurde. Denn mit dieser so harmlos gestellten Alternativfrage haben Sie der Kundin den unsichtbaren Befehl gegeben: „Entscheide dich! Ist das blaue oder das weiße Kleid besser?“ Und auf jeden Fall wird die Kundin nun überlegen. Wenn Sie Glück haben, trifft sie jetzt auch eine Entscheidung. Bei einer Entscheidung für das blaue Kleid könnte das dann folgendermaßen klingen:

„Ach, wissen Sie, das blaue Kleid passt doch irgendwie besser zu meiner Grundgarderobe. Ich glaube, ich nehme es gleich mit.“

Wichtig ist nur, dass Sie auch bei diesem kleinen Kunstgriff vorher den Weg frei machen. Wiederholen Sie also auch hier am besten die Worte der Kundin: „Ja, überlegen Sie es sich in aller Ruhe und trinken Sie erst einmal eine Tasse Kaffee.“ Schon aus Gründen des Gleichklangs ist es sinnvoll, möglichst die Formulierung der Kundin zu wiederholen.

Ich selbst lasse mich auf diese Art und Weise auch immer wieder zu einer Entscheidung führen. Wenn ich zum Beispiel bei einem netten Italiener sitze und der Ober den Tisch mit folgenden Worten abräumt: „Und, hat alles geschmeckt? Möchten Sie noch einen Cappuccino oder einen Espresso?“, bestelle ich dann häufig noch einen Espresso. Und während der Ober Richtung Tresen marschiert, denke ich mir oft: „Eigentlich wollte ich bezahlen und gleich wieder gehen.“

Was ist passiert? Der Ober hat durch die Art seiner Frage bei mir einen Entscheidungsprozess ausgelöst: Cappuccino oder Espresso? Er hat mich nicht gefragt, *ob* ich noch etwas trinken möchte, sondern *was* ich trinken möchte! Und mein Unterbewusstsein hat eine Entscheidung getroffen: Espresso. Hätte mich der Ober gefragt: „Möchten Sie noch einen Espresso?", hätte er wahrscheinlich ein „Nein" zu hören bekommen. Seine Umsatzchance wäre beträchtlich gesunken. Zugeben muss ich allerdings, dass ich sehr gerne Espresso trinke. Bei einem passionierten Teetrinker verkauft auch der geschickteste Ober keinen Espresso.

Anschließend finden Sie einige Kundenaussagen, mit deren Hilfe Sie Entscheidungsprozess-Formulierungen für Ihre Verkaufsgespräche trainieren können.

Überlegen Sie sich verschiedene, eine Entscheidung auslösende Formulierungen für folgende Kundenaussagen:

Beispiel:

Kunde: „Ich muss es mir noch einmal überlegen, ob ich das graue oder das blaue Sakko besser gebrauchen kann!"
Ihre Formulierung: „Ja, überlegen Sie es sich noch einmal. Haben Sie denn mehr Hosen, die zu dem grauen oder zu dem blauen Sakko passen?"

Jetzt sind Sie an der Reihe:

Kundin: „Oh, ich kann mich heute einfach nicht entscheiden. Nehme ich jetzt die blaue oder die grüne Tischdecke?"
Ihre Formulierung:

____

____

____

Kundin: „Ich glaube, ich schlafe noch einmal eine Nacht darüber. Sowohl das karierte Kostüm als auch das unifarbene ist sehr schön. Nur leider kann ich nicht beide nehmen."

Ihre Formulierung:

____

____

____

Kunde: „Ich werde meine Frau noch einmal mitbringen. Die weiß viel besser, ob ich den Wollmantel oder den Baumwollmantel nehmen sollte."
Ihre Formulierung:

____

____

____

Kunde: „Das ist wirklich schwer. Soll ich nun die beigefarbene und die blaue Hose kaufen, oder doch lieber nur die beigefarbene? Ich gehe erst einmal eine Tasse Kaffee trinken."
Ihre Formulierung:

____

____

____

Und wenn Ihr Kunde trotzdem keine Kaufentscheidung trifft, ist das kein Beinbruch. Jetzt haben Sie ja immer noch die Möglichkeit, über kurzfristige Reservierungen, Auswahlen oder Anzahlungen eine Kundenbindung zu erreichen. Bitte nehmen Sie jedoch diese Möglichkeiten immer als letztes Hilfsmittel. Denn vorher sollten Sie stets erst einmal den Weg für eine sofortige Entscheidungsfindung frei machen. Und auch dabei wünsche ich Ihnen viel Spaß!

Schauen wir uns nun ein paar weitere Möglichkeiten der Kundenbindung am Ende des Verkaufsgespräches an.

„Vielen Dank für den Einkauf!" – das ist das Mindeste, was Sie Ihren Kunden zum Abschied sagen können. Doch das alleine genügt heutzutage nicht mehr. Sie dürfen sich schon etwas mehr einfallen lassen. Ein ganz einfaches Mittel der Kundenbindung sind Tipps, die Sie Ihrem Kunden mit auf den Weg geben können. Das können Pflege- oder auch Tragetipps sein. Wenn Ihre Kundin eine Bluse aus reiner Seide gekauft hat, dann sollte es selbstverständlich sein, dass Sie ihr erzählen, wie sie diese Bluse pflegen kann. Zum einen bauen Sie eventuellen Reklamationen vor und zum anderen vermitteln Sie der Kundin hiermit das Gefühl: „Hier will man nicht nur verkaufen, sondern bemüht sich auch um die Zufriedenheit nach dem Kauf."

Pflege- oder Tragetipps sind ebenfalls Elemente der Kundenbindung.

Das hört sich alles sehr selbstverständlich an. Und das ist es auch. Nur leider wird diese Art der Kundenbindung oft noch zu wenig praktiziert. Das liegt an mehreren Gründen. Zum einen spielt ab und zu der Zeitfaktor eine Rolle. Denn oft wartet schon die nächste Kundin auf die Mitarbeiterin. Zum anderen denkt man an diese Kleinigkeiten nicht. Für Sie ist die Pflege eines Artikels schon zur Routine geworden. Oft gehen wir davon aus, dass auch der Kunde bereits über die unterschiedlichen Pflegeeigenschaften informiert ist. Und außerdem stehen die Pflegeeigenschaften ja auch auf dem Etikett eines jeden Artikels. Das ist aber wieder ein Faktor, mit dem Sie sich von der Masse Ihrer Mitbewerber abheben können. Denn ein freundliches Dankeschön, das erhalten Sie mittlerweile auch an fast jeder Supermarktkasse. So ein Pflegetipp nimmt nicht sehr viel Zeit in Anspruch und erhöht Ihre Kundenbindung doch beachtlich.

„Am besten drehen Sie das Sweatshirt bei der Wäsche auf die linke Seite, damit der Druck geschont wird, und Sie werden noch länger Freude an diesem modischen Teil haben." Dieser ganze Satz dauert nur ein paar Sekunden und bringt Ihnen und Ihrem Kunden viel mehr, als Sie vielleicht momentan abschätzen können. Oder: „Übrigens, Sie können diese Jeans auch hervorragend mit Ihrem neuen Blazer kombinieren, und schon haben Sie ein attraktives Outfit fürs Büro." Auch dieser kleine Hinweis kostet nicht viel Zeit und vermittelt Ihrem Kunden das Gefühl, in Ihrem Geschäft gut aufgehoben zu sein.

Wieso haben diese kleinen Bemerkungen am Ende eines Verkaufsgespräches eine so große Wirkung? Weil das die letzten Eindrücke sind, die Ihr Kunde mit nach Hause nimmt. Aus diesem Grund ist auch der Vorgang des Kassierens für Ihre Kundenbindungsstrategie immens wichtig. Je nachdem wie groß Ihr Geschäft ist, wird dieser Vorgang entweder von Ihnen selbst oder von einer Kassiererin vorgenommen. In vielen großen Häusern wird allerdings beim Kassieren so ziemlich alles zerstört, was vorher mühselig aufgebaut wurde: „Haben Sie keine Scheckkarte dabei? Kreditkarten nehmen wir nicht. Unterschreiben Sie unten rechts. Den Rest erledigt die Computerkasse." Solche oder ähnliche Sätze sind an der Kasse häufig zu hören. Der Kunde kommt sich vor wie ein Bittsteller. Na, bravo! Ein wunderbarer Abschluss und eine phänomenale Kundenabwehrstrategie.

Natürlich glaube ich nicht, dass Sie oder Ihre Kollegen bewusst Ihre Kunden auf diese Art und Weise aus dem Hause treiben. Solche Unarten passieren in den meisten Fällen unbewusst, weil wir uns beim Vorgang des Kassierens konzentrieren müssen. Dabei machen wir oft unbewusst nicht den freundlichsten Eindruck. Achten Sie einmal darauf, was Sie für ein Gesicht machen, wenn Sie von Ihren Kunden das Geld entgegennehmen. Sollten Sie nicht selbst kassieren, dann kopieren Sie diesen Abschnitt des Buches und überreichen ihn Ihren Damen und Herren an der Kasse. Auch hier lautet die Devise: Übung macht den Meister! Üben Sie also das Lächeln, während Sie sich konzentrieren. Wenn Sie nun auch noch ein paar freundliche und herzliche Worte für Ihre Kunden übrig haben, ist auch der Kassiervorgang ein starkes Kundenbindungsmittel. Stellen Sie sich einmal vor, Ihre Kunden erzählen in der ganzen Stadt: „So nett wie bei XY hat mir noch niemand mein Geld abgenommen. Da muss man einfach einmal einkaufen und etwas bezahlen. So etwas Tolles habe ich noch nie erlebt!" Das sollte Ihr Ziel sein. Nicht mehr und nicht weniger!

Vermitteln Sie Ihren Kunden das Gefühl: „Ich bin wichtig. Die Kundenberater sind für mich da, auch wenn ich einmal nichts gekauft habe."

„Und hier überreiche ich Ihnen meine Visitenkarte. Wenn Sie irgendwelche Fragen haben oder sonst einen Wunsch, dann rufen Sie mich einfach an. Ich freue mich, wenn ich Ihnen weiterhelfen kann." Das wäre doch etwas ganz Außergewöhnliches! Stellen Sie sich einmal vor, Sie sind in einem Geschäft und haben nichts gekauft. Kurz vor dem Verlassen des Geschäftes überreicht Ihnen eine nette Mitarbeiterin ihre Visitenkarte mit diesen oder ähnlichen Worten. Eine kleine Geste, die Ihnen und natürlich auch Ihren Kunden das Gefühl vermittelt: „Hey, ich bin wichtig. Die sind für mich da! Und das, obwohl ich nichts gekauft habe!" Glauben Sie mir, solche Erlebnisse werden gerne weitererzählt. Genau diese kleinen Überraschungsmomente brauchen Sie heutzutage, um neue Kunden zu gewinnen und auch zu erhalten.

„Möchten Sie das Kostüm gleich mitnehmen oder sollen wir es Ihnen nach Hause schicken?“ Die meisten Kunden werden es gleich mitnehmen, wenn keine Änderung vorzunehmen ist. Auch bei dieser Frage geht es nur um die Geste. Sie sehen, es gibt unzählige Möglichkeiten, um am Ende eines Verkaufsgespräches positive Gefühle zu vermitteln. Wichtig ist nur, dass Sie die Bandbreite aller Möglichkeiten permanent und konsequent nutzen, bevor es Ihre Mitbewerber tun.

Machen Sie sich immer wieder Gedanken, mit welchen kleinen Gesten und freundlichen Worten Sie Ihre Kunden auch nach dem eigentlichen Verkaufsgespräch verwöhnen können. Sicherlich gibt es in Ihrem Unternehmen sehr spezifische Möglichkeiten, Ihren Kunden beeindruckt nach Hause gehen zu lassen. Nutzen Sie die folgende Seite und notieren Sie sich Ihre individuellen Möglichkeiten der Kundenbindung.

Meine individuellen Möglichkeiten der Kundenbindung

Welche Tipps kann ich meinen Kunden mit auf den Weg geben?
Beispiel:
Pflegetipps für unsere neuen Lederjacken,
Viscosepflegefibel usw.

____

____

____

____

____

Welche Sätze kann ich an der Kasse besonders begeisternd nutzen?

____

____

____

____

____

Welche Serviceleistungen kann ich meinen Kunden gezielt anbieten?
Beispiel:
Stammkundenkartei, Modenschau usw.

____

____

____

____

Wie kann ich meine Kunden begeisternd verabschieden?
Beispiel:
Ich wünsche Ihnen viel Spaß mit Ihrem neuen Outfit!
Ich freue mich auf Ihren nächsten Besuch in unserem Hause!

____

____

____

____

____

Schauen Sie sich Ihre Liste öfter einmal an. Ich bin sicher, dass Ihnen und Ihren Kollegen immer wieder ein paar neue Formulierungen und Gesten einfallen. So bringen Sie außerdem regelmäßig Abwechslung in Ihre Kundenbindungsstrategie. Und Abwechslung macht nicht nur „das Leben süß", sondern auch Ihre Kunden neugierig auf neue Ideen. Und neugierige Kunden kommen eben öfter.

Das Wichtigste in Kürze und Ihre persönlichen Gedanken dazu:

Nutzen Sie das Prinzip „Den Weg frei machen!" für Ihre unentschlossenen Kunden.
Meine Gedanken dazu:

____

Geben Sie jedem unentschlossenen Kunden das Gefühl der Freiheit.
Meine Gedanken dazu:

Setzen Sie die Alternativfrage oder die Abfrage der Kundenvorteile gezielt zur Entscheidungsunterstützung ein.
Meine Gedanken dazu:

Denken Sie stets daran: Den letzten Eindruck nimmt der Kunde immer mit nach Hause!
Meine Gedanken dazu:

Der Kassiervorgang hat eine enorme Auswirkung auf die Einstellung Ihrer Kunden Ihrem Geschäft gegenüber!
Meine Gedanken dazu:

Ein paar nette Worte und Gesten zum Abschied sind der Schlüssel für Ihre Kundenbindungsstrategie.
Meine Gedanken dazu:

4.11 Wie gestalte ich einen begeisternden After-Sales-Service?

„Hallo, einen wunderschönen guten Tag, Herr Müller. Wie geht es Ihnen denn? Gut! Prima! Ich wollte mich erkundigen, ob mit der Änderung alles geklappt hat. Ich habe gerade gesehen, dass Sie Ihre Hose gestern abgeholt haben. Die Hose passt und sitzt. Prima! Dann wünsche ich Ihnen noch einen schönen Tag und freue mich auf Ihren nächsten Besuch in unserem Hause. Auf Wiederhören!" Herr Lustig legt den Telefonhörer auf und strahlt den neuen Auszubildenden an. „Siehst du, so einfach ist

das! Jetzt bist du an der Reihe. Hier ist die Kundenkarte. Da steht der Name und hier der gekaufte Artikel. In diesem Fall ein Sakko, an dem die Ärmel gekürzt wurden. Es wurde vorgestern vom Kunden abgeholt. Hier steht noch, dass das weiße Hemd in Größe 41 eingetroffen ist. Anscheinend wollte der Kunde noch ein weißes Hemd haben. Du kannst ihm also auch gleich Bescheid geben, dass sein Hemd eingetroffen ist. Am besten fragst du ihn, ob wir es schicken sollen oder ob er lieber vorbeikommen möchte. Also, auf geht's! Ran ans Telefon. Und bevor du den Telefonhörer abhebst, denke daran. L M A A ! Lächle mehr als andere. Auch oder gerade beim Telefonieren. Denn der Kunde hört, ob du lächelst oder nicht."

Sie waren gerade Mithörer der Telefoneinweisung für die neuen Azubis in Herrn Lustigs Unternehmen. Die Devise lautet:

Zufriedene Kunden sind unser Kapital!
Begeisterte Kunden sind unser Gewinn!

Wenn irgend etwas Besonderes, wie Extrabestellungen oder Änderungen, vorgenommen wurden, dann wird jeder Kunde zumindest telefonisch befragt, wie zufrieden er ist. Mit diesem Zufriedenheitsservice sollen die Kunden begeistert werden. Der Erfolg gibt Herrn Lustig Recht.

„Ja, das ist doch nicht durchführbar! Und die Telefonkosten, wer soll die bezahlen?", höre ich schon wieder einige Leser sagen. Ich möchte Ihre Telefonkosten nicht übernehmen, sondern Ihnen nur zeigen, was heute schon in manchen Unternehmen praktiziert wird.

Folgende Nachfrage erreichte mich schon vor Jahren telefonisch: „Herr Nemeth, Sie machen doch auch Telefontrainings für den Außendienst. Wir möchten für unsere Damen und Herren ebenfalls ein Telefontraining veranstalten." – „Ah, Sie meinen die Damen in Ihrer Telefonzentrale?", antwortete ich erstaunt. „Nein. Ich möchte unsere Damen und Herren im Verkauf am Telefon trainieren lassen. Denn ab sofort wird jeder Stammkunde mindestens einmal pro Saison angerufen." Glauben Sie mir, ich war damals ziemlich erstaunt über dieses Ansinnen. Ein großes Unternehmen möchte all seine Stammkunden einmal pro Saison anrufen lassen. Wie will dieses Unternehmen diesen Service bewältigen? Mittlerweile sind ein paar Jahre ins Land gezogen und es werden alle Kunden, die es wünschen, einmal pro Saison angerufen.

Die Kunden werden zu Modenschauen eingeladen. Und sie werden sogar angerufen, wenn Preisaktionen ins Haus stehen. Die Stammkunden sollen von diesen Aktionen als erste erfahren. Dieses Unternehmen wächst ständig. Die Telefonkosten liegen weit unter dem betriebswirtschaftlichen Kostenanteil vergleichbarer Unternehmen, da die Umsätze weit über dem Durchschnitt vergleichbarer Unternehmen liegen. Früh am Morgen, spät am Abend oder in anderen ruhigen Zeiten ergeben sich immer wieder Möglichkeiten, den Telefonhörer in die Hand zu nehmen und den einen oder anderen Kunden anzurufen. Voraussetzung ist nur, dass der Kunde angerufen werden will. Möchte der Kunde nicht angerufen werden, muss das in die Kundenkarten aufgenommen werden!

Und nun sind wir schon bei einem weiteren After-Sales-Service: den *Kundenbriefen* bzw. *Mailingaktionen*. Sicherlich auch ein Mittel, um die Kundenbindung zu erhöhen. Die Voraussetzung hierfür ist eine gepflegte Kundenkartei. Gepflegt bedeutet in diesem Fall beispielsweise, dass die Kartei keine doppelten und dreifachen Anschriften Ihrer Kunden enthält. Denn wenn Ihr Kunde dreimal den gleichen Brief bekommt, dann nervt das auch die gutmütigsten Zeitgenossen. Adressenänderungen sollten stets genau erfasst werden. Und auch individuelle Kundendaten wie Größe, modische Vorlieben, Fabrikantenvorlieben oder Sonstiges gehören in eine zeitgemäße Kundenkartei. Im Computerzeitalter sollte dies kein größeres Problem mehr darstellen. Das einzige Problem, das immer wieder auftaucht, ist die Datenerfassung seitens der Mitarbeiter. Jeder Mitarbeiter muss erkennen, wie wichtig heutzutage eine aktualisierte Kundenkartei für das Unternehmen, aber auch für die Mitarbeiter selbst ist. Eine perfekte und umfangreiche Kundenkartei steigert den Wert des gesamten Unternehmens. Und wer möchte nicht in einem wertvollen Unternehmen arbeiten?

Wie sieht nun das ideale Kundenanschreiben aus? Gerade im Handel findet man immer wieder sehr kreative Mitarbeiter und auch Unternehmer, die einfach aus dem Gefühl heraus hervorragende Mailings verfassen. Und die auch einen riesengroßen Erfolg mit ihren Kundenmailings haben. Anderen wiederum fällt das Verfassen von Mailings etwas schwerer. Und auch das ist kein Problem. Denn es gibt professionelle Werbe- oder Directmailing-Agenturen. Das ist gar nicht so teuer, wie Sie vielleicht denken und bringt in den meisten Fällen bedeutend mehr. Gerade in einer Zeit, in der immer mehr Unternehmen mit diesem Instrument arbeiten, lohnt es sich schon, einen Profi zu Rate zu ziehen. So ein Profi weiß am besten, wie Sie sich von dem Mailingeinerlei abheben können.

Auf jeden Fall gehören korrekte Anschrift und persönliche Anrede in Ihr Mailing. Anschreiben, die mit „Sehr geehrte Kundin" beginnen, finden Sie nicht einmal mehr bei den Versendern und sollten erst recht nicht von einem Fachgeschäft kommen. Handelt es sich bei Ihrem Unternehmen um ein kleineres Unternehmen und ist Ihre Kundenkartei noch überschaubar, lohnt sich sogar die handschriftlich eingetragene Anrede und Adresse.

Wer seine Kunden begeistern will, darf und muss Aufwand betreiben.

„Alles Aufwand, Herr Nemeth!" „Stimmt!" Wer heute seine Kunden begeistern möchte, darf und muss Aufwand betreiben. Denn wer diesen Aufwand nicht scheut, seine Kunden gekonnt zu begeistern, der hat nicht nur mehr Erfolg, sondern vor allen Dingen mehr Spaß mit seinen Kunden. Und genau hierin liegt das Erfolgsgeheimnis aller erfolgreichen Verkäufer und Verkäuferinnen, Unternehmer und Unternehmerinnen dieser Welt. Professor Meyer der Universität München, der Erfinder des Kundenbarometers, hat herausgefunden, dass ein Unternehmen 70% begeisterte Kunden benötigt, um zu den Gewinnern des Marktes zu gehören. Nicht 70% zufriedene Kunden, sondern 70% begeisterte Kunden! Nutzen Sie also auch das Instrument der Kundenbriefe als eine Kundenbegeisterungsstrategie!

Beschränken Sie Ihre Kundenanschreiben aber nicht nur auf die Weihnachtszeit! Denn gerade in diesen Wochen des Jahres werden die Briefkästen Ihrer Kunden mit allerlei Anschreiben überfüllt. Schreiben Sie dann, wenn andere nicht schreiben. Lieber mitten in der Saison als zu Beginn. Achten Sie allerdings darauf, dass Sie Ihren Kunden nicht zuviel Post schicken.

Beinhalten sollten die Mailings all das, was den Kunden interessiert. Und was ist für unsere Kunden interessant? Da fragen Sie am besten Ihre Kunden. Das können Sie tatsächlich tun! Beispielsweise wenn Sie die Kundendaten aufnehmen, können Sie fragen, worüber Ihre Kunden informiert werden möchten. Natürlich ist es hilfreich, wenn Sie jetzt Ihren Kunden schon einige Informationsangebote machen können. Also auf Modenschauen, Saisonstarts und irgendwelche Aktionen verweisen, die Sie im Laufe eines Jahres durchführen werden. Damit sind nicht nur die allseits beliebten Preisaktionen gemeint, sondern vor allen Dingen kreative Aktionen, die Sie und Ihr Unternehmen durchführen. Denn zu einem begeisternden „After-Sales-Service" gehören heutzutage auch außergewöhnliche Aktionen bzw. Events.

„Und wer soll das alles bezahlen?" Ihr Kunde natürlich! Wer sonst?
Letztendlich bezahlt er diese Aktionen ja auch schon. Außerdem müssen Aktionen nicht unbedingt zusätzliches Geld kosten. Zum einen gibt es die Möglichkeit der Kooperationen, also das Zusammenwirken von Unternehmen aus verschiedenen Branchen. Beispielsweise können Sie einen italienischen Abend oder eine italienische Woche gemeinsam mit einem italienischen Feinkost-Geschäft oder einem italienischem Restaurant veranstalten. Somit verpflegen Sie Ihre Kunden zum Nulltarif, und der Italiener macht Werbung zum Selbstkostenpreis.

Oder Sie laden Ihre Kunden zu einer Dichterlesung oder zu der Vernissage eines jungen Künstlers in Ihren Geschäftsräumen ein. Auch das kostet Sie so gut wie nichts. „After sales" bedeutet „nach dem Kauf". Es muss nicht immer verkauft werden, denn vor allen Dingen geht es um Ihr Image.

Eines dürfen wir bei dieser ganzen Diskussion nicht vergessen. *Der Mode- und Textileinzelhandel steht zu jeder Branche, die am Budget des Kunden interessiert ist, in direktem Wettbewerb.* Das Geld, das der Kunde beispielsweise dem Autohändler übergibt, ist für den Mode- und Textilfachhandel verloren. Denn eine D-Mark oder einen Euro kann jeder nur einmal ausgeben. Und wir geben unser Geld am liebsten dort aus, wo man uns den größten Vorteil und Spaß verspricht.

Betrachten wir also ruhig einmal andere Branchen. Da haben wir zum einen die beliebten Kundenfragebögen, die mittlerweile in jedem Hotelzimmer und in vielen Restaurants liegen. Ich weiß gar nicht, ob diese Karten jemals ausgewertet werden. Jedoch vermitteln sie dem Gast das Gefühl: „Du bist gefragt!" Wenn Sie solche Karten einsetzen, dann sollten Sie natürlich auch diese Karten auswerten, also die Ergebnisse in Maßnahmen umsetzen. Denn es ist schon frustrierend, wenn man zum zehnten Mal den unfreundlichen Service im Restaurant bemängelt hat und beim elften Mal immer noch angeschnauzt wird.

Gestalten Sie diese Art der Kundenbefragung so einfach wie möglich. Vielleicht garnieren Sie diese Fragekärtchen ja sogar mit einem kleinen Gewinnspiel. Das muss nicht gleich eine zweiwöchige Reise auf die Malediven sein, sondern kann auch ein T-Shirt von XY oder ein Tuch von Z sein. Auch hier können Kooperationen mit Lieferanten oder Restaurants den Preis des Gewinnes auf 0 Euro drücken.

Auch von unserem italienischem Lebensmittelversender können wir etwas zum Thema Kundenbindung und Kundengewinnung lernen. Wir bestellen dort pro Jahr Ware im Wert von durchschnittlich 150,– Euro. Zweimal im Jahr bekommen wir ein kleines Päckchen aus Italien, ohne dass wir etwas bestellt haben. Mal ist ein kleines Säckchen mit frischgemahlenem Pfeffer in dem Paket, ein anderes Mal ein kleines Fläschchen Olivenöl mit einem netten Gruß aus der Toskana. Beim ersten Päckchen habe ich mir gedacht, das kann sich doch gar nicht rechnen. Für diesen Aufwand bestellen wir doch viel zu wenig. Sie müssen wissen, dass auch bei jeder Bestellung noch eine Kleinigkeit der Sendung beiliegt. Doch im Laufe der Jahre wurde ich eines Besseren belehrt. Nicht dass sich unser Auftragsvolumen enorm erhöht hätte. Sondern die Werbung, die wir in unserem Bekanntenkreis gemacht haben, läßt die Rechnung für dieses Unternehmen leicht und locker aufgehen. Egal wer uns besucht, jeder bekommt die niedlichen Päckchen aus Italien von meiner Frau gezeigt, hört eine Lobeshymne über die tollen italienischen Weine, Käse, Tomatensoße und Nudeln. Selbstverständlich geben wir dann auch gerne die Adresse des italienischen Feinkostlieferanten weiter.

Eine günstigere Verkäuferin als meine Frau kann dieser Händler gar nicht bekommen. Und da diese Begeisterung wahrscheinlich nicht nur bei meiner Frau vorherrscht, hat dieses Unternehmen Tausende von aktiven Verkäuferinnen und Verkäufern. Und die werden alle zweimal im Jahr mit einem Säckchen Pfeffer und Olivenöl belohnt.

Überlegen Sie nun, welche After-Sales-Serviceleistungen Sie Ihren Kunden bieten können.

After-Sales-Service Aktionsliste:

Wie gestalte oder optimiere ich unsere Kundenkartei?

Was kann ich persönlich tun?

Was sollte ich in die Wege leiten?

Mit wem muss ich gegebenenfalls über meinen Vorschlag sprechen?

Wie könnte ich meinen Vorschlag optimal vorbereiten?

Wann beginne ich damit?

Wie kann ich das Telefon in unserem Unternehmen als Kundenserviceinstrument nutzen?

Was kann ich persönlich tun?

Was sollte ich in die Wege leiten?

Mit wem muss ich gegebenenfalls über meinen Vorschlag sprechen?

Wie könnte ich meinen Vorschlag optimal vorbereiten?

Wann beginne ich damit?

Wie kann ich unsere Kunden nach ihren Wünschen und Verbesserungsvorschlägen befragen?

___

Was kann ich persönlich tun?

___

Was sollte ich in die Wege leiten?

___

Mit wem muss ich gegebenenfalls über meinen Vorschlag sprechen?

___

Wie könnte ich meinen Vorschlag optimal vorbereiten?

___

Wann beginne ich damit?

___

Zu welchen Anlässen kann ich Kundenmailings aussenden?

___

Was kann ich persönlich tun?

___

Was sollte ich in die Wege leiten?

___

Mit wem muss ich gegebenenfalls über meinen Vorschlag sprechen?

___

Wie könnte ich meinen Vorschlag optimal vorbereiten?

___

Wann beginne ich damit?

___

Welche zusätzlichen Aktionen können wir für unsere Kunden veranstalten?

___

Was kann ich persönlich tun?

___

Was sollte ich in die Wege leiten?

___

Mit wem muss ich gegebenenfalls über meinen Vorschlag sprechen?

___

Wie könnte ich meinen Vorschlag optimal vorbereiten?

___

Wann beginne ich damit?

___

Wie können wir unsere Kunden mit kleinen Aufmerksamkeiten überraschen?

___

Was kann ich persönlich tun?

___

Was sollte ich in die Wege leiten?

___

Mit wem muss ich gegebenenfalls über meinen Vorschlag sprechen?

___

Wie könnte ich meinen Vorschlag optimal vorbereiten?

___

Wann beginne ich damit?

___

Das Wichtigste in Kürze und Ihre persönlichen Gedanken dazu:

Nutzen Sie das Telefon für einen kundenorientierten After-Sales-Service!
Meine Gedanken dazu:

Bringen Sie Ihre Kundenkartei auf Vordermann!
Meine Gedanken dazu:

Entwickeln Sie Kundenbefragungsstrategien!
Meine Gedanken dazu:

Planen Sie außergewöhnliche Kundenevents!
Meine Gedanken dazu:

Verschicken Sie persönliche Kundenmailings!
Meine Gedanken dazu:

Nutzen Sie kleine Give-aways, um Ihre Kunden zu überraschen!
Meine Gedanken dazu:

---

5 Meine tägliche Motivation für die Zukunft

Das war jetzt aber eine Menge an Information für Sie. Angefangen von den Grundlagen Ihres Verkaufserfolges über Ihre persönliche Begeisterungsstrategie bis hin zu den vielen Punkten Ihres verkäuferischen Know-hows. Das sollen Sie nun alles permanent umsetzen. Da haben Sie sich aber eine Menge vorgenommen. Ist das denn überhaupt zu schaffen? Kann man all diese Tipps wirklich überall umsetzen? Auf den ersten Blick scheint das nicht möglich zu sein. Wie heißt es doch so schön: Ein Buch ist zum Lesen da. Man pickt sich höchstens ein paar Anregungen heraus, versucht das eine oder das andere. Wenn es klappt, ist es gut. Wenn es nicht klappt, ist es auch gut. Nach ein paar Wochen hat man das Buch wieder vergessen und widmet sich vielleicht einer anderen Lektüre. Zwischenzeitlich wundert man sich, dass plötzlich bestimmte Verkaufssituationen besser gelingen als früher. Und vielleicht denkt man dann wieder einmal an das Buch. Wenn es ganz besonders gut läuft, holt man es sich wieder aus dem Bücherregal und schaut noch einmal nach, weshalb diese oder jene Situation so gut geklappt hat.

Die Minderheit verhält sich anders. Diese Minderheit nimmt ein Buch und arbeitet es durch. Entweder Stück für Stück oder einzelne Kapitel, die einem persönlich besonders interessant erscheinen. Man überlegt sich, wie man die einzelnen Tipps in die Praxis umsetzen kann. Und wie man so manche Redewendung in den persönlichen Sprachgebrauch übertragen kann. Das Ergebnis ist eine positive Entwicklung, die sowohl das Umfeld als auch Sie selbst wahrnehmen können.

Ich persönlich freue mich über jeden Leser dieses Buches. Ganz besonders über die Leser, die dieses Buch bis hierher gelesen haben. Das ist auch schon eine Leistung, die Sie neben den vielen Aufgaben des Alltags und den privaten Verpflichtungen und Interessen erbracht haben. Dafür möchte ich Ihnen wirklich ein Kompliment aussprechen.

Doch wenn Sie jetzt auch noch zu den Lesern gehören, die dieses Buch wirklich als *persönliches „Entwicklungsbuch"* sehen, und Sie mit Hilfe dieses Buches auch tatsächlich an sich arbeiten und schon gearbeitet haben, dann möchte ich Ihnen von ganzem Herzen gratulieren.

Ein Mensch, der an sich arbeitet, der sich weiterentwickeln möchte und der nicht an seinen alten Gewohnheiten festhalten will, ist ein außergewöhnlicher Mensch. Und all diesen Menschen sei noch einmal ganz deutlich gesagt: Gratulation! Gratulation für diese herausragende Leistung.

Damit Ihnen auch auf den letzten Metern oder besser gesagt auf den letzten Seiten nicht die Luft ausgeht, möchte ich Ihnen noch einige Tipps geben. Tipps, die Ihnen dabei helfen werden, ständig am Ball zu bleiben. Wenn die Erkenntnis dieses Buches nur folgende ist: „Leben heißt, sich weiterzuentwickeln!", dann hat sich dieses Buch wirklich für Sie gelohnt. Wichtig ist nur, dass Sie sich zu nichts zwingen, sondern vor allen Dingen locker an die Sache herangehen. Druck kann manchmal notwendig sein, um eine positive Änderung herbeizuführen. Wenn uns der Druck allerdings erdrückt, dann ist er sicherlich nicht mehr nützlich. Dieses Buch soll Sie nicht erdrücken, sondern es soll Sie befreien und vor allen Dingen begeistern.

Nutzen Sie dieses Buch ausschließlich für Ihre Begeisterung. Seien Sie in diesem Fall ruhig ein wenig ichbezogen. Wenn es Ihnen mit diesem Buch gelingt, sich immer wieder selbst zu begeistern, dann freuen sich auch Ihre Mitmenschen an Ihrer Entwicklung. Ihre Kunden werden über eine motivierte Verkäuferin oder einen begeisterten Verkäufer begeistert sein. Ihr Chef wird von Ihnen begeistert sein. Wenn Sie selber Chefin oder Chef sind, werden Ihre Mitarbeiter begeistert sein über eine begeisternde Führungspersönlichkeit, die wirklich Kraft besitzt und diese auch ausstrahlt. Und letztendlich werden Ihre Freunde, Partner oder Kinder begeistert sein von einem Menschen, der ihnen neue Impulse gibt und auch ihr Leben bereichert.

Damit Ihnen das auch gelingt, brauchen Sie natürlich eines:

tägliche Motivation!!

Nur wenn Sie täglich an sich arbeiten, werden Sie täglich kleine und große Erfolgserlebnisse spüren, die Ihnen dann die Kraft und die Energie geben, weiter an sich zu arbeiten.

Dabei werden Ihnen vor allen Dingen Ihre Gewohnheiten Probleme bereiten. Jeder Mensch kann zu jeder Zeit seine Gewohnheiten ändern – er muss es nur wollen. Sehr viele Gewohnheiten sind hilfreich und sogar lebenserhaltend. Doch jetzt geht es nur um die Gewohnheit, die persönliche Entwicklung bewusst zu vermeiden. Und diese Gewohnheit können Sie innerhalb kürzester Zeit ablegen. Wenn Sie wollen, von einer Sekunde zur nächsten. Fassen Sie einfach jetzt den Entschluss:

„Ich entwickle mich täglich ein Stück weiter."

Das Einzige, was Sie nun noch tun dürfen, ist, diese Entscheidung umzusetzen. Anders ausgedrückt, eine neue Gewohnheit daraus werden zu lassen. Und nun trainieren Sie diesen neuen Grundsatz permanent. Gehen Sie ins Bett mit dem Gedanken: „Ich entwickle mich täglich ein Stück weiter." Wachen Sie auf mit dem Gedanken: „Ich entwickle mich täglich ein Stück weiter." Und immer, wenn eine Kurve in Ihrem Leben kommt, denken Sie: „Ich entwickle mich täglich ein Stück weiter." Wenn dieser Grundsatz schließlich zur Gewohnheit geworden ist, werden Sie alle Tipps und Anregungen aus diesem Buch, die Sie anwenden möchten, umsetzen. Jedes noch so kleine Erfolgserlebnis wird Ihre tägliche Motivation sein und schließlich werden Sie ein Mensch sein, der erfolgreicher und begeisterter lebt als der Durchschnitt.

5.1 Wie sichere ich meinen Erfolg?

Was kann man alles tun, um seinen Erfolg zu sichern? Kann man Erfolg überhaupt sichern? Läßt sich Erfolg konservieren? Ja und nein! Zum einen wissen Sie ja mittlerweile, dass Erfolg ein immer währender dynamischer Prozess ist. Also ein Prozess, der nie endet. Wer auf Dauer Erfolg haben möchte, darf täglich neu daran arbeiten. Erfolg läßt sich nicht konservieren, was bedeutet, dass man sich nicht auf bisherigen Erfolgen ausruhen kann. Auf der anderen Seite lässt sich Erfolg eben doch sichern, indem man kontinuierlich daran arbeitet.

Erfolg ist ein immer währender dynamischer Prozeß.

Das klingt erst einmal unbequem. In Wirklichkeit ist es die bequemste Art, Erfolg zu haben. Wie Sie in dem vorherigen Kapitel gelesen haben, besteht die Grundlage des Erfolgs oft nur in einer

Gewohnheit, die Sie ändern müssen. Bei vielen Menschen existiert eben die Gewohnheit, sich auf ihren bisherigen Erfolgen auszuruhen. Doch diese Gewohnheit läßt sich, wie Sie ja wissen, von einer Sekunde zur anderen ändern. Letztendlich geht es in diesem Buch darum, Ihre Kunden ständig zu begeistern. Und zwar so zu begeistern, dass sie immer wieder gerne in Ihr Geschäft kommen und nebenbei auch noch Werbung für Sie und Ihr Unternehmen machen.

Wer ist nun in der Lage, die Tipps, Anregungen und rhetorischen Kniffe Tag für Tag anzuwenden und gegebenenfalls auch zu erneuern? Wer kann seine Kunden täglich neu überraschen? Wer begeistert seine Kunden immer wieder neu? Die Antwort ist ganz einfach!

Sie!

Die Erfolgskontrolle ist Ihr Motivationsinstrument!

Um Ihren Erfolg zu sichern, brauchen Sie letztendlich nur ein Instrument: die Kontrolle. Kontrolle ist zuallererst ein wenig positiv besetztes Wort. Das soll sich für Sie allerdings schlagartig ändern. Genau in diesem Augenblick. Ihre Kontrolle ist nichts anderes als ein Motivationsinstrument, um sich zu loben. Kontrollieren Sie sich nicht, können Sie sich auch nicht loben. Nur wer sich lobt, wird genügend Energie besitzen, um den einmal eingeschlagenen Weg der bewussten Entwicklung weiterzugehen. Loben bedeutet in diesem Fall nicht, sich als den Größten oder die Größte hinzustellen, sondern im Sinne des persönlichen Werbespots seine eigene Leistung zu schätzen und vor allen Dingen zu registrieren.

Eine Führungskraft, die ihre Mitarbeiter nicht kontrolliert, kann diese auch nicht loben. Denn diese Führungskraft wird nie erfahren, was die Mitarbeiter tagtäglich Hervorragendes leisten. Das Dumme daran ist nur, dass viele Führungskräfte Kontrolle mit Fehlersuche verwechseln. Dabei ist Kontrolle eines der besten Motivationsinstrumente. Immer unter der Voraussetzung, dass sie so eingesetzt wird, dass sich Führungskräfte darauf konzentrieren, in ihren Mitarbeitern Qualitäten zu entdecken, die sie dann anerkennend herausstellen möchten. Natürlich wird man bei dieser Gelegenheit auch kleine und große Fehler entdecken. Nur sind diese Fehler in Wirklichkeit so verschwindend gering, dass die Führungskräfte auf dieser Welt zu 90% lobend durch ihre Unternehmen laufen müssten.

Wie viel Prozent der in Ihrem Unternehmen zu leistenden Arbeiten werden gut oder sehr gut durchgeführt? 10%, 20% oder vielleicht sogar 90%? Ohne dass ich Ihr Unternehmen kenne, will ich es Ihnen verraten: Ich schätze, dass ca. 90% in Ihrem Unternehmen gut und sehr gut laufen werden. Woher ich das weiß? Aus einem einfachen Grund! Ihr Unternehmen existiert noch. Würden in Ihrem Unternehmen nur 50% aller anstehenden Arbeiten gut gemacht werden, wäre Ihr Unternehmen schon längst nicht mehr am Markt. Denn das würde bedeuten, dass mindestens 50% aller Mitarbeiter und natürlich auch 50% der Chefs keine gute Arbeit leisten. Das wäre in der heutigen Marktsituation das Aus für jedes Unternehmen!

Der entscheidende Unterschied zwischen durchschnittlichen und überdurchschnittlichen Unternehmen liegt in dem Grad der Motivation, die in diesen Unternehmen vorherrscht. Dieser wird ganz entscheidend durch die dort ausgeführte Kontrolle bestimmt. Bei den überdurchschnittlichen Unternehmen wird eher zu fast 90% gelobt und Anerkennung verteilt. Darin liegt eines der Erfolgsgeheimnisse. In diesen Unternehmen wird ständig kontrolliert. Und zwar kontrolliert, um die Mitarbeiter bei hervorragenden Leistungen zu „erwischen". Und das wird dann auch noch anerkannt und ausgesprochen. In den durchschnittlichen Unternehmen wird entweder geringfügig kontrolliert oder eben nur kontrolliert, um Fehler zu suchen. Sie brauchen sicherlich nicht viel Phantasie, um den unterschiedlichen Motivationsgrad zu erkennen.

Der Motivationsgrad in einem Unternehmen entscheidet über dessen Erfolg oder Misserfolg.

„Herr Nemeth, wir haben eine ganz phantastische Truppe. Unsere Mitarbeiter sind sehr fleißig und sehr engagiert. Und dafür möchten wir unsere Mitarbeiter mit ein paar Seminaren belohnen." Das ist meistens der Anfang von Gesprächen in überdurchschnittlich erfolgreichen Unternehmen.

„Herr Nemeth, unsere Mitarbeiter brauchen dringend ein paar Seminare. Die sind so lahm und haben so gut wie keine Ahnung vom Verkaufen. Es wird höchste Zeit, dass ihnen einmal jemand den Kopf wäscht und denen zeigt, wo es langgeht." So lautet häufig der Gesprächstenor in durchschnittlichen Unternehmen.

Beide Unternehmen verfügen über ähnliche Mitarbeiterstrukturen. Eine ähnliche Altersgruppe, eine vergleichbare Ausbildung der Mitarbeiter und ein ausgewogenes Verhältnis an männlichen und weiblichen Mitarbeitern. Nur der vorhandene Motivationsgrad unterscheidet sich erheblich. In Unternehmen der erstgenannten Art finde ich meistens einen extrem hohen Motivationsgrad vor, sehr oft gepaart mit überdurchschnittlichem Ehrgeiz.

In den letztgenannten Unternehmen finde ich meistens einen relativ geringen Motivationsgrad vor und auch häufig viele Missstimmungen im Team. Wichtig ist nun, dass nach Abschluss einer Seminarreihe beide Unternehmen über einen sehr hohen Motivations- oder, wie ich es nenne, Begeisterungsgrad verfügen. Und dass sich das fachliche Know-how auf einem ganz hohen Niveau bewegt.

Suchen Sie in Ihrem Unternehmen nicht nach Fehlern, sondern nach Leistungen!

Nur der Ansatz ist unterschiedlich. In dem durchschnittlichen Unternehmen dürfen wir sowohl bei den Führungskräften als auch bei den Mitarbeitern erst einmal das Fehlerbewusstsein korrigieren: von der Fehlersuche hin zur Leistungssuche. Das hört sich relativ leicht an, ist jedoch in der Praxis gar nicht so einfach. Wenn sich nämlich über Jahre hinweg die „Fehlersuchmentalität" etabliert hat, muss man sich schon einiges einfallen lassen, um diese Gewohnheit zu ändern. Diese Mentalität hat sich nicht nur bei den Führungskräften festgesetzt, sondern mittlerweile auch bei den meisten Mitarbeitern. Logischerweise wird in diesen Unternehmen oft das fehlende Lob und die fehlende Anerkennung der Führungskräfte kritisiert. Wenn man die Mitarbeiter fragt, wann sie sich gegenseitig oder, noch schlimmer, wann sie die Führungskräfte zum letzten Mal gelobt haben, dann hört man sehr oft: „Also, das wäre ja das Allerletzte. Dass wir die Führungskräfte loben. Gerade die, die so viel verkehrt machen." Das ist genau das Problem in diesen Unternehmen. Die Fehlersuche ist zu einem festen Bestandteil der Unternehmenskultur geworden.

Dieser kleine Ausflug in die Unternehmenskultur sollte Ihnen zeigen, auf welch unterschiedliche Art und Weise Kontrolle ausgeübt wird. Und wenn Sie selbst eine Führungskraft sind, dann entscheiden Sie sich jetzt für folgende neue Gewohnheit:

Ich suche bei meinen Mitarbeitern die erbrachten Leistungen!

Wie kontrollieren Sie nun Ihre eigenen Erfolge? Ganz einfach, indem Sie sich ein eigenes Kontrollsystem aufbauen. Und das kann folgendermaßen aussehen: Zuallererst legen Sie fest, was Sie kontrollieren möchten. Das könnte zum Beispiel die Einwandbehandlung sein. Anschließend legen Sie die Kriterien fest, die Ihnen wichtig erscheinen. Also zum Beispiel dem Kunden das Gefühl zu geben: „Ich kann dich verstehen!“ Und nun legen Sie fest, wie und in welcher Form Sie diesen Grundsatz anwenden möchten. Beispielsweise könnten Sie hier sagen, dass Sie bei möglichst jedem Einwand Ihrem Kunden dieses Gefühl vermitteln möchten. Nun legen Sie Ihre persönliche Zielquote fest. Schaffen Sie das einmal pro Verkaufsgespräch, ist das schon ein toller Erfolg! Wenn Sie dies alles geplant haben, kommen Sie zu dem vielleicht wichtigsten Kontrollinstrument: Ihrer persönlichen Belohnung. Wenn mir dies heute gelingt, dann genieße ich diesen Erfolg folgendermaßen: Ich sage mir ganz bewusst: „Du bist spitze!“, oder ich lade mich zu einer Kugel Eis ein. Klingt Ihnen diese Belohnung zu banal? Dann führen Sie dieses Belohnungssystem erst einmal ein paar Tage durch und Sie werden sehen, dass dies gar nicht so banal und auch gar nicht so einfach ist. Denn für die meisten Menschen ist es sehr ungewöhnlich, sich selbst zu loben oder sich bewusst etwas zu gönnen. Eine Kugel Eis zu kaufen ist nicht sehr schwierig. Sich jedoch diese Kugel Eis als bewusste Belohnung zu gönnen, ist auf jeden Fall ungewohnt. Zumindest am Anfang des Belohnungsprozesses. Es ist eben genauso ungewohnt wie zu sich zu sagen: „Meine liebe Petra oder mein lieber Peter, das hast du gut gemacht.“ Und nun legen Sie noch fest, wann Sie sich belohnen möchten. Also beispielsweise einmal pro Tag, vielleicht am Abend oder nach jedem Verkaufsgespräch. Und schon ist Ihr persönliches Kontrollinstrument perfekt.

Ihre *Belohnung* ist der wichtigste Faktor Ihres Kontrollsystems.

Diesen Ablauf können Sie mit Hilfe der folgenden Checkliste täglich durchführen und schon haben Sie die Garantie, dass Sie wenigstens täglich von einem Menschen gelobt werden, nämlich von Ihnen selbst.

Zum besseren Verständnis folgt jetzt ein Beispiel, wie Sie mit Ihrer persönlichen Kontroll-Checkliste arbeiten können.

Was möchte ich kontrollieren?
Die kundenvorteilsbezogene Argumentation.

Was ist mir dabei wichtig?
Den jeweiligen Kundenvorteil deutlich auszusprechen.

Wie möchte ich diesen Tipp oder diese Strategie anwenden?
Mit Hilfe des „Dreier-Schrittes“.

Wie lautet mein persönlich definiertes Ziel?
Mindestens einmal pro Artikel den Kundenvorteil deutlich hervorzuheben.

Wie belohne ich mich für meinen Erfolg?
Ich klopfe mir gedanklich auf die Schulter und sage: (zum Beispiel) Peter oder Petra! Prima!

Wann belohne ich mich dafür?
Nach jedem Verkaufsgespräch.

Meine persönliche Kontroll-Checkliste!

Was möchte ich kontrollieren?

___

Was ist mir dabei wichtig?

___

Wie möchte ich diesen Tipp oder diese Strategie anwenden?

___

Wie lautet mein persönlich definiertes Ziel?

___

Wie belohne ich mich für meinen Erfolg?

___

Wann belohne ich mich dafür?

___

Sollten Ihnen die Ziele in dem Beispiel zu niedrig gesteckt sein, dann erhöhen Sie einfach Ihre persönliche Messlatte. Wobei Sie jedoch beachten sollten, dass Ihr Ziel nicht zu hoch gesteckt ist. Denn es gibt nichts Frustrierendes, als sein Ziel nicht täglich zu erreichen und keinen Grund zu haben, sich zu belohnen. Auf der anderen Seite ist ein Ziel auch nicht motivierend, wenn es zu leicht zu erreichen ist. Wenn Sie also bereits in jedem Gespräch die Kundenvorteile perfekt hervorheben, dann wird unser Beispiel keine

Motivation für Sie sein. Dann sollten Sie ein anderes Ziel, beispielsweise die Einwandbehandlung, in Angriff nehmen.

Können Sie sich vielleicht noch erinnern, wie Sie das Laufen erlernt haben? Nein! Aber sicherlich haben Sie schon einmal miterlebt, wie ein kleines Kind das Laufen erlernt. Der oder die Kleine macht den ersten Schritt und fällt sehr wahrscheinlich auf die Nase. Was machen die Eltern und alle Erwachsenen, die herumstehen? Sie loben das kleine Wesen, heben es auf und sprechen ihm Mut zu: „Prima, du kannst bald laufen. Toll! Mach noch einmal einen Schritt!“ Gesagt, getan! Der Kleine macht wieder einen Schritt und fällt wieder auf die Nase. Was machen die Erwachsenen jetzt? Sie sprechen ihm erneut Mut zu und freuen sich über diese ersten Laufversuche. Und zu welchem Resultat führt diese Strategie? Das Kind kann in absehbarer Zeit wunderbar laufen!

Kein Mensch käme auf die Idee, diesem kleinen Erdenbürger nach seinen ersten missglückten Gehversuchen zu sagen: „Mann, stellst du dich aber blöd an. So schaffst du es nie!“ Nach dem gleichen Prinzip lernt das Kleinkind auch, die ersten Worte zu sprechen, und der Erfolg gibt auch dieser Methode Recht. Je älter dieser kleine Erdenbürger allerdings wird, desto weniger wird nach diesem Erfolgsprinzip verfahren. Und im Laufe der Jahre kennt natürlich auch dieser mittlerweile große Erdenbürger dieses Erfolgsprinzip nicht mehr. Er wundert sich, dass das Weiterentwickeln von Fähigkeiten so mühsam geworden ist.

Da das beschriebene Erfolgsprinzip so selten von einem anderen angewandt wird, wenden Sie es mit Hilfe Ihres persönlichen Kontrollsystems einfach selbst an. Wenn Sie dann noch im Umgang mit kleinen und großen Erdenbürgern genauso verfahren, sind Sie auf dem richtigen Weg. Machen Sie sich solch ein persönliches Kontrollsystem zu eigen und nennen es einfach „mein persönliches Belohnungssystem“.

Das Wichtigste in Kürze und Ihre persönlichen Gedanken dazu:

Jede Gewohnheit läßt sich von einer Sekunde auf die andere ändern!
Meine Gedanken dazu:

Entscheiden Sie sich einfach für eine neue Gewohnheit!
Meine Gedanken dazu:

Trainieren Sie Ihre neue Gewohnheit immer nur – jetzt –!
Meine Gedanken dazu:

Denken Sie stets daran: Erfolg ist ein dauerhafter Prozess!
Meine Gedanken dazu:

Stellen Sie Ihren eigenen Entwicklungsplan auf!
Meine Gedanken dazu:

Nutzen Sie Ihr persönliches Kontrollsystem als Entwicklungsinstrument!
Meine Gedanken dazu:

Belohnen Sie sich auch für die kleinsten Erfolge!
Meine Gedanken dazu:

5.2 Wie erarbeite ich mir meine Verkaufs- und Umsetzungsstrategie?

Damit Sie Ihre zukünftige Verkaufsstrategie noch leichter umsetzen können, beschäftigen wir uns nun mit einem Tipp, der Ihnen in jedem Verkaufsgespräch eine Hilfe sein wird. Es handelt sich hierbei um eine Checkliste, die Sie durch das gesamte Verkaufsgespräch führen wird. Eine Liste mit allen wichtigen Begeisterungsfaktoren und Strategien, um erfolgreiche Verkaufsgespräche zu führen. Diese Liste können Sie immer bei sich tragen, sich unter das Kopfkissen legen oder an den Kühlschrank hängen. Auf jeden

Fall ist es sehr hilfreich, diese Strategieliste immer wieder vor Augen zu haben.

Und so sieht Ihre *Strategieliste* aus:

1. Welche Ziele verfolge ich in diesem Gespräch?

Bei diesem Punkt geht es um Ihre Ziele in einem Verkaufsgespräch. Sie wissen aus den vorangehenden Kapiteln, wie wichtig und entscheidend für den Erfolg deutlich formulierte Ziele vor jedem Verkaufsgespräch sind.

Mit Hilfe dieser Frage sollen Sie sich nur immer wieder bewusst machen, welches Ziel Sie mit diesem Kunden und in diesem Verkaufsgespräch verfolgen.

Mögliche Ziele sind zum Beispiel, den Kunden als Werbeträger zu nutzen, mindestens einen Zusatzartikel zu verkaufen oder auch einfach nur Umsatz zu machen.

Der zweite Punkt Ihrer Strategieliste lautet:

2. Wie motiviere ich mich?

Gemeint ist, wie Sie sich vor jedem Verkaufsgespräch immer wieder auf volle Leistungskraft bringen. Das ist ja nicht immer so leicht, gerade wenn es im Geschäft ein wenig ruhiger ist. Natürlich können Sie sich mit Ihren Zielen motivieren. Aber es können auch andere Faktoren sein, die Ihnen diesen Begeisterungskick versetzen. Sehr schön konnte man dieses Instrument bei Boris Becker oder auch anderen Sportlern beobachten. Sie kennen sicherlich die „Beckerfaust", den halbangewinkelten Arm und die geballte Faust, die er meist nach einem Punktgewinn sich und den Zuschauern gezeigt hat.

Diese Beckerfaust war sicherlich ein Ausdruck der Freude, aber bestimmt auch eine Art Motivator. Wie einen „Anker" hat Becker diese Bewegung genutzt, um sich seinen Erfolg bewusst zu machen und sich für den neuen Ballwechsel zu motivieren. Und genau diese Methode können Sie auch anwenden. Das kann das leise Schnipsen mit den Fingern sein. Das kann ein Wort oder ein Satz sein, wie zum Beispiel: „Auf geht's!"

Folgende Bewegung oder folgender Satz ist mein Startschuss für jedes Verkaufsgespräch:

____

Der dritte Punkt betrifft die Begrüßung Ihrer Kunden und lautet:

3. Wie begeistere ich meine Kunden in den ersten Sekunden?

Es geht um die Begrüßungsphase, die Sie ja mittlerweile perfekt beherrschen. Nutzen Sie diese Frage, damit Sie sich immer wieder die entscheidenden Begeisterungsfaktoren der ersten Sekunden bewusst machen. LMAA, offene Körperhaltung, usw.

An vierter Stelle Ihrer Checkliste werden Sie ermuntert, Fragen zu stellen. Fragen, die Ihnen zum einen den Zugang zu Ihren Kunden erleichtern und zum anderen helfen, deren Wünsche zu erfahren.

4. Welche Fragen stelle ich zu Beginn des Verkaufsgesprächs?

Denken Sie vor allen Dingen an die Informationsfragen, die Sie Ihrem Kunden stellen können, und auch an die Fragen, die Ihnen weiterhelfen, ein wenig über seine Persönlichkeit zu erfahren. Denn nur wenn Sie ein paar Informationen über seine Persönlichkeit erhalten, können Sie Ihre Verkaufsgespräche auf sein dominantes Grundbedürfnis abstimmen. Wie hilfreich das ist, konnten Sie in Kapitel „4.5 Wie stelle ich mich auf die unterschiedlichen Persönlichkeiten ein?“ lesen. Schauen Sie noch einmal im Kapitel „4.4 Wie erfahre ich die Kundenwünsche?“ nach und lesen Sie, mit welchen Fragen und Strategien Sie Ihre Kunden aus der Reserve locken, um deren versteckte Wünsche kennen zu lernen.

5. Welche Präsentationsstrategie setze ich ein, um meine Kunden zu begeistern?

Dies ist die fünfte Frage Ihrer Checkliste. Hierbei geht es um die unterschiedlichen Präsentationsstrategien, die Sie einsetzen können, um Ihre Kunden mit Ihrer Ware zu begeistern. Dazu gehört sicherlich die kundenvorteilsbezogene Argumentation genauso wie der bewusste Einsatz Ihrer Körpersignale.

Positiv formulieren und der Einsatz begeisternder Wörter sind selbstverständlich weitere Faktoren, die Sie bei diesem Punkt überdenken können. Natürlich können Sie sich auch hierbei immer wieder neue Gedanken machen, wie Sie Ihre Ware präsentieren oder neue Aspekte in Ihre Präsentation einfließen lassen. Die Kapitel „4.6 Wie präsentiere ich meine Ware begeisternd?“ und Kapitel „4.7 Wie argumentiere ich kundenbezogen?“ sind Ihnen bei diesem Punkt der Checkliste sicherlich behilflich.

6. Wie reagiere ich begeisternd bei Kundeneinwänden?

Das wäre dann der sechste Schritt Ihrer Strategievorbereitung. Dem Kunden Verständnis zu signalisieren und entsprechende Sätze zu formulieren wären schon eine hervorragende Vorbereitung auf Ihre Verkaufsgespräche. Denn fast in jedem intensiveren Verkaufsgespräch werden Sie früher oder später auf große und kleine Einwände stoßen. Wie Sie diese am geschicktesten nutzen, um Ihre Kunden zu begeistern, können Sie im Kapitel „4.8 Wie begeistere ich meine Kunden in Problemsituationen?“ nachlesen. Auf jeden Fall ist es von großem Vorteil, wenn Sie sich im Vorfeld Ihrer Verkaufsgespräche immer wieder auf mögliche Einwände professionell vorbereiten.

Bei Punkt sieben Ihrer Checkliste geht es um die Frage:

7. Wie wecke ich geschickt neue Kundenwünsche?

Hier wird der Zusatzverkauf angesprochen. Nur wenn Sie bereits vor einem Verkaufsgespräch wissen, wie Sie das Thema auf zusätzliche Angebote lenken wollen, sind Sie wirklich top vorbereitet. Denn dann überlassen Sie auch diesen wichtigen Service- und Umsatzfaktor nicht dem Zufall.

Sicherlich denken Sie bei diesem Punkt automatisch an den klassischen Zusatzverkauf mit seinen ergänzenden Zusatzartikeln.

Wahrscheinlich denken Sie auch an den Impuls-Zusatzverkauf, also die Möglichkeit, die Aufmerksamkeit des Kunden bewusst auf neue Anregungen zu lenken. Kapitel „4.9 Wie wecke ich neue Kundenwünsche?“ dient hier zur Auffrischung.

8. Wie verabschiede ich meinen Kunden begeisternd?

lautet der achte und letzte Punkt Ihrer Strategieliste. Bedanken, nett sein, auch wenn er nicht kauft, sind natürlich Faktoren, die Sie sich immer wieder bewusst machen können. Das sind die Basisfaktoren, die in der Routine des Alltags oft in Vergessenheit geraten können. Damit Ihnen das nicht passiert, bearbeiten Sie diesen Punkt Ihrer Checkliste in regelmäßigen Abständen. Zum einen können Sie sich öfter neue Formulierungen einfallen lassen, und zum anderen gibt es auch neue Möglichkeiten, den Kunden zum Abschied Zufriedenheit zu vermitteln.

Auch den unentschlossenen Kunden zum Abschied noch begeisternde Kaufimpulse zu liefern, ist wichtig. Begeisterte Kunden und steigende Umsätze werden es Ihnen danken. Im Kapitel „4.10 Wie erziele ich eine hohe Kundenbindung?“ können Sie weitere Anregungen finden, um Ihre Kunden wirklich begeistert zu verabschieden.

Somit haben Sie in ganz kurzer Zeit die wichtigsten Stationen eines Verkaufsgespräches abgecheckt.

Damit Sie die Checkliste für Ihre Verkaufsstrategie problemlos nutzen können, finden Sie auf der nächsten Seite alle acht Punkte der Liste im Überblick. Entweder kopieren Sie diese Liste oder Sie machen sich gleich ein paar spontane Notizen in Ihren persönlichen Fahrplan.

Meine Verkaufsstrategie-Checkliste!

1. Welche Ziele verfolge ich in diesem Gespräch?

____

____

____

2. Wie motiviere ich mich?

____

____

____

3. Wie begeistere ich meine Kunden in den ersten Sekunden?

____

____

____

4. Welche Fragen stelle ich zu Beginn des Verkaufsgesprächs?

____

____

____

5. Welche Präsentationsstrategie setze ich ein, um meine Kunden zu begeistern?

____

____

____

6. Wie reagiere ich begeisternd bei Kundeneinwänden?

____

____

____

7. Wie wecke ich geschickt neue Kundenwünsche?

____

____

____

8. Wie verabschiede ich meinen Kunden begeisternd?

____

____

____

Wenn Sie mit Ihrem Strategiefahrplan auch Verkaufsgespräche analysieren, die Sie bereits geführt haben, wird Sie in Zukunft nichts mehr überraschen können. Unabhängig davon, ob das Gespräch erfolgreich oder auch einmal nicht so erfolgreich verlaufen ist, können Sie mit Hilfe dieses Check-ups Ihr Verhalten analysieren und Ihre Flexibilität und Professionalität erhöhen.

5.3 Wie belohne ich mich für meine Erfolge?

Wir haben uns in diesem Buch schon häufig mit Belohnungen beschäftigt. Und da Belohnungen ein wichtiger und vor allen Dingen begeisternder Faktor sind, möchte ich Ihnen am Ende dieses Buches genau das vermitteln, was Sie verdient haben: Ihren täglichen Glücksmoment!

Schaffen Sie sich genau das, was Sie verdienen: Ihre täglichen Glücksmomente!

Sie selbst können dabei entscheiden, wie viele Glücksmomente Sie erleben möchten. Einer am Tag ist auf jeden Fall für Sie reserviert, denn eine begeisterte Verkäuferin oder ein begeisterter Verkäufer braucht einmal am Tag einen Glücksmoment. Das hat sie oder er einfach verdient!

Wie kann ich Ihnen nun diesen täglichen Glücksmoment vermitteln?
Natürlich hoffe ich, dass Sie vielleicht schon einige Glücksmomente oder zumindest Begeisterungsmomente mit Hilfe dieses Buches erlebt haben. Momente mit sich selbst, mit Ihren Freunden,

Partnern oder Freunden. Und auch begeisternde Momente mit Ihren Kunden. Normalerweise müsste das schon der Fall gewesen sein.

Um sich nun Ihren ganz persönlichen Glücksmoment zu schaffen, benötigen Sie nur einen Stift, ein Blatt Papier und ein klein wenig Zeit. Dann machen Sie es sich so richtig gemütlich. Suchen Sie sich eine wirklich bequeme Ecke oder einen bequemen Platz. Wenn Sie Lust haben, dann zünden Sie eine Kerze an oder schalten Sie das Licht so, dass Sie sich wirklich wohl fühlen.

Sorgen Sie dafür, dass Sie in den nächsten Minuten nicht gestört werden, hängen Sie den Telefonhörer aus der Gabel und stellen Sie, wenn möglich, die Klingel ab. Sie merken, wir bewegen uns auf einen ganz besonderen Moment zu. Nehmen Sie sich alle Zeit, die Sie benötigen, und denken Sie jetzt einmal über alles nach, was Sie ganz persönlich glücklich macht. Denken Sie an alle Menschen, die Ihnen Glück bereiten können, an alle Momente, die Sie glücklich machen können. Und denken Sie an all die großen und kleinen Dinge in Ihrem Leben, die Ihnen Spaß, Freude und glückliche Momente bereiten.

Vielleicht fallen Ihnen zuerst viele Kleinigkeiten ein. Zum Beispiel das Lächeln eines Kindes, das Gefühl, Urlaub zu haben oder einen freien Tag ohne zusätzliche Verpflichtungen genießen zu können. Vielleicht ist es auch nur ein bestimmtes Musikstück, ein bestimmtes Buch, eine Fernsehsendung oder ein Musical, das Ihnen außergewöhnliche Freude bereitet hat. Eventuell denken Sie an eine Landschaft, ein Gebirge oder das Meer, das in Ihnen Glücksgefühle auslöst.

Es könnte aber auch die Stimme eines Menschen sein, die Sie gerne hören, oder vielleicht der Klang eines Naturgeräusches, wie das Meeresrauschen, das Zwitschern von Vogeln oder das Rascheln eines Blätterwaldes. Auch eine Sportart, die Sie gerne betreiben, oder der Saunabesuch können bei Ihnen vielleicht angenehme Gefühle hervorrufen.

Geben Sie sich all Ihren Gedanken einfach hin, notieren Sie diese und lassen Sie sich einfach fallen. Versuchen Sie, sich in die jeweilige Situation hineinzuversetzen. Überlegen Sie, was Sie sehen, und versuchen Sie, sich das Bild so genau wie möglich vorzustellen. Genießen Sie dieses Bild und lassen Sie es einfach auf sich wirken.

Bestimmt hören Sie auch einige Töne, Stimmen oder Geräusche, die Sie mit dieser Situation verbinden. Hören Sie einfach in sich hinein und genießen Sie das, was Sie jetzt hören. Und während Sie sich an den Tönen erfreuen, spüren Sie sicherlich ein angenehmes Gefühl der Ruhe, der Ausgeglichenheit oder Sie spüren einfach etwas von der Freude, die Sie mit dieser Situation verbinden.

Lassen Sie sich dabei alle Zeit, die Sie benötigen.

Wenn Sie meinen, die Situation ausreichend genossen zu haben, dann denken Sie an den nächsten kleinen oder großen Glücksmoment, schreiben ihn auf und stellen sich wieder vor, wie diese neue Situation aussieht, was Sie eventuell dabei hören und wie Sie sich fühlen.

Und erst wenn Ihnen nichts mehr einfällt, beenden Sie diese Übung. Doch beenden Sie die Übung nicht zu früh. Denken Sie lieber noch ein wenig darüber nach, was Sie ganz persönlich in Ihrem Leben genießen oder genießen können. Und lassen Sie anschließend die Glücksgefühle noch ein wenig nachwirken.

Nehmen Sie jetzt Ihren Stift noch einmal in die Hand und notieren Sie sich jetzt eine Sache, eine Tätigkeit oder irgendeine Aktion, die Ihnen ganz persönlich Freude macht und die Sie morgen auf jeden Fall machen oder erleben können.

Das wird sicherlich keine Weltreise sein, aber es können Kleinigkeiten sein, an die Sie soeben gedacht haben oder die Ihnen jetzt in den Sinn kommen. Zum Beispiel ein ausgedehntes Bad am Abend oder ein langer Spaziergang. Das kann auch ein tolles Essen alleine oder mit Freunden sein. Eventuell ist es aber auch ein Anruf bei einem Menschen, den Sie schon lange nicht mehr gesprochen haben. Es kann auch eine Freude sein, die Sie morgen einem anderen Menschen machen können oder irgendeine Gefälligkeit, die Sie für jemanden erledigen möchten. Die Voraussetzung ist nur, dass Sie diese eine Situation, die Sie sich jetzt vornehmen, auch wirklich morgen erleben können. Und dass Ihnen diese Aktion auch richtig Freude macht.

Und das ist Ihr Glücksmoment für morgen. Oder besser ausgedrückt: Ihr Geschenk an Sie!

Dieses Geschenk hat einen riesengroßen Vorteil. Sie können es sich jeden Tag selbst schenken. Denn Sie können sich für jeden Tag einen Moment oder eine Aktion vornehmen, die Ihnen ganz persönlich Freude macht. Es empfiehlt sich natürlich, dass Sie möglichst Glücksmomente wählen, die Sie sich problemlos erfüllen können. Unabhängig davon, was an diesem Tag so alles abläuft, haben Sie die Gewissheit: Ich erlebe heute mindestens einen Moment, der mir Freude bereitet! Und diesen Moment haben Sie sich wirklich verdient! Schreiben Sie sich Ihre täglichen Glücksmomente allerdings auch wirklich auf. Denn dann haben Sie diese auch vor Augen und machen sich diese Momente auch richtig bewusst. Sie sollen sich täglich bewusst machen, worauf Sie sich heute wieder freuen können. Und vielleicht haben Sie sogar Lust, ein Glücksmomente-Tagebuch anzulegen. Somit können Sie immer wieder nachlesen, welche Glücksmomente Sie sich schon im Laufe eines Jahres beschert haben. Eine Teilnehmerin hat mir zu diesem Thema einen wunderbaren Spruch von Pearl S. Buck aufgeschrieben, der in etwa folgende Botschaft hatte:

Wer die vielen kleinen Glücksmomente im Leben nicht mehr sehen kann, sieht auch die großen Glücksmomente nicht mehr!

Treffender kann man den Zweck dieser Übung meines Erachtens nicht beschreiben. Denn ein Verkäufer, der sich tägliche Glücksmomente beschert, ist ein begeisterter Verkäufer! Nicht nur aus diesem Grund wünsche ich Ihnen täglich viele Glücksmomente!